高等院校

**市场
营销**

新 形 态
系列教材

U0597337

市场调查
与预测

微课版 第2版

潘连柏 王艳／**主编**

杨沛 饶黎黎／**副主编**

MARKETING
MANAGEMENT

人民邮电出版社

北 京

图书在版编目（CIP）数据

市场调查与预测：微课版／潘连柏，王艳主编. -- 2 版. -- 北京：人民邮电出版社，2025. --（高等院校市场营销新形态系列教材）. -- ISBN 978-7-115 -65005-4

Ⅰ. F713.52

中国国家版本馆 CIP 数据核字第 20241BH006 号

内 容 提 要

本书吸收了国内外市场调查与预测领域的研究成果和实践经验，对市场调查与预测的基本理论、基本方法做了较为系统的介绍。本书内容讲解深入细致，框架结构合理。全书共 9 章，包括认识市场调查与预测，市场调查程序、内容与实施，市场调查方法，市场调查技术，市场调查问卷设计，市场调查数据的整理与分析，定性预测方法，定量预测方法，以及市场调查报告等内容。

本书可作为高等院校经济管理类专业相关课程的教材，也可作为广大市场调查从业者的参考书。

- ◆ 主　　编　潘连柏　王　艳
　　副 主 编　杨　沛　饶黎黎
　　责任编辑　赵广宇
　　责任印制　胡　南
- ◆ 人民邮电出版社出版发行　　北京市丰台区成寿寺路 11 号
　　邮编　100164　　电子邮件　315@ptpress.com.cn
　　网址　https://www.ptpress.com.cn
　　天津千鹤文化传播有限公司印刷
- ◆ 开本：787×1092　1/16
　　印张：12.25　　　　　　　　2025 年 1 月第 2 版
　　字数：274 千字　　　　　　2025 年 1 月天津第 1 次印刷

定价：49.80 元

读者服务热线：**(010)81055256**　印装质量热线：**(010)81055316**
反盗版热线：**(010)81055315**
广告经营许可证：京东市监广登字 20170147 号

前　言

市场调查与预测是一门建立在管理学、经济学、统计学等理论基础上的应用学科，已经广泛应用于文化教育、科学技术、企业经营等多个领域。不同领域的调查与预测既有共性，又有各自的特点，调查与预测兼具科学性与艺术性。

企业的发展离不开正确的决策，正确的决策是企业生存与发展的基础。在纷繁复杂的市场环境下，企业只有通过深入、持续、科学的市场调查，才能了解用户需求，才能做出正确决策，进而满足用户需求。市场调查与预测的任务就是运用科学的方法，系统、有效地收集与分析市场信息，以得到企业经营管理和市场营销的科学决策依据。

本书以市场调查活动为主线，以市场预测为辅线，以市场调查与预测的实际工作过程为依据，以"理论够用"为原则，较为系统地介绍了市场调查与预测的科学方法。

本书在内容组织和撰写方式上力求体现科学性、新颖性、先进性和应用性，主要突出以下特点。

（1）**育人育才与素养培养相结合**。本书全面贯彻党的二十大精神，落实立德树人根本任务，在编撰、修订过程中，牢记"国之大者"，有机融入了大量课程素养元素，为育人育才奠定了坚实的基础。

（2）**简明通俗与紧跟前沿相结合**。本书对市场预测部分中抽象、烦琐的理论进行了简化处理，尽量做到深入浅出、详略得当。在人工智能、大数据技术快速发展的背景下，市场调查工作也要与时俱进。基于此，本书介绍了网络调查法、大数据调查等内容，紧跟前沿。

（3）**培养能力与启发思维相结合**。根据应用型人才培养目标和人才培养模式的特征，本书坚持以提高读者整体素质为基础，着重培养读者发现问题、分析问题与解决问题的能力，启发读者理论联系实际，学以致用，进而形成客观、严谨、科学的思维方式。

（4）**资源赋能与立体教学相结合**。本书提供了充足的配套教学资源，包括PPT

课件、教学大纲、电子教案、课后习题参考答案及微课视频，全方位地赋能立体化教学，用书教师如有需要，请登录人邮教育社区（www.ryjiaoyu.com）免费下载。

本书由武汉华夏理工学院潘连柏、王艳教授担任主编，由武汉华夏理工学院杨沛和湖北水利水电职业技术学院饶黎黎担任副主编。潘连柏负责制定大纲、统稿等工作。本书的编写得到了武汉理工大学林根祥教授的指导，编者也参阅了大量同行专家的有关文献资料，在此谨向他们表示衷心的感谢！

市场调查与预测的实践和理论在不断发展之中，由于编者水平有限，书中难免存在疏漏之处，敬请广大读者不吝赐教，批评指正，编者将在重印或再版时予以完善。

编者
2024年春于武汉

目　录

第1章
认识市场调查与预测

知识目标
- 了解市场调查与市场预测的含义、特征、作用。
- 掌握市场调查的原则与类型。
- 了解市场调查的产生与发展。

技能目标
- 掌握市场调查的基础知识，为开展市场调查活动奠定基础。
- 理解市场调查与市场预测对企业决策的作用。

　　市场调查是随着商品生产与交换的发展逐步出现与成熟的一项管理活动。市场调查是获得市场信息资料、认识市场变化规律的重要途径。本章从市场调查概述、市场调查的原则与类型、市场调查的产生与发展、市场预测概述等方面来认识市场调查与预测。

第一节　市场调查概述

　　从字面上看，市场调查是针对市场的调查。了解市场调查的含义、特征与作用是认识市场调查的基础。

一、市场调查的含义

　　在介绍市场调查前，先简单介绍市场与调查的概念。市场营销学对市场有较全面的介绍，本书对市场的定义做简单的说明。从空间方面而言，市场是买卖双方进行商品或服务交易的场所。从现代市场营销理论而言，市场是满足商品交换关系与供求关系的总和。市场由消费者、购买力与购买欲望三个要素构成，三者的结合构成市场，并决定市场的规模和容量。在《现代汉语词典（第7版）》中，调查是指为了了解情况进行考察（多指到现场）。

　　关于市场调查，不同组织和学者曾下过很多不同的定义。

　　美国市场营销协会（American Marketing Association，AMA）认为，市场调查是一种通过特定信息将消费者（用户、客户和公众）与营销者（生产商、销售商）联系起来的手段。这些信息用于识别和定义营销问题与机遇，制定、完善和评估营销活动，检测营销绩效，增进人们对营销过程的理解。

著名营销学家菲利普·科特勒认为，市场调查是为了制定某项具体的营销决策而对有关信息进行系统的收集、分析和报告的过程。

学者樊志育认为，市场调查有狭义和广义之分。狭义的市场调查主要是针对消费者所做的调查，即以购买商品、消费商品的个人或组织为对象，以探讨商品的购买、消费等各种事实、意见为动机的调查。广义的市场调查包括从认识市场到制定营销决策的全过程。

现在常说的市场调查是指广义的市场调查。综合多个学者的研究，本书对市场调查的定义为：市场调查是运用科学的方法，有计划、有组织地收集、记录、整理市场信息资料，以了解市场状况和发展趋势，为企业经营决策提供客观、可靠的资料的过程。

没有深入开展市场调查和充分掌握市场信息，就难以预测市场发展变化的客观规律，也就无法为企业经营决策提供科学依据。市场调查是企业经营活动的基础。

二、市场调查的特征

菲利普·科特勒在《市场营销管理（亚洲版）》中提出，有效的市场调查具有七个特征：（1）科学的方法；（2）调查的创造性；（3）多种方法；（4）模型和数据的相互依赖；（5）信息的价值和成本；（6）正常的怀疑态度；（7）合乎职业道德。本书从调查目标、调查方法、调查内容、调查结果等方面把市场调查的特征归纳为以下四个。

市场调查的特征

（一）调查目标的明确性

市场调查是一项由企业或市场调查机构根据特定的目的，有计划、有步骤、有组织地了解市场、认识市场、获取市场信息的工作。设立明确的调查目标是市场调查活动的前提。没有明确的调查范围和目标的市场调查活动是盲目的商业行为，会给企业造成不必要的经济损失和人力、物力消耗，对企业的经营决策没有意义，不能算是真正的市场调查。

也有一些市场调查开始时目标较为笼统和分散，如新产品的推广、新市场的开拓等。这要求企业在实施第一手资料调查前收集一些二手资料，对调查问题进行界定和分析，使调查目标逐渐明确和集中。

（二）调查方法的科学性

为了解决问题，调查者可以采取多种不同的收集市场信息的方法。市场调查的方法有文案调查法、访问调查法、观察调查法、实验调查法、网络调查法等多种。市场调查强调的是方法适应问题，而不是问题适应方法。在调查时，只有采用科学的方法，才能确保调查的真实性，才能保证调查结果的可靠性。当然，任何一种调查方法都有其局限性和适用范围。企业可以同时采用几种方法进行调查或对数据信息进行验证，以使调查结论更有说服力，提高市场调查的价值。在整理分析市场数据资料时，还需要运用概率论、统计学等学科知识，这些知识都具有很强的科学性。

（三）调查内容的广泛性

市场调查除了调查和市场相关的问题外，还广泛应用于非市场领域。例如，消费价格指数（Consumer Price Index，CPI）调查，世界或地区人口数量、年龄、性别、经济收入等调查，在校大学生创业意向、就业倾向、学习生活状况等调查，交通拥堵状况调查，企业员工激励状况、满意度调查等。

虽然市场调查广泛存在于各个领域，但调查者不一定能通过调查得到想要的信息，如有些问题被调查者不知道怎么回答或不想回答（如收入状况）。要通过调查得到充足可靠的信息，调查者需要具备一定的专业知识与沟通技能。

（四）调查结果的不确定性

由于市场受到多种因素的影响，而市场调查有可能只调查了其中某几个方面的问题，因此市场调查可能只掌握了部分信息。在以消费者作为调查对象时，由于其心理状态会受到个人消费习惯、价值观念、情绪、商品本身的多样性等的影响，市场调查结果分析难度增加。同时，调查工作本身可能存在调查问卷设计不合理、调查样本选择不合理或样本太少、调查者缺乏训练等问题，这些都会影响调查结果的准确性。

例如，当调查者向被调查者询问洗发水的有关问题时，得到的回答往往是：洗发水最重要的是能够把头发洗干净并具有护理头发的功能。但是，当调查者把货品拿给他们看时，却有很多人总是先闻一闻有没有香味。调查结果的不确定性在针对日用消费品的调查中有明显的体现，常常会使调查者感到无所适从。因此，调查者不仅要"听其言"，而且要"观其行"，否则，调查结果就会出现很大的误差。

需要说明的是，当市场调查结果与企业实际情况出现偏差时，调查者需要对调查结果进行评价和判断。市场调查是决策的必要条件，而不是充分条件，调查结果只能为决策提供参考依据，而不能代替企业决策。

三、市场调查的作用

重要的经济数据和大量的市场信息是宏观决策和企业决策的重要依据，这些有价值的信息和数据大多需要通过市场调查获得。市场调查对宏观经济管理和企业管理有重要的作用。

（一）市场调查对提高宏观经济管理水平具有重要意义

宏观经济政策的目标是充分就业、物价稳定、经济增长、国际收支平衡。要实现充分就业就需要了解失业率；要实现物价稳定就需要了解通货膨胀率（或消费价格指数）；要实现经济增长就需要了解国内生产总值（Gross Domestic Product，GDP）；要实现国际收支平衡就需要了解进口和出口数据。这些数据都需要通过必要的调查统计才能得到。市场调查对了解国民经济发展状况、分析制约发展的各种因素、实现社会资源的优化配置、提高宏观经济管理水平等具有十分重要的意义。

（二）市场调查是企业可持续健康发展的重要保障

从微观经济管理的角度看，搞好市场调查对改善企业生产经营、改善服务质量、提高企业管理水平、增加经济效益都具有十分重要的意义。市场调查被称为企业经营的"雷达"或"眼睛"。

1. 市场调查是企业决策的前提

了解企业所处的内外部环境状况是企业决策的前提。要掌握企业环境信息，就要进行市场调查。管理者如果要对某些市场问题进行决策，就要了解消费者的需求是什么，发现消费者需求的变化，把握消费者的消费心理与消费趋向，根据市场导向不断推出适销对路的新产品与服务，最大限度地满足消费者需求，增加企业经济效益。

2. 市场调查能促进企业经营管理水平的提高

企业经营管理水平决定着企业生产或经营的质量水平。企业通过市场调查收集和获取新的行业信息、市场信息，了解生产、技术、管理发展的最新动态和水平，为企业产品质量的提高、新技术的研发和先进经营管理经验的积累提供条件，促使企业生产经营符合消费需求变化的、质优价廉的产品，节省流通费用，加快流动资金的周转速度，提高资金管理水平。

3. 市场调查能提高企业市场营销活动的效率

企业通过市场调查可了解企业产品的市场容量和潜在需求，了解企业进入该市场可能获得的市场地位和利润状况，为确定企业产品目标市场提供重要的依据。选定目标市场后，企业根据目标市场的特点，改善企业产品，使之投放市场后能适销对路。市场调查也有利于制定有效的价格策略，为企业产品确定有竞争力的市场价格，提升市场占有率，提高经济效益。

4. 市场调查为市场预测奠定基础

市场预测是基于历史和当前的调研资料，对未来的市场发展状况进行的估计和判断。市场调查是市场预测的依据和基础，企业在进行市场预测之前一般要先进行市场调查。通过严密的市场调查获得的充足的信息资料是市场预测的保障。

市场调查是企业一项重要的基础管理工作。企业长期地、坚持不懈地、有计划地、有组织地开展市场调查，是搞好市场预测、加强企业基础管理的重要内容。企业及时收集、整理、存储、更新和运用市场信息，搞好市场预警、预报工作，可以不断增强企业对外部环境的适应能力，提高企业对突发事件的应变能力，以保障企业可持续健康发展。

第二节　市场调查的原则与类型

市场调查是一项复杂的认识市场现象及其变化规律的活动，需要遵循一定的原则。市场调查的广泛性决定了市场调查有多种不同的类型。为了确保市场调查活动顺利开展，调查者需要遵守相关的市场调查程序。

一、市场调查的原则

为了取得良好的调查效果，为企业决策提供重要信息，市场调查要遵循客观性原则、系统性原则、时效性原则、经济性原则与保密性原则。

（一）客观性原则

市场现象既是客观存在的又是复杂多变的。市场运行有其内在的客观必然性，这种客观必然性是不以人的意志为转移的，它要求人们反映的运行发展趋势要客观真实，符合事物发展变化的本质。市场调查工作的宗旨是坚持资料来源、分析判断的客观性，以事实为依据，杜绝主观臆断，为市场调查活动奠定坚实、客观的基础。

市场调查的原则

但在市场调查过程中，从问卷设计到样本选择，再到数据收集和筛选，都会存在调查者的主观判断。客观性原则要求调查者尽可能按照规律使资料的收集、方案的设计与实施都建立在客观真实的基础上；要求调查者具有良好的职业道德和专业素养；要求调查者建立质量责任制度，以真实客观地反映市场运行状态。只有坚持实事求是的原则，才能真正发挥市场调查的应有作用。

（二）系统性原则

系统性是指市场调查的各项资料满足并符合其内在关系，数据协调，分析深入，结论科学可信。企业生产经营活动受多个内外部因素的影响和制约，很多因素之间的变动是互为因果的，企业只有系统调查才能把握事物的本质。

市场调查是一个计划严密的系统工作，要按照预定的计划收集、分析、运用调查资料。市场调查涉及从调查问题的确认、问卷设计、样本选择、数据分析到提出报告等一系列环节，其中的每一个环节都相互关联，形成一个有机整体。市场调查如果不按照系统性要求开展工作，就难以得出正确的调查结果。

（三）时效性原则

市场是开放的、不断变化的，市场信息有一定的时效性。一份好的市场调查资料应该是及时的，能反映市场的最新状况。市场调查要在一定时间范围内进行，它所反映的是某一特定时期的信息和情况，在一定时期内具备有效性。但在这一段时间后又会出现新情况、新问题，这会使以前的调查结果滞后于市场的发展。市场调查必须做到及时收集、整理和分析资料，及时反映市场情况。调查延误，不仅会导致费用支出增加，也会使企业延误大好时机，因为在"互联网+"时代，时效性要求比以往任何时候都高。

时效性要求市场调查的信息收集、发送、接收、处理、分析和利用的时间尽可能短，效率要高，这样才能最大限度地发挥市场调查的价值。

（四）经济性原则

市场调查需要投入人力、物力、财力，运用不同的市场调查方式和方法，所投入的成本是不一样的。例如，运用文案调查法，只需要查找二手资料，投入成本较低。运用面谈访问法，可以获得较为精准的第一手资料，但需要投入的成本高。在调查内容相同时，采用不同的调查方式，费用支出会有所不同。在费用支出相同的情况下，不同的调查方式也会产生不同的调查效果。在进行市场调查时，企业要根据调查目的和企业财务状况，选择适当的调查方式，争取以尽可能少的费用取得相对满意的调查信息资料，力争以较少的投入得到较大的产出。

（五）保密性原则

保密性体现在两个方面：一是为客户保密，二是为被调查者提供的信息保密。不少企业的市场调查是委托专门的调查公司进行的，调查公司必须对调查获得的信息数据保密，不能将信息透露给第三方。泄露信息不仅会损害客户的利益，还会影响调查公司的声誉。

在市场调查中，不少被调查者不愿意回答较为敏感的问题或填写较为敏感的信息，一个重要原因就是担心个人信息被泄露。泄露被调查者的个人信息，一方面可能会给他们的生活带来某些困扰，另一方面也会导致调查失去信任基础，影响整个市场调查工作的顺利开展。

二、市场调查的类型

市场调查从不同的角度划分，有多种类别。按照组织方式，市场调查可以分为全面调查、抽样调查与典型调查；按照市场信息收集的方法，市场调查可以分为直接调查与间接调查；按照调查主体，市场调查可以分为政府部门调查、企业调查、社会机构调查、个人调查；按照调查方法，市场调查可以分为文案调查法、访问调查法、观察调查法、实验调查法、网络调查法；按照登记的时间连续性，市场调查可以分为一次性调查与经常性调查；按照功能，市场调查可以分为探索性调查、描述性调查、因果性调查与预测性调查。市场调查的类型如表 1-1 所示。这里主要阐述按照功能分类的四种市场调查。

表 1-1　市场调查的类型

划分标准	类型
组织方式	全面调查、抽样调查、典型调查
市场信息收集的方法	直接调查、间接调查
调查主体	政府部门调查、企业调查、社会机构调查、个人调查
调查方法	文案调查法、访问调查法、观察调查法、实验调查法、网络调查法
登记的时间连续性	一次性调查、经常性调查
功能	探索性调查、描述性调查、因果性调查、预测性调查

（一）探索性调查

1. 探索性调查的含义

探索性调查是指市场情况不十分明了，为了制定正式的市场调查方案进行的小规模试探性调查，是一种预备性研究。探索性调查常常用于调查初期，对市场缺乏足够的了解，没有形成具体的假设，难以找到调查切入点的时候。例如，某人拟投资开设一家大型超市，首先可以进行探索性调查。他可以初步调查超市附近的顾客流量、交通状况、竞争对手、投资收益等，初步论证其可行性，如果可行，再来做深入的调查。

探索性调查是一种非正式调查，一般不需要制定详细的调查方案，应尽量节省时间迅速达到目的，但要求调查者有较强的洞察力、想象力和创造力。探索性调查适用于调查者知之甚少的问题，可以帮助调查者明确地表达问题、澄清概念并做出假设，使调查者对问题更加熟悉。例如，某企业最近一段时间产品销量持续下滑，企业可以通过探索性调查找到销量下滑的主要原因，在此基础上对相关问题进行详细的市场调查，提出有针对性的解决方案。

2．探索性调查的作用

大多数探索性调查是定性的，主要利用现存的业务资料和财务资料，或政府公布的统计资料，或一些学者的研究报告等二手资料。如果需要第一手资料，一般采用不一定有代表性的小样本，如邀请专家、用户代表开座谈会等。探索性调查主要是为了发现问题或寻找市场机会，以便明确进一步调查的内容和重点，而不在于揭露问题的本质。探索性调查既可以是单个调查，也可以是一系列非正式调查。

探索性调查主要解决的问题是"可以做什么"。

（二）描述性调查

1．描述性调查的含义

描述性调查是指按照调查计划，对市场现象的总体或某一特征进行资料的收集、整理和分析的正式调查。例如，对用户满意度、产品销售渠道、竞争状况、消费者消费行为特征、市场占有率、市场潜力等的调查，都属于描述性调查。

大多数市场调查都属于描述性调查。描述性调查需要事先拟定调查方案，注重对客观情况的如实记录，一般要进行实地调查，收集第一手资料。例如，对消费者需求的描述性调查，主要收集有关消费者收入、支出、商品需求量、消费倾向等方面的基本情况。相比探索性调查，描述性调查的目的更加明确，研究的问题更加具体。文案调查法、访问调查法、观察调查法等都属于描述性调查的常用方法。

某杂志为了了解读者特点，进行了一次描述性调查。该杂志的读者是大学生。杂志社经理感觉18～22岁的女学生很关注香水、口红等，但他缺少数量依据。他通过调查，得知18～22岁的女学生中94.1%的人使用洗面奶，86.4%的人使用香水，84.9%的人使用口红。调查结果表明，大多数18～22岁的女学生使用化妆品。

2．描述性调查的作用

描述性调查本身不能说明变量之间的确切关系，但描述性调查一般会假设变量之间存在某种函数或因果关系。描述性调查通常先摸清问题的过去和现状，在此基础上寻求解决问题的办法，一般不涉及事物的本质及影响事物变化的内在原因。描述性调查像扫描仪，描绘市场的轮廓，不求最深，但求最全。

描述性调查主要解决"是什么"的问题。

（三）因果性调查

1．因果性调查的含义

因果性调查是指为了确定市场变量之间的因果关系而进行的正式调查。因果性调查首先对事物变化的原因或事物间的因果关系提出尝试性说明，从某一假设出发，通过调查取得经验性数据，系统地对假设进行检验。例如，员工收入增加与消费品需求量之间的关系怎样变化，产品价格与销量关系如何，广告费用与消费者态度改变之间的关系，等等。在市场调查的方法中，实验调查法是因果关系研究的重要工具。

2. 因果性调查的作用

因果性调查的目的是识别市场变化的前因后果，通过找出影响市场某种变化的原因，达到控制原因、获得结果的目的。因果性调查通过调查收集资料找出引起某种市场现象变动的因素有哪些，哪些是主要因素，哪些是次要因素，哪些是可控因素，哪些是不可控因素，它们的影响方向和影响程度如何等。

因果性调查主要解决"为什么"的问题。

（四）预测性调查

1. 预测性调查的含义

预测性调查是指为了预测市场供求变化趋势或企业生产经营前景而进行的具有推断性的调查。例如，市场上消费者对某种产品的需求量变化趋势的调查、对其市场占有率变化等的调查。这类调查的结果就是对事物未来发展变化的预测。

预测性调查可以充分利用描述性调查和因果性调查所获得的数据，利用市场未来发展趋势的信息，建立调查模型，对市场潜在需求进行估算、预测和推断。因此，其实质上是市场调查结果在预测中的应用。

2. 预测性调查的作用

预测性调查的目的是借助对需求的估计来预测企业的生产和营销活动。市场需求的估计对每个企业都具有重大意义。企业如果对需求的预测不准确，就会出现生产过剩或生产不足的情况，会给企业带来损失。预测性调查是企业编制生产经营计划的依据，对企业经营有重大意义。

预测性调查主要解决"未来是什么"的问题。

通过对四种市场调查类型的阐述，不难发现调查问题是否明确影响调查项目的类型。每种市场调查类型适合特定的调查问题类型，四种市场调查可以看作一个连续过程的不同阶段。在调查早期阶段，调查者在不能肯定问题的性质时，通常实施探索性调查；当调查者意识到问题但对有关情形缺乏完整的认识时，通常进行描述性调查；因果性调查要求严格定义问题；预测性调查为预测企业未来市场状况提供了依据。

第三节　市场调查的产生与发展

随着商品生产和商品交换的发展，市场调查活动也应运而生。资本主义市场经济的发展为市场调查活动的完善创造了条件，市场调查逐渐成为一门学科，在企业市场营销、企业运营、社会实践中发挥了越来越重要的作用。

一、市场调查产生的原因

随着市场调查活动的广泛开展，人们需要对市场调查活动本身进行系统而深入的研究。市场调查之所以能成为一门学科，并广泛应用，主要有三个方面的原因。

（一）买方市场的形成

买方市场的形成是市场调查活动产生的基础条件。在卖方市场下，商品供不应求，企业生产的商品都能销售给消费者，企业不需要了解消费者的需求，也就不需要进行市场调查。随着买方市场的形成，商品出现了供过于求的情况，企业要想顺利销售生产的商品，必须了解消费者的需求，使商品能够满足消费者的需求。只有通过有效的市场调查，才能洞察和了解消费者的需求，因此，企业把市场调查提高到重要的地位。

（二）市场竞争日趋激烈

市场竞争日趋激烈使市场调查加速产生。随着垄断资本主义的形成，社会化大生产的进一步发展，消费者面对更多更丰富的产品，有了更多更大的选择余地，这使企业之间的市场竞争更趋激烈。企业只有通过市场调查，全面准确了解市场状况，才能在激烈的市场竞争中立于不败之地。市场调查成为企业发展的必然选择。

（三）消费者需求的多样性与多变性

消费者需求的多样性与多变性是市场调查产生的主要原因。企业的发展要以消费者为中心，满足消费者的需求。而不同的消费者会有不同的需求，同一个消费者在不同环境下的需求也是不同的，消费者需求具有多样性与多变性的特点，使企业难以满足消费者的需求。企业只有借助市场调查来深入了解消费者的需求及其变化趋势并满足其需求，才能实现可持续发展，不被消费者抛弃。

二、市场调查的发展

市场调查作为一种经营手段，伴随着市场经营活动的产生而出现。古代的一些商人虽然能运用市场调查来为商业服务，但只是个体实践经验，不具有推广价值。现代意义上的市场调查产生于 19 世纪 20 年代。市场调查的发展大致可以分为萌芽阶段、形成阶段、巩固阶段与大发展阶段四个阶段。

（一）萌芽阶段

市场调查产生于美国。有文献资料记载的最早的大规模调查始于 1824 年 7 月，美国哈里斯堡的《宾夕法尼亚人报》进行了一场对总统竞选的选票调查。有正式记载的第一次为制定营销决策而开展的调查是 1879 年由一家广告公司完成的。这次调查是对州和地方官员进行调查，为了给农业设备制造者制订广告计划。

1895 年，学术研究者进入市场调查领域。美国明尼苏达大学心理学教授哈洛·盖尔邮寄 200 份问卷研究广告，最后收回了 20 份问卷。1902 年，美国的一些著名大学纷纷开设市场学课程，对市场问题进行研究并开展市场调查活动。1911 年，美国纽约的柯蒂斯出版公司聘请了佩林任经理，他编写了《销售机会》一书。这是第一本有关市场研究的专著，内容包括美国各大城市的人口分布、人口密度、收入水平及相关资料，佩林也被推崇为市场调查学科的先驱。

（二）形成阶段

20 世纪 20 年代，美国许多企业先后设立市场调查机构，收集市场信息，研究市场营销活动。1923 年，尼尔森创建专业的市场调查公司，市场调查工作成为营销活动不可分割的一部分。

20 世纪 30 年代，随着心理学家的加入，统计方法的进步和突破，市场调查方法得以丰富，问卷调查得到广泛的应用。调查方法的革新使得市场调查的应用更加广泛。美国市场营销协会的成立成为市场调查发展的里程碑。1937 年，美国市场营销协会出版了《市场调查技术》一书，该书汇集了有关市场调查理论和实践方面的知识，该书作为有关市场调查方面的教材被广泛使用。市场调查逐渐成为一门新兴学科，并推动了市场调查行业的兴起，市场调查的理论与实践得到了进一步结合。

1949 年，德国伊弗经济研究所在德国首次采用了一种全新的调查方法，来收集一种全新的短期经济信息，即通过进行企业景气调查来收集企业家对经济运行的定性判断和预期信息。随后法国国家统计局在 1951 年实施了法国的第一次企业景气调查。不久，欧洲其他国家也相继开始采用这种新的方法来收集最新的短期经济信息。

（三）巩固阶段

20 世纪 50 年代后，随着电子计算机在市场调查中的广泛应用，市场调查进入了一个快速发展的新阶段。调查方法的创新、分析方法的发展和计算机技术的应用，形成了一股研究市场调查方法的热潮。由于市场调查的科学性、实用性、必要性，这一科学的调查和分析方法在世界各国得到了广泛的应用和迅速发展。企业市场调查范围不局限于工业领域，还扩大到其他行业。

（四）大发展阶段

随着市场调查的广泛应用，市场调查的方法由简单变复杂。例如，早期的市场调查主要是利用调查得到的经济指标直接判断未来的经济发展趋势，了解企业生产经营的状态等。目前，市场调查的应用已深化到进行短期市场预测、估计和判断一个国家或地区的经济结构和经济发展、预测国内生产总值、预测市场需求的变化、判断宏观经济变量在经济发展周期中的速度变化和转折点等。市场调查在技术和应用方面日趋完善，已基本形成了一整套比较全面的市场调查体系和应用体系，具体包括市场调查的方式、分析方法和应用方法。

随着计算机的广泛应用和互联网的快速发展，市场信息的收集、整理和分析各个环节都实现了计算机化，动态分析、运筹学、多元回归分析、计算机模拟、决策理论等调查理论和技术得到了创新和发展。SPSS、Excel、SAS 等数据分析工具大大提高了分析速度、简化了分析过程，进一步推动了市场调查的发展与完善。

信息技术的迅速发展和广泛应用，使企业与用户"一对一沟通"的精准营销成为可能。体验式营销、数据库营销等新型营销方式将为企业带来新的机会和丰厚的收益。市场调查的发展趋势体现在四个方面：市场调查的地位逐渐提高；市场调查体系将更加完善，市场调查机构趋向多元化；对消费者心理和行为的研究将更加受到重视；大数据、云计算等信息技术将在市场调查中广泛应用，帮助企业有效了解用户。

三、我国市场调查的发展

中华人民共和国成立后的一段时间内，政府部门是进行市场调查的主导力量。国家、地方各部门都设立了统计机构，开始对国民经济、社会发展等资料进行全面收集、整理和分析工作。其后，少数企业也设立了专门的调查机构，并由专门的调查者从事市场调查。我国市场调查的产生是社会经济发展到一定程度的必然结果。

我国进行社会主义市场经济体制改革以后，市场调查得到了迅速发展，市场调查作为一个行业正式建立。随着企业竞争的进一步加剧，市场信息对企业发展日益重要，企业也越来越重视对市场信息的收集和分析工作，这又在客观上促进了市场调查行业的发展。

21 世纪以来，我国市场调查蓬勃发展，专业市场调查咨询机构数量激增，业务范围从单一数据采集业务扩展到提供研究和营销咨询服务。2004 年，我国政府组织实施了第一次全国经济普查，这次规模浩大的经济调查活动，标志着我国市场调查和经济行业日渐成熟。随着网络技术在我国的普及，专业的问卷调查网站以及在线问卷调查平台相继出现，标志着我国市场调查行业达到了国际先进水平。

相对于发达国家，我国的市场调查行业虽然起步较晚，但由于企业经营、政府决策、市场发展都迫切需要市场调查的支持，因此形成了巨大的市场调查需求。各类专业市场调查机构和企业市场调查部门使我国市场调查行业已成长为极具活力的行业。

需要说明的是，市场调查涉及的领域很广，对市场营销的决策有举足轻重的作用，但市场调查不是万能的，也不一定是解决某个问题的最佳方案。市场调查也可能出错，如调查问卷问题定义不准确、问题取舍不合理等导致获取信息有误；调查样本选取不精准，导致结论失真；被调查者不一定会真实填写问卷或表达自己的诉求；市场调查方法选用不当；等等。管理者要充分认识市场调查的作用与局限性，使调查结果能有效发挥作用。

第四节　市场预测概述

企业市场营销活动的主旨在于了解和把握消费者的需求，作为市场经济主体，企业必须深入研究和掌握市场需求状况及其他市场信息，不仅需要着眼于现实，还需要把握未来、超前思考。市场预测是进行这种分析与研究的方法，市场预测的结果也成为企业决策的重要依据。企业需要通过预测来把握经济发展或者未来市场变化的有关动态，减少不确定性，降低决策可能遇到的风险，使决策目标得以顺利实现。

一、市场预测的含义

预测是指对未来不确定事件的一种预计和推测。预测很早就存在于人们的生活、生产实践和政治活动之中。例如，天气预报、农作物收成的估计、政治和军事局势的推测等。预测不但是指一瞬间的判断结果，而且是一个活动过程。预测活动是指通过对预测对象的相关信息进行研究，找到预测对象的变化规律，然后根据对未来条件的了解和分析，利用规律推测预测对象的未来状态，并对其进行评价的过程。

市场预测是市场经济发展的产物。最初的市场预测主要依靠生产经营者的直觉和经验做出。随着市场经济的发展，生产社会化程度的提高，生产经营者的生产经营活动涉及的范围越来越广，影响市场变化的因素也越来越多、越来越复杂。生产经营者如果不通过科学的市场预测来把握市场变化的脉搏，就难以适应瞬息万变的市场，也难以在竞争激烈的市场中取胜。所谓市场预测，是指在通过市场调查获得的各种信息和资料的基础上，进行分析研究，运用科学的预测技术和方法，对市场未来的商品供求趋势、影响因素及其变化规律所做的分析和推断过程。

二、市场预测的特征

（一）市场预测的目的性

市场预测是为企业生产经营或市场营销决策服务的，企业的市场决策应以科学的预测结果作为基础，通过分析比较，选取最优方案。可见，市场预测是市场决策的先导，是市场决策科学化的前提，如果没有准确、科学的市场预测，就没有市场决策的成功。市场预测首先必须明确市场预测的目的，即"为什么要进行市场预测"。只有目的明确，才能确定向谁调查、调查什么，以及采用什么方法预测。

（二）市场预测的科学性

市场预测方法有以数理统计为核心的定量分析预测方法和以理论分析为核心的定性分析预测方法。预测程序的科学性及预测推理的逻辑性是考察预测结论准确性的主要依据。市场预测是一种科学的预见，不带有主观随意性，不是毫无根据的随心所欲的臆测。市场预测依据收集的大量历史资料和现实资料，运用科学的预测方法，通过分析研究，在探求事物演变的过程、特点、趋势和规律的基础上，有效预测未来可能的发展变化。

（三）市场预测的综合性

市场预测是一门复杂的学科，它要求运用大量多种多样的定性分析和定量分析的方法，对大量市场资料进行综合分析，在把握市场发展趋势和规律的基础上，对市场未来的情况做出综合性的推断，并对预测结果进行多方面的慎重的求证。只有这样才能确保预测结果的准确性和科学性。

（四）市场预测的局限性

市场预测是研究未来状态的，但客观事物的未来状态受一系列不确定因素影响，如发展趋势、规模、水平、结构等会发生怎样的变化往往不能确定，因此，市场预测的结果与未来的实际情况很难吻合，即市场预测存在一定的局限性。局限性具体体现在可能出现预测误差。一是量的误差，预测结果与实际结果在数量上有一定的偏差；二是质的误差，预测结果与实际结果完全背离。综合来看，市场预测的误差是客观存在的。预测者应防止质的误差，并尽量把量的误差降低到较低的程度。

三、市场预测的作用

（一）为制订科学的计划和规划提供依据

市场预测的作用

我国各项国民经济和社会发展计划与规划，在制订过程中要依据各方面的资料，其中所必需的市场统计资料和预测资料是很重要的内容。科学、系统的市场预测资料为决策和政策的科学性提供了保证。市场预测资料对政策制定者来说，是直接有效反映市场的，是制定各项政策不可缺少的依据。

（二）是企业营销决策的必要条件

企业营销决策没有市场预测是不成功的。有效的企业营销决策需要有科学的市场预测数据作为依据。在市场预测基础上进行的企业营销活动具有较低的盲目性，有利于节约企业成本、加速商品流通，提高企业经济效益。

企业的营销决策涉及两个方面：一是确定企业的营销战略；二是确定企业的营销策略。营销战略的确定涉及市场细分、确定目标市场及市场定位；营销策略主要是产品、价格、分销、促销策略。不管是企业营销战略的确定，还是企业营销策略的确定，市场调查与预测都是必不可少的。

（三）对社会生产的合理化起促进作用

随着我国经济水平的快速提高，社会需求不断发展变化，需求总量在不断增长，需求的多样化、多层次化、个性化也在不断发展，这就要求我国的生产能力要不断增长，各种商品的生产应朝着多样化、多层次化、个性化的方向发展，这样市场预测就起了很重要的作用。市场预测为社会生产提供准确的、全面的、系统的预测数据，大大降低了生产的盲目性，增强了生产的自觉性与有序性，对促进商品总量的供求平衡、商品类别和主要商品的供求平衡、合理调整产业结构等方面都起着重要的作用。

（四）对促进消费和满足需求有显著作用

社会生产与消费是紧密联系的，生产的目的就是满足人民不断增长的物质和文化生活需要。市场预测在满足需求和促进消费方面起着重要作用。通过市场预测，人们可以全面系统地了解需求状况，包括需求数量、需求结构与需求发展变化的规律等，向生产企业提供科学可靠的信息，使消费者的各种需求得到满足，使生产和消费需求结合得更加紧密。

四、提高市场预测精确度的措施

由于影响市场预测结果的因素非常复杂，预测人员素质参差不齐以及预测模型、方法复杂，任何市场预测都不可能绝对准确。市场预测误差的产生虽然是不可避免的，但尽量减少误差，提高预测精确度却是可能的。

（一）重视市场预测的基础工作

重视市场预测的基础工作，保证统计资料的完整、正确、及时、科学，是做好市场预测工作的重要条件。市场预测的基础是全面、系统、准确地调查统计资料，预测的精确度在很大程度上取决于统计资料、情报信息的全面、系统、准确与否。统计资料与情报信息的主要来源是销售信息的反馈与市场调查。因此，各企业都要建立有关的市场情报档案。为及时迅速地反馈市场行情、销售信息，应当建立全国性的市场预测网。

（二）提高信息反馈的速度

预测是对未来状况的估计与推算，预测方法的确定、预测模型的建立都需要不断修正，预测应当是一个不断反馈与修正的过程，预测值确定以后不等于预测工作就此完成，应当不断把预测结果与实际值进行比较，确定预测误差的大小，修正预测模型，正确反映预测对象的实际变化规律。特别是进行长期预测时，预测人员在得到一组预测数据后，应随时将预测值与实际结果进行比较和分析，确定预测误差，从而不断提高预测的精确度。

（三）多种预测方法协同使用

为了提高预测的实效性，通常综合应用各种预测方法。多种预测方法配合进行，可相互核对与修正，有利于提高市场预测的精确度。综合应用各种预测方法可以弥补资料的不足。由于市场的日益复杂和国际化，以及影响预测过程和结果的因素存在变数，需要采取科学、多样化的预测方法获取精确的市场预测数据。

（四）不断提高预测人员的技术水平

预测人员是市场预测工作顺利进行的保证。市场预测都是以假设为基础的，而假设则来自预测人员对客观事物的认识和分析。因此，预测人员应该对其所预测的领域有较高的知识水平和充分的涉猎，并且对本行业、本企业、本系统的产品特点、性能和使用方法有足够的了解，还要掌握国内外市场竞争对手产品的行情。预测人员还要有科学的判断能力，善于提出假设；善于收集市场数据，分析各因素间的关系。预测人员还要根据最新数据来评定市场预测的结果，善于建立市场预测模型，做出更正确的决策，提升预测的效果。因此，企业既需要挑选合适的专业人才从事预测工作，又要加强他们在行业领域的学习和训练，重视预测人员技术水平的提高。

本章小结

市场调查是获得市场信息资料、认识市场变化规律的重要途径。市场调查是运用科学的方法，有计划、有组织地收集、记录、整理市场信息资料，以了解市场状况和发展趋势，为企业经营决策提供客观、可靠的资料的过程。市场调查的特征为：调查目标的明确性；调查方法的科学性；调查内容的广泛性；调查结果的不确定性。

市场调查对提高宏观经济管理水平具有重要意义，是企业可持续健康发展的重要保障。市场调查是企业决策的前提，能促进企业经营管理水平的提高，能提高企业市场营销活动的效率，可以为市场预测奠定基础。市场调查要遵循客观性原则、系统性原则、时效性原则、经济性原则、保密性原则。

市场调查从不同的角度划分，有多种类别。按照功能，市场调查可以分为探索性调查、描述性调查、因果性调查与预测性调查。

买方市场的形成、市场竞争日趋激烈、消费者需求的多样性与多变性是市场调查产生的原因。经过近两个世纪，市场调查得到了长足的发展，已基本形成了一整套比较全面的市场调查体系和应用体系。我国市场调查在短时间内蓬勃发展，市场调查行业已成长为极具活力的行业。

市场预测是指在通过市场调查获得的各种信息和资料的基础上，进行分析研究，运用科学的预测技术和方法，对市场未来的商品供求趋势、影响因素及其变化规律所做的分析和推断过程。市场预测的特征有目的性、科学性、综合性、局限性。市场预测的作用体现在：为制订科学的计划和规划提供依据，是企业营销决策的必要条件，对社会生产的合理化起促进作用，对促进消费和满足需求有显著作用。提高市场预测精确度的措施有：重视市场预测的基础工作、提高信息反馈的速度、多种预测方法协同使用、不断提高预测人员的技术水平。

复习思考题

一、单项选择题

1. 市场调查是（　　）的基础。

    A. 市场分析　　　　B. 市场开发　　　　C. 企业经营活动　　D. 市场预测

2. （　　）不是市场调查要遵循的原则。

    A. 客观性原则　　　B. 广泛性原则　　　C. 时效性原则　　　D. 经济性原则

3. 可以帮助调查者明确地表达问题、澄清概念并做出假设，使调查者对问题更加熟悉的调查是（　　）。

    A. 问卷调查　　　　B. 探索性调查　　　C. 描述性调查　　　D. 实地调查

4. 主要解决"是什么"的问题，不在于揭露问题的本质的调查是（　　）。

    A. 探索性调查　　　B. 描述性调查　　　C. 因果性调查　　　D. 预测性调查

5. 有两个卖冰棍的个体户，平时每天每人平均能卖 200 支。某日有雨，甲进货时少进了 100 支，一天下来，全部卖掉，甲对自己的精明能干十分高兴。乙进货时，其父嘱："多进 100 支，今天的雨不过午，10 点雨停，12 点阳光灿烂，13 点开始闷热。"因其父前一天看了天气预报，乙遵嘱，进了 300 支，一天下来，也全卖掉了，乙称赞其父精明。据此，你同意的看法是（　　）。

    A. 科学预测是正确决策的依据

    B. 甲与乙的做法相当于两个企业的规模的相对萎缩和绝对扩大

    C. 乙父比乙精明

    D. 人算不如天算

二、简答题

1. 市场调查有哪些特征？

2. 市场调查的作用体现在哪些方面？

3. 市场调查应遵循哪些原则？

4. 市场调查产生的原因有哪些？

5. 如何提高市场预测的精确度？

三、案例分析题

7天与80万元

——一次精妙的市场调查

小王是一家小食品企业的业务员。4月，小王被公司派到河南一个县城去做市场前期调研。这个市场对该公司来说可是块"难啃的骨头"，因为公司曾经换了几任营销员也没能把绿色方便面产品推入市场。小王认为市场不能有效开发的最关键因素是对市场不了解，调查的深度和力度不够。初到该县城，小王没有急于满大街寻找客户，他制订了为期7天的"三步走"市场调查计划。

第一步：不急于求成，调查从市场之外开始。

调查思路：先收集该县城政治、经济、文化信息，特别是有区域特征的相关资料，通过这些资料，分析该市的市场总体情况、看点及着眼点。

第二步：顺藤摸瓜，让"大鱼"浮出水面。

调查思路：从乡镇农村零售终端向上逐层进行调查，以了解完整的渠道状况，明确竞争对手，并找出渠道中实力较强的大经销商。然后根据自己的需要，从中筛选合作对象。

第三步：调查收网，拿着订单捉"大鱼"。

调查思路：回到首要的目标市场——城区，从城区销售终端入手，进行产品接受度调查、需求种类调查、价格设定调查、促销方式调查等。从中争取意向性订单，再拿着订单争取与大经销商合作。

就这样，公司仅用一个人，通过7天的市场调查，在一个"难啃"的市场上成功实现从0到80万元的突破。

思考题：

1. 分析小王在本次市场调查中取得成功的原因。

2. 小王的成功对你有哪些启发？

实训思考题

【实训任务】

认识市场调查在企业市场营销活动中的地位和作用。

【实训目的】

通过实训，学生能认识到市场调查在企业市场营销活动中的重要地位和作用，并掌握利用二手资料收集信息的方法。

【实训组织】

（1）4～6 人为一组，每个小组确定一名负责人。以小组为单位收集 4 家企业市场调查的案例；

（2）初步收集资料后，写提纲交给老师，老师审阅；

（3）以小组为单位写报告，各小组进行成果汇报。

【实训考核】

（1）考核学生的市场观察能力；

（2）考核学生的团队能力与沟通协调能力。

第2章

市场调查程序、内容与实施

知识目标

- 了解市场调查的程序。
- 掌握市场调查的主要内容。
- 了解市场调查的组织实施。

技能目标

- 能按照市场调查的程序进行市场调查。
- 能结合实例确定调查课题的具体调查内容。
- 能组织实施一项市场调查活动。

市场调查是较为复杂的社会活动，需要遵循一定的程序。市场调查的内容十分广泛，涉及企业经营活动的整个过程和所有环节。不同企业因为调查目的不同、企业所处阶段不同、行业性质不同等，市场调查的内容会有很大不同。市场调查工作的开展需要有效的组织，对调查者进行选聘、培训与监督。

第一节　市场调查的程序

市场调查的类型多，涉及面广，为了提高市场调查工作的效率，需要按照科学的流程进行市场调查，以取得良好的效果。虽然市场调查因范围、对象的不同，在具体操作上可能不完全相同，但作为一种科学的方法需要遵循一定的程序。一项正式的市场调查，可以分为五大阶段：调查准备阶段、调查策划阶段、调查实施阶段、调查资料的整理与分析阶段、撰写调查报告阶段。

一、调查准备阶段

调查准备阶段对开始实质性的市场调查有重要意义，准备工作的好坏直接影响市场调查任务的完成进度和调查质量。调查准备阶段主要完成以下任务：发现和确定问题；明确调查目的；进行探索性或试验性调查。

（一）发现和确定问题

调查问题主要通过对日常市场营销活动或其他经营活动的观察及对有关资料的分

析发现。调查者可以从与消费者的接触与沟通中、企业经营数据分析中、其他问题的市场调查中发现问题。发现问题的过程一般是先寻找问题的征象，再进一步确定真正的问题。问题的征象主要有明显的困难、潜在的问题与机会三大类。明显的困难，如企业产品滞销、企业经营亏损等；潜在的问题，如企业产品市场占有率不断下滑、消费者对售后服务的满意度降低等；机会，如消费者需求发生了变化、新的产品受到市场追捧等。

（二）明确调查目的

为保证市场调查的正确性与实用性，调查者必须明确市场调查目的。明确市场调查目的一般至少要明确四个问题：为什么要调查（原因），通过市场调查要了解什么问题（主题），调查结果有什么用途（价值），谁想知道调查结果。如果调查前不对这些问题做出清晰的解答，收集信息的成本可能会大大超过调查结果的价值。

（三）进行探索性或试验性调查

对于已发现的问题，为了缩小范围，确定真正的问题，调查者需要进行探索性或试验性调查。如前文讲到的，某企业最近一段时间产品销量持续下滑，企业可以通过探索性调查找到销量下滑的主要原因。假如调查者认为主要原因是消费者的偏好发生了变化，则进一步分析，提出若干假设。例如，是该企业产品设计落伍，还是竞品的设计更符合新一代消费者的需求？试验性调查是在调查目的没有确定时，对一些精通有关问题的人（如生产商、经销商、供应商、设计人员等）进行访问，探询一些建设性意见。

调查者通过探索性或试验性调查，做出假设，限定调查范围，以便于将来利用调查所得的资料来检验所做的假设是否成立。调查范围大小直接影响市场调查的工作量与工作效率。范围界限不清可能会导致资料信息不全、不准、杂乱、无序等问题。

二、调查策划阶段

调查策划阶段

调查问题和调查目的的确定是制订调查计划的基础。为了更有效地进行有针对性的调查，调查者需要根据调查目的进行调查策划，以有效指导调查活动。调查策划活动需要考虑的内容有：确定调查项目；确定信息来源；估算调查费用；制订调查计划。

（一）确定调查项目

调查项目是为了获得统计资料而设立的，是依据调查目的设立的。影响调查目的的因素有很多，每个因素都可以成为调查项目。但调查项目的增加会导致调查工作量和统计量的增加，所以，调查者需要对有关因素进行取舍，在经费、调查方式允许的情况下，选择与项目相关程度高、重要程度高的项目作为调查项目。

（二）确定信息来源

调查项目确定后，调查者需要确定信息来源。确定信息来源需要考虑：哪些是所需的资料，在什么地方可以获得这些资料，通过什么调查方式能获得资料，调查对象有哪些。

信息源有两大类：一类是现有文字资料，另一类是通过实地调查获得的信息资料。现有文字资料一般不能满足调查活动的全部要求，调查者还需要通过实地调查的方式获得所需资料。

（三）估算调查费用

调查费用因调查目的的不同会有很大的差异。调查方式、规模、时间等也直接影响费用支出。调查费用的估算对调查结果的影响很大，合理的支出是保证调查顺利进行的重要条件，缩减必要的调查费用是不可取的，会导致调查不彻底或达不到预期目的。

调查费用一般包括：资料费、问卷设计费、问卷印刷费、交通差旅费、调查者培训费、劳务费、专家咨询费、调查报告撰写费用、办公费用、其他费用。

（四）制订调查计划

调查活动是一个涉及大量资料收集、整理、分析，调查者需要与各方人士大量接触，需要集体配合的工作。为了保证调查活动有条不紊地进行，调查者需要制订调查计划，对调查内容做出明确详尽的规定，指导调查活动的进行。表 2-1 所示是调查计划表。

表 2-1　调查计划表

内容	要点
调查目的	为什么要调查、需要了解什么、调查结果有哪些用途
调查方法	文案调查法、访问调查法、观察调查法、实验调查法、网络调查法
调查区域	被调查者居住范围
调查对象	调查对象的选定（资格、条件）、样本数量、样本选取
调查时间	开始日期、完成日期、所需时间
数据分析	统计的项目、研究模型、分析方法
调查报告	报告的形式、内容；专题报告、总结报告
调查进度	策划进度、实施进度、统计进度、撰写报告进度
调查费用	各项明细开支、总开支

调查计划一般按照调查进度的安排制订。调查进度一般为：总体方案的论证、设计；抽样方案的设计；问卷设计、测试、修改、定稿；问卷印刷制作；调查者的挑选与培训；调查实施；调查数据统计分析；调查报告撰写与发布。

三、调查实施阶段

调查实施阶段的主要工作是开始全面广泛地收集与调查活动有关的信息数据资料。在这个阶段，调查者要进行问卷设计、数据资料采集等工作。

（一）问卷设计

问卷调查是收集第一手资料最普遍的方法。问卷一般由向被调查者提问或征求其回答的一组问题组成，是问卷调查的关键。问卷设计质量对调查结果有非常大的影响。

市场调查问卷设计的相关内容将在第 5 章介绍。

（二）数据资料采集

调查问卷设计、印制完成后，就进入实际调查阶段。这一阶段首先要完成调查者的挑选与培训，然后调查者按照要求开展调查，以取得必要的调查数据资料。

1．调查者的挑选与培训

不同的调查项目对调查者的性格、观念、知识结构等的要求有较大的不同。选择调查者时要考虑调查的性质、收集数据的具体方法。对调查者的培训是调查工作必不可少的环节。本章第三节有针对调查者的培训的专门介绍。

2．第一手资料调查

第一手资料是市场数据采集的重点，一般运用问卷进行收集。收集第一手资料的常见方法有访问调查法、观察调查法、实验调查法、网络调查法。第一手资料可信度高、实用性强，但在收集时费时费力。

3．二手资料调查

利用现有的数据采集二手资料的方法快捷、成本低、消耗人力少，但可靠性不足。二手资料调查主要运用文案调查法。文案调查法是在短期内获得初步信息的一种重要调查方法。

四、调查资料的整理与分析阶段

在市场调查活动中取得的信息资料是零散、杂乱无章的，调查者必须经过系统的整理使信息资料系统化、条理化，对收集的资料要核对、校正。对重要的连续性资料，要绘制统计图表，以便于观察、分析与应用。资料整理完成后，要根据调查主题对资料采用科学的方法进行统计分析和理论分析，从中挖掘符合市场状况的调查结论，为撰写调查报告奠定基础。整理分析资料是一项严密、繁杂的工作，对调查者的信息处理分析能力要求很高。

五、撰写调查报告阶段

调查资料整理分析完成后，调查者需要撰写调查报告，得出调查结论，提出调查建议。调查报告是市场调查活动的最终成果。调查者要针对调查项目进行书面和口头报告，供决策者参考。

需要说明的是，撰写调查报告不是调查过程的终结，未来调查者要了解市场调查成果实施情况和成果的可靠性，还应该追踪市场调查。追踪市场调查的内容主要包括：市场调查报告中的数据是否真实可靠；市场调查报告所提出的意见或建议是否切合实际；市场调查报告中的意见或建议是否被决策者采纳，或多大程度上被采纳；市场调查报告提出的建议在执行过程中是否存在偏差，如何纠正。

市场调查从提出或发现问题，确立市场调查目的，市场调查策划，实施调查到调查报告的撰写，是一个系统工程。市场调查的任何一个环节和步骤出现问题，都会影响市场调查工作的有效性。但有时几个步骤不是简单机械地排列，可能存在交叉，调查者在调查工作中需要结合实际情况进行处理。

第二节　市场调查的内容

　　市场调查的内容广泛，既包括宏观市场环境（如政治法律环境、经济环境、社会文化环境、科学技术环境等）调查，也包括微观市场环境调查（如供应商、竞争者、管制机构等调查），还包括消费者调查、市场营销组合调查与国际市场调查等。宏观市场环境调查与微观市场环境调查在其他先修课程中多有讲述，本书不做介绍。

一、消费者调查

　　消费者是企业商品的购买者及使用者，是最重要的市场调查对象。消费者是市场需求的反映者，满足消费者需求是企业生产和经营的中心任务。同时，消费者又是市场上最积极、最活跃，也是最为复杂多变的群体，对消费者进行调查至关重要。

（一）消费者基本状况调查

　　影响消费者市场购买行为的因素有很多，具体包括人口、职业与教育、收入、家庭等。研究消费者基本状况对市场需求的影响，便于企业进行市场细分，从而有利于企业实现营销目标。

1．人口

　　人口是消费者市场的重要特征之一。人口是一个内容复杂、综合多种社会关系的社会实体，具有性别和年龄特征，具有多种社会构成和社会关系、经济构成和经济关系。人口是一定数量个人的综合，包括人口数量、性别、年龄等因素。

　　在市场调查中，人们经常以人口数量说明市场的规模。人口中的性别比例和年龄构成，对市场商品需求构成的影响较大。由于生理与心理上的差别，男性与女性在商品需求与偏好上有很大不同，如在服饰、发型、生活必需品等方面均有差别。人口的年龄结构决定需要，这直接关系到各类商品的市场需求量，以及企业目标市场的选择。一个特定市场的人口规模及其增长率、年龄分布、人口密度、家庭类型、地区特征和迁移活动等都会影响市场的规模与结构、特征与变动趋势。

2．职业与教育

　　社会分工是职业分类的依据。职业不同，人们对商品的消费需求就不同。职业不同的消费者对同类商品的兴趣及偏好也会有所差异。

　　教育，狭义上是指学校教育，广义上是指影响人的身心发展的社会实践活动。消费者的文化程度与商品的需求有很大的关联。文化程度较高的人更容易产生一些比较高雅的兴趣爱好，如书法、绘画等，文化程度较高的地区，相关商品的需求就比较大。

　　消费者的职业、文化程度与商品的市场需求有密切的关系。调查这些因素对市场需求的影响，是企业做出正确经营决策的重要依据。

3．收入

　　收入一般特指消费者的货币收入，是消费者市场需求的一个基本环节。消费者的收入直接决定了消费者的市场购买力。高收入消费者与低收入消费者在产品选择、休闲时间的安排、社会交际等方面都会有所不同。因此，研究消费者收入这个指标对企业开展市场调查是非常重要的。

4．家庭

家庭是消费需求的基本单位，许多商品是以家庭为单位消费的，如住房、家具等。家庭构成不断发生变化导致市场需求不断变化，企业只有调查研究这一因素，才能更好地适应消费需求，开拓市场。

（二）消费者购买动机调查

购买动机是指为了满足一定的需要，而引起人们购买行为的意愿和意念。购买动机决定购买行为，与商品的销售关系极大。消费者购买动机调查的目的是弄清楚消费者购买动机产生的各种原因，以便企业采取相应的营销措施。消费者购买动机具有迫切性、内隐性、可变性、模糊性、实践性与学习性等特征。

消费者购买动机可以分为以下几类。

1．求实动机

求实动机是以注重商品（或服务）的实际使用价值为主导倾向的购买动机。在此类动机的驱使下，消费者在购买商品时特别重视商品的实际效用、功能质量，讲求经济实惠、经久耐用，而对商品的外观造型、色彩、商标、包装等不大重视，要求"一分钱一分货"。一般而言，消费者在购买基本生活资料、日用品的时候，求实动机比较突出；而在购买享受资料，较高档次、价值高的消费品时，求实动机不太突出。此外，求实动机突不突出，也要看消费者的消费支出能力和消费价值观念如何。

2．求新动机

求新动机是指消费者以注重商品的新颖、奇特和时尚为主要目的的购买动机。在此类动机的驱使下，消费者在购买商品时追求新奇、时髦和个性化；在购买商品时受广告宣传、社会环境和潮流导向的影响很大。一般而言，在收入水平比较高的人群中，求新动机比较常见。

3．求美动机

求美动机是以注重商品的欣赏价值和艺术价值为主要目的的购买动机。在此类动机的驱使下，消费者购买商品时特别重视商品的颜色、造型、外观、包装等因素，讲究商品赏心悦目的程度，追求商品的美感带来的心理享受；购买商品时，消费者强调商品给人的感受，而对商品本身的实用性要求不高。

4．求名动机

求名动机是指消费者以追求名牌、高档商品，借以显示或提高自己的身份、地位而形成的购买动机。在此类动机的驱使下，消费者对商品的品牌特别重视，喜欢购买名牌商品；在购买时受商品的知名度和广告宣传等影响较大。一般而言，收入水平较高的人常常具有这种购买动机。

5．求廉动机

求廉动机是指消费者购买商品时注重商品价格低廉，是以希望付出较少的货币而获得较多的物质利益为主要特征的购买动机。在求廉动机的驱使下，消费者选择商品时以价格为第一考虑要素，在购买时不大看重商品的外观造型等。

6. 便利动机

便利动机是指消费者以商品购买和使用过程中的省时、便利为主导倾向的购买动机。在购买价值不高的日用品时，消费者常常具有这种购买动机。对于这类日用品，消费者经常购买，经常使用，购买时也不太认真挑选，讲求便利。

除了以上动机外，消费者购买动机还有求同动机、好胜动机、炫耀动机、偏爱动机等。

（三）消费者购买行为调查

消费者购买行为是指消费者为了满足自己的生活需要，在一定购买动机的驱使下，所进行的购买商品的活动过程。了解消费者的购买行为，首先必须了解消费者的购买行为模式。

消费者购买行为是一个投入产出的过程。消费者在消费过程中要接受各种外部刺激，同时针对这些刺激，消费者会做出各种反应。

实际从事购买活动的消费者在选购商品时的表现是多种多样的。一方面，消费者由于个性、收入、职业、文化素养等方面的不同而存在购买心理的差异；另一方面，外部的营销刺激也会影响消费者的购买行为，如企业的信誉状况、品牌形象、广告等。根据消费者购买行为的复杂程度和所购商品的差异程度，消费者购买行为可以分为复杂型购买行为、减少失调感的购买行为、寻求多样化的购买行为、习惯型购买行为。

（1）复杂型购买行为。复杂型购买行为是指消费者在购买比较贵重、不常购买且具有高风险的商品时，其购买态度是比较谨慎小心的，如买房这一购买行为。对于复杂型购买行为，企业应制定策略帮助消费者掌握商品知识，运用各种途径宣传本企业商品的优点，增强消费者对商品的信心，简化其购买决策过程，影响消费者的最终购买决定。

（2）减少失调感的购买行为。减少失调感的购买行为是指消费者并不广泛收集商品信息，并不精心挑选品牌，购买决策过程迅速而简单，但是在购买以后会认为自己所购买的商品具有某些缺陷或比其他同类商品有更多的缺点，进而产生失调感，怀疑原先购买决策的正确性。对于这类购买行为，企业要提供完善的售后服务，通过各种途径经常提供反映本企业商品品质优良的信息，使消费者相信自己的购买决定是正确的，使其求得心理平衡。

（3）寻求多样化的购买行为。寻求多样化的购买行为是指消费者购买商品时有很大的随意性，并不深入收集信息和评估比较就决定购买某一品牌的商品，在消费时才加以评估，但是在下次购买时又转换为其他品牌的商品。转换为其他品牌的商品的原因不是原来的商品不好，而是希望尝试新的品牌。企业可以减少消费者寻求多样化的机会，比如在超市占有尽可能多的货架、开展促销活动、试用新产品等。

（4）习惯型购买行为。习惯型购买行为是指消费者并未深入收集信息和评估品牌，只是习惯于购买自己熟悉的品牌的商品，在购买后可能评价也可能不评价商品。对于习惯型购买行为，企业应通过降低价格等促销活动来刺激销售。

二、市场营销组合调查

市场营销组合是指企业针对目标市场的需要，综合考虑环境、能力、竞争状况，对自己可控制的各种营销因素（产品、价格、渠道、促销等）进行的优化组合和综合运用，目的是使之协调配合，扬长避短，发挥优势，以取得更好的经济效益和社会效益。市场营销组合调查主要是指企业关于产品、价格、渠道、促销等方面的调查。

市场营销组合调查

（一）产品调查

产品是指人们通过购买而获得的能够满足某种需求和欲望的物品的总和，既包括具有物质形态的产品实体，也包括非物质形态的利益。产品调查的主要内容包括产品实体调查、产品包装调查、产品生命周期调查。

1. 产品实体调查

产品实体调查包括产品规格、颜色、图案以及性能的调查。

产品规格的大小会在不同的消费者中引起不同的反应，对于企业所服务的目标市场，企业提供的产品规格必须符合当地消费者的习惯或偏好。

同一颜色或图案在不同地区、不同民族可能有不同的象征意义。企业只有在对此有所了解的基础上，投其所好，才能使产品为消费者所接受。

产品性能是产品最基本、最主要的属性，是消费者最为关注的问题之一，产品的耐用性、安全性、使用和维修的方便性、使用时的能源损耗等都是消费者在购买时要考虑的问题。但不同的消费者对产品的某一个或几个性能的关注程度是不同的，企业需要通过调查了解哪些是主要的性能，哪些是企业在生产经营中应该特别注重的。例如，某企业在对热水器市场进行的调查中了解到，热水器的安全性是消费者购买时优先考虑的因素。因此，该企业将提高产品质量作为整个生产工作的中心环节。

2. 产品包装调查

产品包装是企业强有力的营销手段。设计良好的产品包装能为消费者创造方便价值，为生产者创造促销价值。产品包装包括销售包装和运输包装两部分。销售包装主要起到美化、保护和促销商品的作用。对销售包装的调查包括：产品的包装与当地的市场环境是否协调，消费者喜欢的包装外形是什么样的，在同类产品中消费者认为最好、最受欢迎的产品包装造型是什么样的，竞争产品的包装是什么样的，包装应该传递的信息等。对运输包装的调查包括：产品的包装是否能够适应运输中不同地点的搬运方式，是否能够保证防热、防潮、防盗，以及适应各种恶劣的气候条件，运输的时间长短和包装费用等。

3. 产品生命周期调查

产品生命周期是指产品从准备进入市场开始到被市场淘汰为止的全部运动过程，由需求与技术的生产周期决定，主要受消费者的消费方式、消费水平、消费结构和消费心理的变化等影响。产品生命周期一般分为导入期、成长期、成熟期、衰退期四个阶段。企业应通过对销量、市场需求的调查，判断和掌握自己所生产和经营的产品处在什么样的生命周期阶段，以制定相应的对策。

（二）价格调查

价格直接影响企业产品的销售和利润，价格策略是实现企业经营目标的主要手段和策略。因此，企业经营者必须从市场经营角度入手切实加强定价决策工作，以便提高市场占有率和追求长期利润的增长。

从宏观角度看，价格调查主要是对市场商品的价格水平、市场零售物价指数和消费价格指数等进行调查。从微观角度看，价格调查的内容包括：国家在产品价格方面的相关规定；企业产品的定价是否合理，如何定价能给企业带来稳定的盈利；消费者接受的产品价位，以及接受程度、心理状态如何；产品需求和供给的价格弹性有多大以及影响因素；市场竞争产品的定价目标及具体定价方法；等等。

（三）渠道调查

渠道让产品以正确的数量在正确的时间和正确的地点运送到消费者手里。进行渠道调查时，调查者有必要了解以下几个方面的情况。

（1）企业现有分销渠道的主要类型。

（2）企业现有的分销渠道能否满足消费者的需要。

（3）企业是否有通畅的分销渠道，如果不通畅，具体原因是什么。

（4）分销渠道中各个环节的产品库存是否合理，能否满足随时供应市场的需要，有无积压和脱销现象。

（5）市场竞争对手的分销渠道主要有哪几种类型，其分销渠道的业绩如何。

（6）市场上经销本产品的主要中间商对经销本产品有何要求。

上述对分销渠道的调查有助于企业评价和选择中间商，从而开辟合理的、效益最佳的销售渠道。

（四）促销调查

促销工作的核心是沟通信息，促销的目的是引发、刺激消费者产生购买行为。促销调查主要有广告调查、人员推销调查、公共关系调查及销售促进调查四种。

1．广告调查

广告必须针对最需要解决的促销问题，必须针对最需要重视的目标市场，必须针对目标消费者最感兴趣的方面，才能使广告投入获得最佳经济效益。同时，广告还应帮助企业最大限度地了解市场信息，了解企业营销活动的效果。这些都不能靠主观臆想或经验推断来实现，而必须依靠科学的广告调查。广告调查的内容包括广告诉求调查、广告媒体调查和广告效果调查等。

（1）广告诉求调查。广告诉求调查也就是消费者动机调查，包括调查消费者收入情况、知识水平、广告意识、生活方式、兴趣爱好，以及结合特定产品了解消费者对产品的接受程度等。只有充分了解消费者的关注点及喜好，才能制作打动人心、引发消费者情感共鸣的好广告。

（2）广告媒体调查。广告媒体调查是指对各种广告传播媒体的特征、效能、经营状况、覆盖面、收费标准等进行的调查。通过广告媒体调查，企业可根据广告的目的及要求，运用适当的广告媒体，取得较好的广告效果。

广告媒体是运载广告信息、达到广告目标的一种物质技术手段，是传播广告信息的载体。常见的广告媒体即报纸、杂志、广播、电视以及新媒体。常见的新媒体有社交类手机应用、新闻资讯类应用、视频娱乐类应用。

（3）广告效果调查。广告效果调查是在广告制作、发布中，为了监测广告效果，评价广告作用而进行的调查。这类调查着重收集和研究广告产品销售效果和社会效果，以便对广告推销活动的成功与否做出评价，为下一步的广告决策提供基础。广告效果调查的内容主要有对广告经济效果的调查、对广告心理效果的调查，以及对广告社会效果的调查。

2．人员推销调查

人员推销是指企业推销人员直接与潜在消费者进行接触、沟通、洽谈，采用帮助或说服等手段，促使消费者发生购买行为的活动过程。而人员推销调查主要有上门推销调查、柜台推销调查、会议推销调查三种。

3．公共关系调查

公共关系活动是指企业在从事市场营销活动中正确处理企业与社会的关系，以便树立企业的良好形象，从而促进产品销售的一种活动。公共关系促销是企业的一种"软推销术"，它在树立企业形象和产品形象时，能促进产品的销售，满足消费者高层次的精神需求，可以不断赢得消费者的信赖。公共关系调查应重点调查公共关系的作用，以及哪种公共关系形式对企业产品销售所起的作用最大。

4．销售促进调查

销售促进是指企业运用各种短期因素鼓励消费者和中间商购买、经销（代理）企业产品或服务的促销活动。销售促进调查主要是对销售促进对象的调查及对销售促进形式的调查。销售促进对象主要有消费者或用户、中间商和推销人员；销售促进形式包括赠送产品、有奖销售、发放优惠券、设置推销奖金、竞赛、给予交易折扣、举办展销会和订货会等。

三、国际市场调查

国际市场调查是指市场调查者采用科学的调查方法，系统收集、整理、分析相关国际市场的基本状况及其影响因素的信息，为企业国际营销决策的制定提供重要的科学依据的过程。随着企业全球化发展的不断深入，国际市场调查日益增多。国际市场调查有利于企业挖掘国际营销机会，能为制定国际市场营销组合策略提供依据，有利于分析预测国际市场发展趋势。企业要进入某一国际市场，往往要求调查者提供与此有关的国际市场信息，包括该国的政治局势、法律制度、文化属性、地理环境、市场特征、经济水平等。国际市场信息的内容主要包括国际市场环境信息、国际市场商品信息、国际市场营销信息、国际市场客户信息等。

1．国际市场环境信息

企业开展国际商务进行商品进出口需要先了解商务市场环境，以知己知彼。国际市场环境调查的主要内容有：

（1）国外经济环境，包括国外企业经营活动覆盖市场的社会经济发展状况和社会经济运行情况；

（2）国外政治和法律环境，包括影响和制约企业经营的政府机构、法律法规及公众团体等；

（3）国外文化环境，包括使用的语言、教育状况、宗教信仰、风俗习惯、价值观念、审美观念等；

（4）其他，包括国外人口、交通、地理等情况。

2．国际市场商品信息

企业要让商品打入国际市场或从国际市场进口商品，除需要了解国际市场环境外，还需要了解国际市场商品情况，主要有以下内容。

（1）国际市场商品的供给情况，包括商品供应的渠道、来源，国外生产厂家生产能力、生产数量及库存情况等。

（2）国际市场商品的需求情况，包括国际市场对商品质量、商标、包装、设计、性能等的要求和意见等。

（3）国际市场商品的价格情况，包括国际市场商品的价格水平、国际市场价格行情，特别是价格变化趋势等。

3．国际市场营销信息

国际市场营销信息主要包括以下内容。

（1）商品销售渠道，包括国际市场上商品销售渠道的种类、国际市场上消费者之间不同的购买渠道、国际市场上商品实体分配的方式、不同销售渠道的特点以及发展趋势等。

（2）广告宣传，包括国际市场上的广告方式、广告媒体、广告内容、广告时间、广告效果等。

（3）竞争信息。国际市场上的竞争有直接竞争和间接竞争、现实竞争和潜在竞争之分。在收集国际市场竞争信息，评价竞争状况时，最好集中于市场上居领先地位的或者有巨大潜力的竞争者。国际竞争信息的内容主要包括竞争者的商品质量、价格、政策、广告、分配路线、产量、销量、市场占有率等。

4．国际市场客户信息

一般来说，企业对国外客户的调查研究主要包括以下内容。

（1）客户政治情况，主要了解客户的政治背景、与政界的关系，企业负责人参加的党派及对我国的政治态度。

（2）客户资信情况，包括客户拥有的资本和信誉两个方面。资本是指企业的注册资本、实有资本、其他财产以及资产负债等情况。信誉是指客户或企业的经营作风。发达国家的消费者和企业都有信誉和信誉资格，信誉资格是贷款、购买商品和进入各国及世界经营领域的通行证。

（3）客户经营业务范围，主要是指客户经营的商品及其种类。

（4）客户经营能力，是指客户业务活动能力、融资能力等。

第三节　市场调查组织实施

市场调查是一个系统工作，需要企业内外部的协调与组织才能顺利完成。市场调查机构的选择，市场调查者的选聘、培训与监督等是市场调查工作保质保量完成的重要保障。

一、市场调查机构

（一）市场调查机构的类型

经过 100 多年的发展，市场调查已经形成了一个专门的行业，为企业和相关机构提供专业化的市场调查和预测分析服务。全球每年花在市场调查、广告调查和民意调查服务上的费用超过 100 亿美元。巨大的经济利益也催生了一批专业调查机构，按其性质的不同，这些专业调查机构可以分为以下几类。

1. 专业市场调查公司

专业市场调查公司的规模大小不等，服务的专业化程度有所不同，服务质量也参差不齐。目前专业市场调查公司主要有综合性市场调查公司、标准化服务公司、专门的调查公司。随着行业的发展，专业市场调查公司的分工会越来越细致，定位也会越来越准确。

综合性市场调查公司实力较强，定期收集各种市场信息，进行各种类型的市场调查、研究、咨询和预测，提供企业所需的各种数据资料、情报和信息，拥有较强的实力和比较全面的数据积累。企业或个人需要时，只要缴纳一定的费用，就可以获取所需的资料。此外，这类公司还为企业提供定期的调研服务，具有涉及面广、综合性强的特点，代表性公司如 AC 尼尔森、零点研究咨询集团等。

标准化服务公司使用标准的方法调查不同的对象，按照成形的模式标准提供调查数据和相关的分析报告，灵活性较弱。

专门的调查公司一般规模较小，只是在某个行业进行市场调查，如房地产调查公司。也有一些公司只在调查中的某一个环节提供服务，如专门提供问卷调查的公司、只做数据处理或问卷分析的公司等。

2. 管理咨询公司

管理咨询公司一般由资深的专家、学者和具有丰富实践经验的人员组成，为企业和一些部门的生产、经营进行诊断，提供指导性的建议，充当顾问。这类公司在提供咨询服务时，也要进行市场调查和分析。

3. 政府统计机构

目前，我国最大的调查机构是国家统计部门及地方各级统计机构和各级职能部门（如财政、税务部门），它们定期调查研究全国性或全省（区、市）性的市场动态，预测市场趋势，为各行各业提供市场信息，如中华人民共和国民政部政策研究中心。

4. 广告公司

广告公司以广告业务为主，但有时也兼营一些市场调查业务。有些专业的广告公司内部都设有市场调查机构。这类部门由于经常承担广告制作和广告效果的调查工作，调查经验丰富，所以也常常承接企业委托的市场调查业务。

5. 大专院校研究机构

大专院校研究机构即在大专院校设立的市场研究机构，可有针对性地进行专题调查和预测分析。大专院校的教师和学生拥有专业的知识，且调查成本比较低，往往也能承接中小型的调查项目。

（二）市场调查机构的职能

市场调查机构主要是根据企业委托的要求，进行各种市场调查、预测和分析，提供企业所需的各种数据、信息和情报。具体来说，这类机构的职能主要有以下几个。

1. 承接市场调查项目

专业的市场调查机构具有专门的人才，在市场调查和数据分析方面具有丰富的经验和能力，可以公开承接社会各方的委托，按客户的要求，开展市场调查活动。一般而言，这类专业公司接受的调查项目包括：为新产品开发的市场营销活动做市场调查；对市场规模和市场结构进行调查分析；对市场供求关系的现状和发展趋势进行调查；对消费者的消费需求、购买动机和购买行为进行调查；对产品的性能、包装进行调查；对市场价格及其走势进行调查；对其他客户提出的问题进行调查；等等。

2. 提供信息

专业的市场调查机构一般有自己的信息网络。它们会订阅大量的专业数据库，在长期的实践中也积累了大量的信息资料，可以为社会和企业提供有关的信息资料。

3. 咨询顾问

市场调查机构因为其专业优势、人才优势，可以为企业和社会提供各种咨询和顾问服务，为客户的经营决策和其他管理活动提供支持和服务。

二、市场调查者的选聘、培训与监督

市场调查者的工作是采集资料，对指定的被调查者进行调查访问，以获得原始数据资料。调查者通常包括专职调查者和兼职调查者。专职调查者是公司聘用的全职工作人员，其除了进行调查访问之外，还要执行兼职调查者难以胜任的调查访问，对某些被抽到的被调查者进行复访或回访。兼职调查者是临时聘用的，聘用在校大学生为兼职调查者的情况较为常见。

在市场调查中，调查者的素质、经验、责任心、专业知识等在很大程度上制约着调查工作的质量，影响着市场调查结果的准确性和客观性。因此，加强调查者的组织管理，通过专业的选聘和培训来提高调查队伍的素质和条件，是一项非常重要的工作。

（一）市场调查者的选聘

市场调查能否取得良好的效果，关键在于能否挑选到合适的调查者。在选择调查者时，应考虑调查的性质、收集数据的具体方法，尽量选择与被调查者相匹配的调查者。尽管具体的要求会随着不同的调查项目有所不同，但是对调查者的一般要求基本是相同的。通常，调查者必须具备以下条件和素质。

（1）有高度的责任心和敬业精神。

（2）对调查工作感兴趣、热情，愿意接触和了解社会。

（3）诚实可靠，勤勉耐劳。

（4）有较高的文化素质和必要的市场调查知识。

（5）仪表大方，态度亲切，善沟通，以性格外向为佳。

（二）市场调查者的培训

很多市场调查者在刚入职时还不能胜任调查工作，企业要对他们进行培训，使其对市场调查有大致的了解，帮助他们增强责任心，提高访问技巧和处理问题的能力。企业通过培训，可提高调查者的工作能力，降低拒访率，使调查工作更加有效率。

1. 培训如何接触被调查者

在与被调查者接触时，调查者应该向被调查者说明他们的参与是非常重要的，但是不宜特意征求其允许再提问，避免使用"我能占用您一点时间吗？"或"您能回答几个问题吗？"之类的问题。

另外，调查者还要掌握应对拒绝的技巧。例如，如果被调查者说"我现在不方便"，调查者应该问："您什么时候有空？"

2. 培训如何提问

如果事先设计好问卷，调查者只要指导被调查者填写问卷就可以了，提问的环节不重要。但如果问题需要调查者提出来，并由调查者记录答案，那么提问时的措辞、顺序和态度就很重要，一些微小的变化可能导致被调查者对问题有不同的理解，从而给出不同的答案。对调查者进行如何提问的培训，可以减少误导现象的发生。在提问后，调查者还需要根据情况适时追问。追问的目的是鼓励被调查者进一步说明、澄清或解释答案。

3. 培训如何记录

调查者记录被调查者的回答，要记录准确，填写清楚、整洁，以免编码时出差错。要提高数据质量，记录时要注意：在访谈过程中记录答案；使用被调查者的语言记录；不要自己概括或解释被调查者的回答；记录所有与提问目的有关的内容；记录所有的追问和评论。需要注意的是，在被调查者允许的情况下，要使用录音设备。

4. 培训如何结束访谈

在没有得到所有信息之前，不要轻易结束访谈。调查者需要感谢被调查者的配合，要给被调查者留下好印象。对于被调查者在问题回答完毕以后对调查本身做出的评论，调查者也应记录下来。

（三）市场调查者的监督

调查者在调查过程中可能存在的问题有：调查者没有按要求调查被调查者，自己填写了很多问卷；调查者访问的对象不是研究者指定的人选，而是其他人；调查者按照自己的想法自行修改问卷内容；有些问题漏记或没有记录；等等。监督调查者是为了确保他们严格按照培训中的指示进行调查。

1. 监督内容

监督内容包括质量控制、抽样控制、作弊行为控制等。

（1）质量控制。质量控制是检查调查者是否按照计划进行调查实施工作。发现问题后，实施督导者应该及时与调查者沟通，必要时还要进行额外培训。

（2）抽样控制。抽样控制的目的是保证调查者严格按照抽样计划进行调查。

（3）作弊行为控制。调查中的作弊行为主要涉及篡改或杜撰部分甚至整个问卷的答案。实施督导者主要通过适当的培训、督导和对调查现场工作的核查，来尽可能减少作弊行为。

2. 监督方式

监督方式包括现场监督、问卷审查、电话回访、实地复访等。

（1）现场监督。现场监督是指在调查者进行现场调查时，有督导者跟随，以便随时进行督导并对不符合规定的行为进行指正。

（2）问卷审查。问卷审查通常是对调查者收集的问卷进行检查，看问卷是否有质量问题，如是否有遗漏、答案之间是否前后矛盾、笔迹是否一致等。

（3）电话回访。根据调查者提供的电话号码，督导者或专职调查者进行电话回访。

（4）实地复访。根据调查者提供的地址，督导者或专职调查者进行实地复访。

3. 评估调查者

及时对调查者进行评估，一方面有助于调查者了解自己的工作状况，找到差距，进行改进；另一方面有助于研究机构寻找并建立素质更高的调查队伍。对调查者的工作成绩进行评定可采取以下几种形式。

（1）比较成本。对同一地区的调查者所花费的成本（包括各种费用和补助）进行比较。

（2）比较回收率。比较同一地区调查者的访问被拒绝的百分比。

（3）比较问卷的利用率。调查者应该遵守指示进行调查，回收的问卷因错误或不符合规定而不能利用的数量越多，调查者的工作绩效越低。

本章小结

一项正式的市场调查可以分为五大阶段：调查准备阶段、调查策划阶段、调查实施阶段、调查资料的整理与分析阶段、撰写调查报告阶段。调查准备阶段主要完成：发现和确定问题；明确调查目的；进行探索性或试验性调查。调查策划阶段需要考虑的内容有：确定调查项目；确定信息来源；估算调查费用；制订调查计划。在调查实施阶段，调查者要进行问卷设计、数据资料采集等工作。市场调查包括消费者调查、市场营销组合调查与国际市场调查等。消费者调查包括消费者基本状况调查、消费者购买动机调查、消费者购买行为调查。市场营销组合调查包括产品调查、价格调查、渠道调查、促销调查。国际市场调查有利于企业挖掘国际营销机会，能为制定国际市场营销组合策略提供依据，有利于分析预测国际市场发展趋势。

市场调查是一个系统工作，需要企业内外部的协调与组织才能顺利完成。市场调查机构的选择，市场调查者的选聘、培训与监督等是市场调查工作保质保量完成的重要保障。

复习思考题

一、单项选择题

1. 一般来说，下面费用不属于调查费用的是（　　　）。

　　A. 交通差旅费　　　B. 调查者培训费　　C. 专家咨询费　　　D. 广告费

2. 消费者在购买商品时特别重视商品的实际效用、功能质量，讲求经济实惠、经久耐用，体现的是消费者的（　　　）。

　　A. 求实动机　　　　B. 求新动机　　　　C. 求美动机　　　　D. 求廉动机

3. 产品实体调查不包括（　　　）。

　　A. 产品规格调查　　　　　　　　　B. 产品颜色和图案调查

　　C. 产品性能调查　　　　　　　　　D. 销售渠道调查

4. 以下不是市场调查者的监督方式的是（　　　）。

　　A. 电话回访　　　B. 实地复访　　　C. 年底抽查　　　D. 现场监督

二、简答题

1. 调查策划活动需要考虑哪些内容？

2. 消费者基本状况调查包括哪些内容？

3. 简述消费者购买动机的类型。

4. 国际市场信息包括哪些内容？

5. 市场调查者需要具备哪些素质？

三、案例分析题

江小白如何进入年轻化市场

江小白是重庆江小白酒业有限公司旗下的高粱酒品牌。2012 年 3 月，江小白品牌首次亮相业界，并推出第一款清淡型高粱酒品"我是江小白"。2018 年，江小白销售额突破 20 亿元。江小白可以说是中国第一个步入年轻化市场的白酒品牌。

江小白进入年轻化市场是摸索着前行的，江小白一直在揣摩"80 后""90 后"的文化，对白酒品牌如何迎合新一代的消费者做着思考。江小白在营销上总结了消费升级的"三从"原则：产品从优、品牌从小、价格从众。产品创新应该作为公司最重要的驱动力，江小白愿意在消费者洞察方面花 40% 的时间，在做产品上花 30% 的时间，在品牌上花 20% 的时间，对产品、消费者投入的时间成本越多，销售就越轻松。

江小白在做消费者调查的时候专门找了专业的第三方调研公司，一是因为调研公司的专业性保证了数据的准确性，二是因为江小白的董事长个人认为现在的消费者对消费场景的理解和消费者的洞察更多是偏感性的，他敏锐地察觉到这可能跟江小白的品牌有着很密切的联系，因此认为对消费者的洞察工作异常重要。基于消费者调查，可以推导出消费者想要一种什么样的产品。现在江小白最大的单品是表达瓶，这个产品的诞生就基于对消费场景的洞察。

通过专业的市场调查，江小白明确了自身的目标消费群体就是年轻群体，并且江小白不仅把自家品牌定位为白酒，还将其称为"情绪饮料"，并且提出了作为年轻人"不回避、不惧怕"，释放自己情绪的宣言，准确地了解了年轻客户群体的心理，成功占领年轻化市场。

思考题：分析江小白为什么能够成功进入年轻化市场，可能的风险有哪些。

实训思考题

【实训任务】

在学校附近拟开一家饮品店，请确定要调查的内容。

【实训目的】

（1）通过实训，学生熟悉市场调查的内容，并能对具体调查任务进行分析，确定具体的调查内容。

（2）通过实训提高学生收集信息的能力。

（3）通过实训提高学生合作交流的能力。

【实训组织】

（1）4～5人为一组，以小组为单位进行实训；

（2）小组成员集体讨论，确定调查内容；

（3）到学校附近观察顾客流量等，收集第一手资料；

（4）对从网上收集的开饮品店的资料和收集的第一手资料进行整理、分析；

（5）以小组为单位进行最终成果汇报；

（6）小组成员互评及教师点评。

【实训考核】

（1）考核学生确定市场调查目的的能力；

（2）考核学生根据市场调查目的设计调查内容的能力；

（3）考核学生的团队协作能力；

（4）考核学生的表达沟通能力。

第3章
市场调查方法

知识目标
- 掌握五种市场调查方法及其适用条件。
- 掌握五种市场调查方法的优劣。

技能目标
- 能熟练运用面谈访问法。
- 能运用问卷星进行网上调查。

党的二十大报告对党员干部深入开展调查研究提出了明确要求:"弘扬党的光荣传统和优良作风,促进党员干部特别是领导干部带头深入调查研究,扑下身子干实事、谋实招、求实效。"调查方法是调查研究的基础和手段,对调查效果有重要的作用。本章介绍五种主要的调查方法——文案调查法、访问调查法、观察调查法、实验调查法、网络调查法。

市场调查数据采集是市场调查的重要环节,不同的数据采集方法需要的人力、物力、时间,以及数据准确性等有很大的区别。总体而言,市场调查数据采集的方法可以分为第一手数据采集和二手数据采集两大类。第一手数据是企业员工或市场调查专业人员通过实地市场调查得到的相关信息或数据资料;二手数据也叫现成数据,是调查者根据已有的文献、档案资料等收集、挖掘的信息资料。相对而言,二手数据采集方法快捷、成本低、消耗人力少,但数据相关性、准确性较低。一般来说,只要收集二手数据能解决问题,就不再收集第一手数据。

第一节　文案调查法

文案调查法是一种间接资料调查法,调查者主要收集、鉴别、整理文献资料,并通过对文献资料的研究,形成对事实科学的认识。文案调查法有其他调查方法不可替代的作用。

一、文案调查法概述

文案调查法是调查者利用企业内外部现有的信息、情报资料,对调查内容进行研究的一种调查方法，又称资料分析法。文案调查法收集资料所花费的时间较短，费用较低，资料的获得比较方便、容易，省时省力。文案调查法不受时间、空间的限制，调查结果可以为实地调查提供依据。

调查者一般都能找到资料，但能否找到与调查项目密切相关的资料却不一定，所以在寻找相关资料以前，调查者必须明确进行资料调查的要求。文案调查的要求主要体现在目的性、时效性和可靠性方面。

（1）目的性。在进行文案调查时，调查者根据调查目标确定资料的选择范围和内容，重点收集与调查主题关系密切的信息资料。

（2）时效性。二手资料的收集时间决定资料的时效性，调查者在收集资料时要考虑所收集的资料是否能保证调查的需要，摒弃过时的、与目前市场情况不相符合的资料，确保收集到的资料能准确反映当前调查对象的规律。

（3）可靠性。由于调查者没有实际参与所收集数据的调查，因而难以评价数据的准确性、权威性和可靠性。数据资料的可靠性可以通过数据资料的来源、调研机构的信誉和专家鉴定来判断。

文案调查法的局限性主要体现在：所收集的主要是历史资料，现实中正在发生变化的新情况、新问题难以得到及时反映；所收集、整理的资料和调查目的之间的吻合度往往不高；对调查者收集、鉴别资料的专业素质要求较高。

二、文案调查资料的来源

了解文案调查资料的来源是调查者提高资料收集效率的重要方法和途径。按照资料来源的不同，调查资料一般分为内部资料和外部资料。

（一）内部资料

内部资料是来源于企业内部的信息资料，反映了企业生产经营活动和企业市场经济活动的多种记录。内部资料是开展市场调查研究首先应该考虑的来源。内部资料具有可控制、可靠、收集成本低、方便等优点。内部资料的来源如下。

（1）业务经营资料。业务经营资料是反映企业生产经营业务活动的原始记录资料，主要包括企业的用户信息反馈、订货单、进货单、发货单、合同文本、发票、销售记录等。这些资料可以反映企业生产经营方面产品供给与需求及其变化趋势。

（2）统计资料。统计资料是企业各项经济活动的综合反映，主要包括企业的统计报表，产品生产、销售、库存资料，日报、月报、季报、年报等各种数据资料。统计资料是研究企业经营活动数量特征与规律的重要依据，也是企业进行预测和决策的基础。

（3）财务资料。财务资料是由企业财务部门提供的财务、会计核算和分析资料，涉及收入、成本、利润、价格等。研究财务资料可以确定企业发展状况，考核企业经营效益。

（4）其他资料。其他资料包括生产技术资料、企业调查报告、售后服务记录、产品质量报告、用户意见、工作总结、员工工资表等，这些资料对企业市场调查具有一定的参考作用。

（二）外部资料

外部资料是指存在于企业外部的资料。外部资料的收集要比内部资料的收集困难，更花费人力、财力。外部资料的来源如下。

（1）政府统计资料。中央和地方政府每年都会出版大量的、涉及面广的、有价值的资料，政府各级统计部门编撰的统计年鉴等资料的权威性高，如《中国统计年鉴》等各种综合性年鉴资料对某些调查项目具有重要参考价值。

（2）行业组织资料。行业组织包括各种协会、商会和联合会等，扮演着政府与企业的中介者的角色。行业组织定期或不定期地通过内部刊物发布各种资料，如行业准则、市场信息、统计资料汇编等。这些资料齐全、系统，专业性强，参考价值较高。有些资料需要付费。

（3）图书馆、档案馆等收藏的文献资料。一般公开出版的图书、杂志、报纸等在图书馆、档案馆都有收藏。图书、报刊等所提供的市场状况、竞争状况、市场预测等资料是文案调查的重要资料来源。

（4）互联网资料。当今，互联网是调查信息最重要的来源，是获取信息的重要工具。互联网具有容易进入、查询速度快、数据容量大等特征。当然，互联网提供的信息可能是无用的、不准确的、不完全的、陈旧的。互联网的主要作用是复查、证实一些事实，为获得更好的信息源提供启示，发现有关信息的线索。

（5）其他资料。例如，专业信息咨询机构、金融机构提供的信息资料，电视、广播提供的资料，各类交易会、订货会、博览会、展销会等提供的信息，国际市场信息等。

三、文案调查的方式

科学地查找资料对文案调查法具有重要的意义，是满足调查文案的目的性、时效性、可靠性要求的保障。常见的文案调查法有查找法、索取法、购买法、互换法、报刊剪辑分析法等。

（一）查找法

查找法是获取二手资料的基本方法。调查者对所需要的信息可以先在企业内部查找，以获得大量反映企业本身状况的信息，还可以获得有关客户、市场等方面的信息。在内部查找的基础上，调查者还需要在企业外部查找，主要是图书馆、资料室、档案馆、信息中心等。常用的查找方法有：（1）查阅目录法，从分类目录、书名目录、主题目录、著作目录等查找文献的题目、作者；（2）参考文献查找法，利用正文中所列参考文献目录，追踪、查找有关文献资料，可以提高查找效率；（3）检索工具查找法，利用检索工具逐个查找文献资料。计算机检索数量大、效率高、内容新，没有时空约束，在实际工作中普遍采用，手动检索使用较少。

（二）索取法

索取法是指调查者向有关机构或个人直接索取相关资料的方法。一般来说，向有某种联系的单位和个人索取资料的效果会比较好；向有些出于宣传自己需要的企业索要，效果也会比较好。

（三）购买法

购买法是指通过有偿购买信息资料来进行收集和分析信息数据的方法。很多重要的信息资料通常面向社会公开发行，企业可以通过订购这些资料获得相关数据，如经济年鉴、统计年鉴、地方志、企业名录等。此外，各类专业信息咨询机构和市场调查机构也会提供一些重要的市场调查报告的有偿服务。

（四）互换法

企业可以与一些信息机构或单位进行对等的信息交流，双方信息共享，无偿提供彼此需要的资料。一般是先提供与本企业有关的资料，然后换回本企业所需要的资料。

（五）报刊剪辑分析法

报刊剪辑分析法是指调查者从各类报刊上刊登的与企业经营和市场有关的文章、报道中，分析和收集资料的一种方法。市场信息会经常刊载在各类新闻报道中，用心收集和分析，可以获得与企业生产经营有关的重要信息资料。随着互联网的发展，这种方法使用较少。

四、文案调查法的实施步骤

为提高文案调查的效率，节省调查的人力、物力、财力，调查者应遵循一定的实施步骤。

（一）确定市场调查目的，明确调查主题

文案调查工作要明确调查目的，即本次文案调查工作完成后需要提供什么资料，解决什么问题。明确文案调查法是作为主要的调查手段还是作为其他调查手段的补充，是为提高企业经营管理效率提供帮助还是为制定企业经营策略提供信息等。调查者根据调查主题来确定所需要的信息资料和资料来源。

（二）确定资料来源渠道和方法，收集资料

调查者根据调查主题设计调查方案，确定获得二手资料的途径、基本程序和方法等。一般来说，调查者需要组合运用多种方法才能收集到较全面的外部资料。

（三）评估二手资料

要提高二手资料使用质量，调查者需要用一定的标准评估信息资料的价值，即可以从前面介绍的目的性、时效性和可靠性等方面对二手资料进行评估。

（四）二手资料筛选与分析

收集二手资料后，需要对资料进行整理和分析。调查者应该围绕调查目的，运用统计方法对数据资料归纳、分类、去伪存真，获取简洁、有效的信息。当同一数

据资料可能有两种以上的出处时，要比较和筛选。调查者要根据调查目的，剔除与主题无关的资料及不完整的资料，并分析不完整的资料对调查结果决策、预测的影响程度。

（五）撰写文案调查报告

对调查数据进行评估筛选后，调查者可以撰写文案调查报告。文案调查报告主要包括调查主题、调查目的、调查方法、调查内容等，文案调查报告需要简明扼要，突出重点，结论明确。

文案调查法对调查者的理论知识、专业技能要求较高，所收集的信息准确程度较难把握。文案调查法主要用于市场供求趋势分析、市场现象之间的相关和回归分析、市场占有率分析、市场覆盖率分析等。文案调查法是市场调查过程中在短期内获得初步信息的一种重要调查方法，一般需要配合使用其他调查方法。

第二节　访问调查法

访问调查法是调查者运用访谈、询问的方式向被调查者了解市场状况的一种调查方法，又称采访法、询问法。访问调查是调查者与被调查者相互作用、相互影响的过程，对调查者的访谈技巧提出了较高的要求，是市场调查中最基本、最常用的调查方法。

根据调查者与被调查者接触方式的不同，访问调查法可以分为面谈访问法、电话访问法、邮寄调查法和留置调查法四种。

一、面谈访问法

面谈访问法是指调查者通过面对面询问被调查者，收集市场信息资料的方法。它是市场调查中最古老、最通用、最灵活的一种调查方法。在面谈访问法下，调查者既可以按照事先设计好的问卷或调查提纲询问，也可以围绕调查问题直接与被调查者交谈。面谈访问法有个人面谈、小组面谈、一次面谈、多次面谈等多种形式。具体采取何种面谈方式和形式，根据调查目的确定。

面谈访问法

（一）面谈访问法的优点

（1）可靠性强。调查者能够直接接触被调查者，当面听取被调查者的意见并观察其反应，了解被调查者的心理状况，判断分析被调查者回答问题的可靠程度。对于不符合样本条件的被调查者，可以立即终止访问。

（2）灵活性强。调查者可根据具体情况，深入浅出地开展询问调查；也可根据被调查者的状况，确定采取一般调查还是重点调查。

（3）偏差小。调查者可以对被调查者不清楚或有歧义的地方进行解释，避免被调查者因理解错误产生偏差。

（4）回收率高。调查者通过与被调查者面对面接触，可以减少被调查者出于各种原因拒绝填写问卷的情形，是回收率最高的调查方法之一。

（二）面谈访问法的缺点

（1）费用较高。对于规模较大、被调查者地域分布广、复杂的市场调查，需要的人力、物力、财力投入都较大。

（2）受主观因素影响较大。调查者为了赶进度，可能没有按照随机样本进行调查，也可能没有深入调查甚至没有实地调查。在调查过程中，调查者的语气、见解、态度、专业水平等都会对被调查者产生影响。

（3）对调查者素质要求较高。面谈访问法需要调查者仪表大方、语言流利、能随机应变。调查者既要善于表达，也要善于倾听和引导，面谈访问法对调查者的沟通能力提出了很高的要求。

（三）面谈访问法的具体形式

（1）入户访问。入户访问是调查者按照抽样方案的要求，到抽样选中的家庭或单位中利用事先准备好的问卷或提纲与被调查者开展的一对一访问。入户访问方式灵活，谈话有针对性，灵活性强，能产生激励效果。

（2）定点拦截访问。定点拦截访问是根据调研目的和被调查者特点，在受访人群较为集中的地方（如大型商场、公园、娱乐场所等）选择一个相对固定的访问点，对符合访问条件的被调查者进行访问的一种调查方法。

这种方法操作简便、费用低，适合问卷内容较少（能在 10 分钟以内完成填写），目标人群不易控制的调查项目。这种方法对初入调查行业的人员能起到良好的锻炼作用。

（3）小组座谈会。小组座谈会以 6～10 人为一组，在主持人的引导下对某个主题进行深入讨论。小组座谈会通常用于解决一些了解消费者行为、需求和态度的问题，所获得的结果是定性的，也是进行定量调查之前必要的步骤之一。小组座谈会对主持人要求较高，调查结果的质量十分依赖主持人的主持技巧。

（4）深度访谈。深度访谈是市场调查中常使用的一种定性调查方法，原意是调查者和被调查者相对无限制地一对一会谈。深度访谈探讨的话题相对更深，访谈内容相对较多，能够探索被调查者的内心想法，能避免公开讨论敏感性话题可能引起的尴尬。

（四）面谈访问法的应用范围

（1）消费者研究。消费者的消费行为、消费需求、消费心理、消费态度、消费习惯、消费满意度等，都可以通过面谈访问法深入了解。

（2）产品研究。新产品开发、产品使用状况、产品偏好、产品质量、性能、技术服务、改进建议等信息，都可以通过面谈访问法了解。

（3）媒介研究。如广告投放效果研究、媒介接触行为研究等。

（4）市场容量研究。如品牌市场占有率研究、某类产品市场容量研究、市场潜力研究等。

二、电话访问法

电话访问法是调查者依据抽样要求或样本范围，借助电话（手机）向被调查者了解市场状况的一种调查方法。除了以传统打电话的方式进行调查访问外，还有计算机辅助电话访问（Computer Assisted Telephone Interview，CATI）。计算机辅助电话访问是在一个装有计算机辅助电话访问设备的地点，访问员在计算机终端或个人计算机前，使用一份按计算机设计方法设计的问卷，用电话向被调查者进行访问，用计算机进行录入和统计的一种调查方法。CATI 技术目前已经成为国内外专业调查机构开展民意研究和市场调查最主要的数据收集工具。

调查者进行电话访问前需事先设计好问卷，调查问题要简明扼要，便于记录，避免通话时间过长。常用是非法进行电话访问，即在是与非、有与无中"二中取一"进行调查。例如，您是否购买过医疗保险？

1．电话访问法的优点

（1）调查者可以足不出户，调查费用支出少。

（2）能在短时间内获得调查信息，节省大量调查时间。

（3）覆盖面广，基本不受地域限制。

（4）减少被调查者的心理压力，使其可以畅所欲言，轻松回答问题。

2．电话访问法的缺点

（1）难以和被调查者进行深入交流，无法询问一些比较专业、复杂的问题。

（2）不容易取得被调查者的配合。

（3）无法了解被调查者回答问题时的状态，对回答问题的真实性难以做出准确的判断。

电话访问法对调查项目单一、问题较为简单明确，并且需要及时得到调查结果的调查项目来说，是一种较合适的调查方法。

三、邮寄调查法

邮寄调查法是指调查者将设计印制好的调查问卷或表格，通过邮政系统寄给选定的被调查者，被调查者按照要求完成问卷后再寄回，被调查者对寄回的资料进行整理分析的一种调查方法。邮寄调查法主要有两种形式：一是调查者利用消费者名单等选择调查对象，将问卷寄给被调查者，并请被调查者填好后寄回；二是调查者委托某一媒体发布调查问卷，请被调查者完成问卷后邮寄给调查单位。

1．邮寄调查法的优点

（1）调查成本较低。

（2）调查范围广。邮政系统能送到邮件的地方都可以调查。

（3）调查时间充分。被调查者有充足的时间完成问卷。

2．邮寄调查法的缺点

（1）回收率低。由于被调查者可能不会回复和邮寄邮件，回收率低，实际回收率往往低于 10%。

（2）信息反馈周期长。被调查者出于各种原因不会及时填写问卷或立即寄回，因此调查回收期较长，这也影响了调查数据的时效性。

（3）问卷可靠性难以判断。因为与被调查者没有接触，调查者无法判断被调查者的性格特征和回答问卷时的情绪态度，从而无法判断回答的可靠性。

随着互联网的普及，邮寄调查法运用得相对较少。一般来说，当被调查者的地址比较清楚，调查时效性要求不高，调查经费较为紧缺，同时调查内容又比较多、比较敏感时，采用邮寄调查法比较合适。

四、留置调查法

留置调查法是指调查者将事先印制好的调查问卷当面交给被调查者，并说明调查的目的、要求，留下问卷，让被调查者按时自行填好后，由调查者在规定时间内回收的一种调查方法。留置调查法是一种介于面谈访问法和邮寄调查法之间的调查方法。

1. 留置调查法的优点

（1）回收率高。由于调查者和被调查者有较好的面对面交流，调查者也会按期收取问卷，因此回收率能得到保障。

（2）问卷填写时间充分。被调查者有充分的时间填写问卷，能够做出较为准确的回答。

（3）准确性较高。由于调查者详细说明了调查的目的、要求，解释了调查中的关键问题，被调查者随时可以通过电话等方式询问调查者，可以避免漏答、错答，能较为真实、准确地反映调查信息。

2. 留置调查法的缺点

（1）调查地域范围有限。

（2）需要发放和回收问卷，调查花费时间较长。

上述四种访问调查法的比较如表 3-1 所示。

表 3-1　四种访问调查法的比较

属性	面谈访问法	电话访问法	邮寄调查法	留置调查法
回收率	高	较高	低	高
灵活性	强	较强	弱	强
准确性	高	高	较高	高
速度	较慢	快	较慢	较慢
成本	高	低	较低	较高
复杂程度	复杂	较简单	简单	复杂
调查范围	窄	较广	广	较窄

第三节　观察调查法

观察调查法是指调查者在调查现场，通过耳听、眼看、手触摸方式或借助照相机、录音机、摄像机或其他仪器，观察被调查者的言行举止而获得第一手资料的一种调查方法。观察调查法不直接向被调查者提出问题，被调查者可能完全不知道自己在被调查，调查者通过间接观察的方式收集资料，有目的、有计划地认识市场现象。例如，某公司要了解消费者喜爱什么品牌、价格的食用油，派人到大型超市现场观察消费者选购食用油的行为状况，就是典型的观察调查法。

一、观察调查法的类型

按照不同的划分标准，观察调查法有不同类型。下面介绍观察调查法四种常见的调查方法。

（一）直接观察调查法

直接观察调查法是调查者在比较近的距离内，对被调查者的行为进行实际观察和记录的方法。

1. 参与观察

调查者直接到特定的环境对市场现象进行观察，收集市场信息。调查者通过参与观察既可以观察到市场现象的具体表现，又可以了解交易双方较深层次的互动。田野调查法是一种参与观察方法。田野调查要求调查者要与被调查者共同生活一段时间，从而观察、了解和认识他们的社会与文化。田野调查工作的理想状态是调查者在被调查地居住两年以上，并精通被调查者的语言，这样才有利于对被调查者的文化进行深入研究和解释。传统的田野调查花费的时间和精力成本很大。

2. 非参与观察

非参与观察又称局外观察，在该方式下，调查者以旁观者的身份深入调查现场，从侧面观察、记录所发生的市场行为或状况。例如，某企业经理到电影院看一部年轻人喜欢看的影片，但他的注意力不在电影上，而是认真听观众的交流。他在听到旁边一位女观众说她很喜欢女主角戴的白色帽子时，深受启发。

（二）神秘顾客调查法

神秘顾客调查法最早是私人调查者用来防止员工偷窃行为的一种方法。神秘顾客是由经过严格培训的调查者在指定的时间里扮演的。神秘顾客调查法是让调查者假装成普通消费者，进入特定的调查环境对事先设计的一系列项目逐一进行评估或评定的一种调查方式。

神秘顾客调查法观察到的是真实发生的行为，避免了访问调查中被调查者自述行为与真实行为不一致的可能。神秘顾客调查法具有组织安排的系统性、实施的严密性、考核指标的客观性和咨询分析的科学性。

神秘顾客调查法非常适合过程复杂、顾客自身又难以评价服务过程或现场服务质量的调查，广泛应用于高档餐馆、酒店、度假村、银行等金融服务机构、连锁零售店、医疗机构等。

（三）痕迹观察法

痕迹观察法是指调查者不直接观察被调查者的行为，而是通过一定的途径来了解他们行为的痕迹的方法。例如，某产品的报纸广告上附有回执条，凭回执条可以以优惠价购买商品，调查者根据回执条回收情况可以知道这则广告的注意率和信任度。

研究垃圾是痕迹观察法的典型方式。查尔斯·巴林在20世纪初对芝加哥街区垃圾的调查后来演变成进行市场调查的一种特殊、重要的方法——垃圾学。垃圾学是指市场调查者通过对家庭垃圾的观察和记录，收集家庭消费资料的调查方法。这种方法的特点是调查者并不直接对住户进行调查，而是通过查看住户处理的垃圾来对家庭食品消费情况进行调查。

（四）行为记录法

行为记录法借助仪器（如照相机、摄像机、心理测定仪等），通过录音、录像、计数等获取有关信息。用摄像机记录用户行为是行为记录法的典型方式。某企业在北方推出一种全新的洗涤品。在产品推出前，该企业总裁走访了许多家庭，看被调查者如何洗衣，无论是用洗衣机洗还是手洗，他用摄像机记录被调查者的姿势，甚至包括怎样把衣服拧干，同时记录其他有用的数据。根据数据分析研制的产品推出后，该企业大获成功。

二、观察调查法的实施步骤

（一）明确观察目的，制订观察计划

观察目的可根据调查任务和观察对象的特点来确定。明确观察目的就是明确通过观察要解决的问题。

观察计划一般包括观察目的、观察对象、观察重点与范围、观察时间、观察次数、观察途径、观察位置、观察工具、观察的注意事项、观察资料的记录整理、观察人员的分工、费用预算等内容。

（二）设计观察记录表

为了快速准确地记录观察结果，调查者可以将观察内容提前制成便于汇总的记录表或小卡片。某商场观察顾客购买行为后，制作了"顾客流量与购物调查"卡片，如表3-2所示。

表3-2　顾客流量与购物调查

观察地点：_____

观察时间：_____

观察员：_____

观察项目	入口方向	出口方向
人数		
购物数量		

（三）准备观察工具

市场调查中的观察除了通过人的眼睛观察，还通过人的其他感觉器官，同时借助

相应的工具来辅助观察。表 3-3 所示是感觉和观察工具表。

表 3-3 感觉和观察工具表

感觉	人体器官	在市场调查中的作用	观察工具
视觉	眼睛	行为观察（广告牌效果检验）	照相机、望远镜
听觉	耳朵	谈话观察（顾客的言谈）	录音机、噪声测量仪
触觉	皮肤	表面检验（纹路、结构）	触式测试仪、盲视仪
味觉	舌头	品味	化学分析仪
嗅觉	鼻子	食品、香料检验	香料分析仪

（四）进入观察环境

调查者或观察工具尽量处于被调查者不易发现的地方。被调查者保持自然状态，避免被干扰，调查者不改变被调查者的正常活动。

（五）认真做好观察记录，及时整理

调查者尽可能利用设备进行观察，如摄像机、录音机。观察记录可以采取当场记录和事后追记两种方式。在实践中，为减少观察误差，调查者应尽量当场记录。事后追记是在观察结束后再将观察结果记录下来，适用于不能或不宜做当场记录的一些特殊情况。

必要时，调查者可以记录一些自身的感受和思考。观察调查法要求调查者在观察过程中既要对市场现象进行客观描述，也要善于思考，把观察过程作为了解市场的起点。

观察后得到的资料一般较为凌乱、分散。调查者在观察后应及时进行整理，按计划对资料进行分类、归档。

（六）分析观察结果

对被调查者进行观察后，调查者需要对记录下来的观察结果进行处理。对于通过观察收集到的市场信息，需要专业人士进行分析判断。

三、观察调查法的优缺点

（一）观察调查法的优点

1. 可靠性高

调查者和被调查者没有直接接触，被调查者没有意识到自己在接受调查，没有心理压力，言行举止很自然。观察到的结果、所获得的信息资料具有真实可靠性。

2. 直观性强

调查者可以客观记录市场现象，能获得直接具体的生动材料。

3. 简便易行、灵活性强

观察调查法可以不用复杂的仪器设备，不需要特殊的条件。观察调查法可以随时随地进行，观察人员可多可少，观察时间可长可短。

（二）观察调查法的缺点

1. 表面性

观察调查法只能观察到人的外部行为，只能反映客观事实的发生过程，而不能说明其发生的原因和动机。

2. 观察结果受调查者主观因素的影响

虽然调查者本意是不想影响被调查者的活动，但在通常情况下，调查者的参与在某种程度上往往影响了被调查者的正常活动。此外，观察结果也会因调查者的观察能力、观念及专业知识的不同而不同。

3. 对调查者业务能力要求高

观察调查法要求调查者具备敏锐的观察力、良好的记忆力，以及必要的社会科学、心理学知识和现代化设备的操作能力。

基于观察调查法的优缺点，观察调查法主要应用于：对消费者购买行为、购买动机、购买偏好的调查；车站、码头人流量的测定；对商场购物环境、商品陈列、服务态度、营业状况的观察；等等。

第四节　实验调查法

实验调查法是指市场调查者有目的、有意识地通过改变或控制一个或几个市场影响因素，对市场现象中某些变量之间的因果关系及其发展变化过程加以观察分析，从而认识市场现象的本质和发展变化规律的一种调查方法。实验调查既是一种实践过程，也是一种对市场的认识过程，是将实践与认识统一起来的调查研究过程。

实验调查法广泛应用于对改变产品品种、包装、设计、广告、价格、陈列等的市场效果的调查。例如，某企业产品销售情况变差，初步分析是因为产品包装陈旧。企业可以对少量产品更改包装，在市场上试销。如果试销后销量明显增加，企业就可以改换新包装。

一、实验调查法的主要类型

实验调查法按照实验场所，通常分为实验室实验调查法和现场实验调查法。实验室实验调查法是在人为设定的环境中进行实验，研究人员可以进行严格的实验控制。例如，在模拟的商店中，调查者可以把不同价格、不同包装的产品陈列在柜台上，邀请经过抽样选到的被调查者购物，以测试包装、价格对消费者购买行为的影响。现场实验调查法是在实际的市场环境中进行的，通过对实验变量的严格控制，了解实验变量对实验目标的影响，实验结果具有较大的实用价值。

实验调查法根据实验设计的不同，以及是否设置对照组和对照组的多少，可以分为多种类型。对照组是指在实验中不施加影响，保持原状的变量。实验组是指在实验中施加影响，会改变的变量。

（一）单一实验组事前事后对比实验

单一实验组事前事后对比实验是在同一个市场内，实验期前在正常情况下收集必要的数据，然后进行现场实验，经过一段时间后，再收集实验期间的数据。通过事前事后的对比，发现实验的因变量变化的效果。这是一种简单的实验调查法，其公式为：

实验结果=实验组实验后检测结果－实验组实验前检测结果

【例 3-1】由于人工成本、原材料价格上涨，某公司打算提高 A 产品的价格。但是不确定提高价格对 A 产品销售情况的影响。公司选择了一个超市实验 2 个月，实验前后均统计了 1 个月的 A 产品销量，实验前后 A 产品销量统计表如表 3-4 所示。分析该公司是否可以对 A 产品涨价。

表 3-4 实验前后 A 产品销量统计表

销售价格/元		销量/个	
实验前	实验后	实验前	实验后
135	150	480	450

分析：涨价后销量有所下滑。实验前后销售收入分别为 64 800 元和 67 500 元，销售收入增加了 2 700 元。说明，涨价 11%，销售收入增加了 4.17%，公司可以对 A 产品涨价。

需要说明的是，这种实验方法虽然简单易行，但在实践中不够完善。实验结果往往不会只受到选定的实验自变量的影响。这种实验方法只有在调查者能有效排除非实验变量的影响或有充分理由确认非实验变量影响可忽略不计的情况下才能使用。该方法主要用于了解没有明显季节变动的常年销售的产品，在调查精度要求不高的情况下，改变其包装、价格、广告等的效果调查。

（二）实验组和对照组对比实验

实验组和对照组对比实验是在同一时间周期内，在不同企业、单位之间，选取对照组和实验组进行对比实验，对实验结果进行分析对比，可以大大提高实验的准确性。为了让对照组和实验组具有可比性，应尽量使对照组与实验组所处的市场环境相同，实验组和对照组对比实验公式为：

实验结果=实验组实验后检测结果－对照组实验后检测结果

【例 3-2】某公司欲测定改进产品包装的市场效果，选定 A、B、C 三家超市作为实验组，经销新包装产品；D、E、F 三家超市作为对照组，经销旧包装产品。实验期一个月。实验一个月的销量如表 3-5 所示。分析该公司是否可以改进产品包装。

表 3-5 实验组与对照组产品销量

单位：个

组别	实验销量
实验组（A、B、C）	2 700
对照组（D、E、F）	2 200

分析：经实验对比，实验组新包装产品销量合计为 2 700 个，对照组旧包装产品销量合计为 2 200 个。实验结果为产品销量增加了 500 个，即产品采用新包装有利于销售，公司可以改进产品包装。

实验组和对照组对比实验主要用于调查了解销售具有季节性的产品，在调查精度要求不高的情况下，改变其包装、价格、广告等的效果。

（三）实验组与对照组事前事后对比实验

实验组与对照组事前事后对比实验是指将实验组实验前后的情况与对照组实验前后的情况进行对比，以排除非实验因素影响的一种实验调查方法。这种方法实际上是对前两种方法的综合，是先分别对实验组和对照组进行实验前后对比，再将实验组与对照组进行对比的一种双重对比方法，其公式为：

实验结果=实验组前后对比－对照组前后对比

在现实生活中，实验组与对照组的条件往往不同。这在一定程度上会影响实验效果，如商场的地理位置、促销活动对产品销售产生的影响。为了消除这些影响，可以采用对照组和实验组事前事后对比实验。对照组在实验前后均销售原产品，实验组在实验前销售原产品，在实验期间销售新产品，然后通过数据分析得出实验结论。

【例3-3】某公司欲测定改进产品包装的市场效果，选定A、B、C三家超市作为实验组，经销新包装产品；D、E、F三家超市作为对照组，经销旧包装产品。实验期一个月。实验前后一个月的销量数据如表3-6所示。分析该公司是否可以改进产品包装。

表3-6　产品销量统计

单位：个

组别	实验前销量	实验后销量
实验组（A、B、C）	2 700	3 400
对照组（D、E、F）	2 600	2 800

分析：实验组新包装产品销量比旧包装产品销量增加了700个，扣除对照组实验后增加的200个，实验结果表明新包装产品销量比旧包装产品销量增加500个。该公司可以改进产品包装。

实验组和对照组事前事后对比实验主要用于了解销售具有季节性的产品，在调查精度要求高的情况下，改变其包装、价格、广告等的效果调查。

二、实验调查法的实施步骤

（一）根据市场调查课题，提出研究假设

调查者在实施实验调查前，应紧扣调查的目的与要求，提出具有因果关系的若干研究假设，并确定实验中加以控制、改变的市场因素。例如，公司要调查涨价对产品销售的影响，可以假设公司产品涨价可以增加公司销售额。研究假设是研究的前提。

（二）进行实验设计，确定实验方法

实验设计是调查者进行实验活动、对实验环境和对象进行控制的规划方案。合理的实验设计是调查成功的关键，是实验调查的中心环节，决定着研究假设能不能被确认，直接影响实验结论。实验设计的具体形式要与实验对象相适应。

（三）选择实验对象

实验对象的选择对调查结果有直接影响。实验对象选取的原则是实验对象有广泛的代表性。

（四）进行实验

在正式实验时，调查者要严格按照预先设计好的实验计划进行，对实验人员做好培训工作，对实验结果进行认真观察和记录，必要时可以重复实验，以获取更为准确的实验数据。

（五）整理分析资料，进行实验检测并得出实验结论

实验结束后，调查者对实验数据进行统计分析，揭示市场现象和相关市场因素之间的联系，排除偶然因素的干扰，分析市场规律，得出实验结论，供相关部门和人员参考决策。

三、实验调查法的优缺点

（一）实验调查法的优点

1. 直接掌握大量的第一手资料

实验调查法能在变化的市场环境中直接掌握大量的第一手资料，说明某市场现象的发展变化主要是由实验活动引发的，这是实验调查法最突出的优点。

2. 揭示或确立市场现象之间的因果关系

实验调查法主动改变某种条件，促进市场现象的发展，以达到实验目的。实验调查法不但能说明某市场是什么状况，还能够说明它为什么这样，常用于进行因果关系的分析，有利于提高决策的科学性。

3. 具有可重复性

实验调查法可以重复多次进行，所以实验调查法的结论具有较高的准确性和较强的说服力，特别有利于探索解决问题的具体途径和方法。

（二）实验调查法的缺点

1. 花费时间长

实验调查法往往要了解不同要素之间的相互作用，经常需要进行多组实验，并进行数据处理、分析和检验，且对调查者要求高，调查费用偏高。

2. 实验对象和实验环境的选择难度比较大

实验对象和实验环境的选择难以具备充分的代表性，实验调查的结论应用范围有一定的限制。

3. 实验过程难以有效控制

实验调查法是运用自然科学的实验方法进行市场研究，在该方法下，市场因素不可能像自然科学的实验因素那样可控。很多影响因素既难以一一测定，也难以排除，准确区分和检测实验效果与非实验效果难度较大，这在客观上也导致了实验结果不可能完全准确。

第五节　网络调查法

网络调查法是指利用互联网收集、整理、分析和研究市场信息的一种市场调查方

法，是传统调查方法在网络上的应用与发展。目前可以借助的互联网平台媒介有网站、QQ、微信、微博、电子邮箱、抖音等。

网络调查法充分利用互联网作为信息沟通渠道的开放性、平等性、广泛性和直接性等特性，得到了广泛的应用。其作用主要体现在：借助互联网进行新产品测试、了解企业产品销售状况、获得企业竞争对手的经营策略、监控在线服务状况等。

一、网络调查法的实施步骤

网络调查是企业主动利用互联网获取信息的重要手段。使用网络调查法必须遵循一定的步骤。

（一）确定网络调查目标

调查者首先应确定调查目标。企业可以直接与用户通过多种方式沟通，了解企业的产品和服务是否满足用户的需求，同时还可以了解用户潜在需求和对企业改进的建议。

（二）确定网络调查法的方式

网络调查法有多种方式。调查者根据调查目标确定合适的调查方法。

（1）网上问卷调查法。在互联网上（借助计算机或手机）发布问卷，被调查者通过网络填写问卷，完成调查。

网上问卷调查法一般有三种形式。

第一种是站点法，即将调查问卷放在某个专业网络站点上，由访问者自愿填写，填写后站点可以汇总、分析数据。

第二种是用电子邮箱将调查问卷发送给被调查者，被调查者收到问卷后，填写问卷，并将问卷答案发送到指定的邮箱。这种方式在一定程度上可以对用户背景加以选择，问卷回收率较高。每份填好的问卷都是以邮件形式发回的，必须重新导入数据库进行处理。

第三种是被调查者用手机扫微信二维码填写问卷。

网上问卷调查法是最常用的网络调查法。

（2）在线访谈法。在线访谈法可通过多种途径实现，如公告板系统（Bulletin Board System，BBS）、QQ 群、微信群、网络会议等。主持人在相应的讨论组中发布调查项目，请被调查者参与讨论，发布各自的观点和意见，或是将分散在不同地域的被调查者通过互联网组织起来，在主持人的引导下进行讨论。这种方法可以减少被调查者的顾虑，使其比较自由地发表个人观点。

（3）在线监控调查法。在线监控调查法是对网站的访问情况和网民的网上行为进行观察和监测的方法。大量网站都在做这种网上监测，其是一种收集市场信息的有效方法。例如，某企业开发了一种新产品，发布到相关网站后，可以通过在线监测获得的点击率来推测该新产品对消费者的吸引力有多大。

（4）在线调查表。企业网站是一个有效的网上调查工具，因网站功能不完善、访问量不大等，企业网站的网上调查功能往往被企业忽视。有研究资料表明，超过 7 成的用户表示愿意在网站上提供产品满意度反馈，有一半的用户愿意回答对企业产品的需求和偏好方面的问题。企业可以在企业网站设置在线调查表，访问者可在线填写并提交。

（5）对网站访问者的随机抽样调查。利用一些访问者追踪软件，可以按照一定的抽样原则对某些访问者进行调查，类似传统方式中的拦截访问。例如，在某一天或某几天中的某个时间段，在网站主页设置一个包含调查问卷设计内容的弹出窗口。

（三）数据处理与分析

数据处理与分析是网络调查能否发挥作用的关键。调查者获取大量信息后，必须对这些信息进行处理与分析，要尽量排除不合格的问卷，利用相关分析软件进行统计分析。

（四）撰写调查报告

撰写调查报告主要是在分析调查结果的基础上对调查的数据和结论进行系统的说明，并对有关结论进行探讨性的说明。

二、网络调查法的优缺点

（一）网络调查法的优点

1. 收集信息快

网络调查法的
优缺点

网络信息可以迅速传递给上网的任何用户。网络调查法可以说是速度最快、最省时间的一种调查方法。网络调查的信息采集、信息录入、信息检验、信息处理等都可以由计算机自动完成，彻底改变了传统调查方式耗费较长时间录入和整理数据的状况。调查公司从征选调查者到取得调查结果，再到进行信息资料的汇总和评估，只需要 5～6 天时间。

2. 成本低

利用网络调查法可以大大节省差旅费用、办公用品费用、问卷印刷费用、数据录入费用等。网络调查法需要的通常是网络费用和付给被调查者的费用。

3. 交互性强

在进行网络调查时，被调查者可以及时就问卷的相关问题提出意见和建议，可以减少问卷设计不合理导致的调查结论偏差。

4. 准确性高

网络调查具有隐蔽性和匿名性，每一个被调查者都可以表达自己真实的想法。调查者和被调查者没有直接接触，被调查者很少受到调查者主观因素的影响。调查者更容易获得真实的调查信息，提高调查质量。

（二）网络调查法的缺点

1. 样本代表性不强

抽样框是在调查中可以调查的个体的集合。例如，在电话调查中，常把住宅电话号码簿作为抽样框；在网络调查中，通常把个人电子邮箱作为抽样框。抽样框主要存在两类问题：一是并非目标总体中的每一个个体都在网络调查抽样框中；二是网络调查抽样框的结构问题。活跃的网民具有年轻化等特点，网上调查到的网民不能代表所有受众，这种网络调查抽样框的限制造成样本代表性不强。

2. 难以获得样本的背景信息

由于网络匿名性，被调查者的身份和社会特征难以界定。在网络上，诸如性别、职业、年龄等背景信息可能不真实，影响网络调查的可信度。

3. 问卷的填写质量难以控制

现场调查可以及时发现问卷填写的质量问题，而网络调查则无法及时发现问卷填写的质量问题，拒绝回答或一个人重复多次回答的现象难以避免。一些专业性强或者内容较多的问卷可能会出现填写质量问题。

4. 难以进行具有地域性要求的调查

在市场调查中，有不少调查如居民收入调查、消费水平调查、消费价格指数调查等，需要根据不同地区的信息资料进行调查。网络调查难以反映被调查者所在地域或只针对某一个区域进行调查。

三、提高网络调查结果可靠性的措施

（一）评判网络调查的适用度

网上调查不可能满足所有市场调查的要求。调查者应首先分析调查项目是否适合做网络调查，再确定调查形式。只有适合做网络调查的，其调查结果的可靠性才能得到保证。

（二）对网络调查结果进行调整

调查者可采用关键因素调整法对抽样的结果在事后进行调整，提高调查的可靠性。

（三）将网络调查与传统抽样调查方法相结合

调查者可首先将网络调查与传统抽样调查方法相结合，使调查项目适合进行网络调查，然后用传统的调查方法对网络抽样调查进行改进，这样抽样的精确度可以大大提高。

（四）增强网络调查的趣味性和采取激励措施

调查者可增强网络调查的趣味性和采取激励措施，吸引更多的网民参与调查。例如，调查者可以在网络调查问卷中附加多种形式的多媒体背景资料及超文本链接，使问卷图、文、音频、视频并茂，以达到增强趣味性的效果；另外，也可以通过一些激励措施提高参与度，如赠送纪念品或填完问卷后进行抽奖等。

本章小结

市场调查数据采集的方法可以分为第一手数据采集和二手数据采集两大类。

文案调查法是一种常见的调查方法，收集资料所花费的时间较短，费用较低。文案调查要有目的性、时效性和可靠性。常见的文案调查法有查找法、索取法、购买法、互换法、报刊剪辑分析法等。

访问调查法是市场调查中最基本、最常用的调查方法。访问调查法可以分为面谈访问法、电话访问法、邮寄调查法和留置调查法四种。

观察调查法不直接向被调查者提出问题，被调查者可能完全不知道自己在被调查。常见的观察调查法有直接观察调查法、神秘顾客调查法、痕迹观察法、行为记录法。观察调查法具有可靠性高，直观性强，简便易行、灵活性强等优点。

实验调查法广泛应用于对改变产品品种、包装、设计、广告、价格、陈列等的市场效果的调查。常用的实验调查法有单一实验组事前事后对比实验、实验组和对照组对比实验、实验组与对照组事前事后对比实验三种。

网络调查法是传统调查方法在网络上的应用与发展。网络调查法有收集信息快、成本低、交互性强、准确性高等优点。可以通过评判网络调查的适用度，对网络调查结果进行调整，将网络调查与传统抽样调查方法相结合，增强网络调查的趣味性和采取激励措施等提高网络调查结果的可靠性。

复习思考题

一、单项选择题

1. 下面不属于二手数据采集方法优点的是（　　　）。
   A. 快捷　　　　　　B. 成本低　　　　　　C. 消耗人力少　　　　D. 准确性高
2. 在市场调查中最基本、最常用的调查方法是（　　　）。
   A. 文案调查法　　　B. 访问调查法　　　C. 观察调查法　　　D. 网络调查法
3. 神秘顾客调查法主要用来检查（　　　）。
   A. 产品质量　　　　B. 价格规范　　　　C. 服务质量　　　　D. 客流量
4. 实验调查法最突出的优点是（　　　）。
   A. 直接掌握大量的第一手资料　　　　B. 具有可重复性
   C. 能进行因果关系的分析　　　　　　D. 能有效控制实验过程
5. 在运用网络调查法时，首先要（　　　）。
   A. 确定网络调查目标　　　　　　　　B. 确定网络调查方法
   C. 发放调查问卷　　　　　　　　　　D. 选择调查对象

二、简答题

1. 简述文案调查法实施步骤。
2. 面谈访问法有哪些形式？
3. 简述观察调查法的优缺点。
4. 简述实验调查法的实施步骤。
5. 提高网络调查结果可靠性的措施有哪些？

三、案例分析题

我国消费者需要什么样的快餐

人们的生活节奏在改变，工作习惯也在变。对生活情趣的追求似乎正在成为一种时尚。越来越多的人不自觉地与快餐结了缘。

L调查中心在北京、上海、广州、武汉、沈阳5个城市对我国的快餐业做了深入调查。L调查中心在每一个城市发放了300份问卷，由调查者随机入户访问，调查结果如下。

（1）在常吃快餐的人中，吃中式快餐的人数是吃西式快餐人数的2倍。29.3%的人在过去一个月中没有吃过快餐；8.3%的人吃过快餐，但实在记不得吃了几次和是在什么地方吃的；对剩下的那些吃过快餐的人来说，在过去的一个月平均吃过9.6次快餐。

（2）尽管西式快餐很受欢迎，但是人们最常吃的快餐还是米饭套餐。对22.18%的被调查者来说，他们首选米饭套餐；选西式的汉堡包的被调查者位居第二，占21.57%；选饺子、馄饨及其他类似面食的被调查者占18.52%；选中式小吃的被调查者占14.18%；选中式面条的被调查者占10.06%；选西式烤鸡的被调查者占5.03%；选中式烤鸡的被调查者占1.22%；选薯条的被调查者占2.06%；选西式面条的被调查者占0.53%；选比萨的被调查者占0.99%；其他占3.66%。

（3）不同年龄段的人对快餐的选择同样不同，12～30岁的人偏爱汉堡包、薯条、比萨等，尤其以20岁以下的青少年最为突出；60岁以上的老年人坚守中式套餐中的面条、馄饨等。青年人和中年人多在中午和晚上吃快餐，而老年人更愿意在早晨吃快餐。

（4）在不同类型企业中供职的员工对快餐的选择也有一些差异：国有企业员工在早晨吃快餐的比例明显高于其他类型企业的员工；三资企业员工在早晨吃快餐的比例最低；三资企业和私营企业的员工晚上吃快餐的比例最高。

（5）在接受调查的1 309人中，喜欢吃西式快餐的人的比例达到33.69%，其余喜欢吃中式快餐。不过，不同的城市还有一些区别。北京市的被调查者有58.67%常吃西式快餐，其中女性比男性更爱吃西式快餐。在上海，42.5%的人首选西式快餐，而且30岁以下吃快餐的人数是30岁以上吃快餐的人数的2倍，按照人均寿命73岁计算，30岁以上的人口远远多于30岁以下的人口。广州与武汉具有相似的特征，常吃西式快餐者占27.5%，对快餐的选择受收入的影响较明显，吃快餐的人的年收入在4万元以上的占62.7%。沈阳人吃快餐的少一些，只有16.12%。

（6）消费者在选择快餐过程中还会有侧重、偏好。94.46%的人会较多考虑卫生程度；75.38%的人会考虑口味；62.56%的人会关心就餐环境；51.17%的人会要求较高的服务水平；40.6%的人会考虑价格；13.03%的人会把快餐和正餐分开，吃快餐并不影响吃正餐。

思考题：

1. L调查中心采取了怎样的调查方法，有哪些利弊？

2. 根据L调查中心的调查结果，结合自身的感受，你认为中式快餐企业应当如何应对西式快餐企业的竞争？

实训思考题

【实训任务】

校园内的一家饮品店，生意一般。店主想了解在其店里购买饮品的顾客对饮品店的印象如何。同时，店主还想了解，校园内其他几家饮品店的销量和顾客的评价。店主付费邀请你进行调查，需要在两周内得到结果。设计一份调查方案提供给店主。

【实训目的】

让学生认识到不同的市场调查方法的作用，学会有效运用各种市场调查方法。

【实训组织】

（1）4～6 人为一组，以小组为单位进行实训；

（2）小组成员确定调查方法；

（3）以小组为单位进行成果汇报。

【实训考核】

（1）考核调查方法的运用是否合理；

（2）考核调查结果能否满足店主的要求；

（3）考核本次调查有哪些需要改进的地方。

第4章
市场调查技术

知识目标
- 了解大数据调查的特点。
- 掌握随机抽样的方法。
- 掌握非随机抽样的方法。

技能目标
- 设计抽样调查方案。
- 能灵活运用各种抽样方法。

2023 年 3 月，中共中央办公厅印发《关于在全党大兴调查研究的工作方案》，要求在全党大兴调查研究，作为在全党开展的主题教育的重要内容，推动全面建设社会主义现代化国家开好局起好步。掌握调查技术是有效开展调查研究的重要保障。由于市场调查范围和调查对象的不同，市场调查有不同的调查方式和技术。传统的调查方式有全面市场调查和非全面市场调查，而随着大数据技术的出现，市场调查开始将这种新的技术运用到调查实践中，大大提高了市场调查的效率和调查结果的可靠性。

第一节　市场调查技术概述

在市场调查的实践中，比较常见的调查方式有全面市场调查和非全面市场调查。而随着我国移动互联网和大数据技术的高速发展，越来越多的企业开始关注大数据技术在市场调查中的运用。

一、全面市场调查

（一）全面市场调查的定义

全面市场调查又称为市场普查，是为了收集一定时空范围内调查对象全面系统的资料,对市场调查对象总体中的全部个体进行的逐一、普遍、全面的调查。全面市场调查可以取得调查总体完整全面的数据资料，从而获得较为完整、系统的市场信息，因此，这种调查方式可以帮助调查者对市场状况做出全

全面市场调查

面准确的描述，为其制定相关政策、计划提供客观可靠的依据。全面市场调查在实践中按照区域范围可以分为三个层次。

（1）宏观市场普查。在全国范围内进行全面系统的市场调查，如人口普查、经济普查、农业普查等。人口普查、农业普查每 10 年 1 次，经济普查每 5 年 1 次。

（2）中观市场普查。在特定的区域或者行业内进行全面的市场调查，如零售业普查等。

（3）微观市场普查。在某个组织机构内进行全面的调查，如企业员工基本情况普查、设备物资普查等。

（二）全面市场调查的组织方式

全面市场调查由于耗时长，工作量大，通常需要由普查机构来组织人力和物力，确定调查的标准时间，提出调查的要求和计划，其组织方式大体上有两种。

1．一般市场普查

一般市场普查是结合日常登记和核算资料，通过定期报表进行的一种全面调查方式。这种调查不必专门组织机构，只需要通过层层上报和汇总市场资料来取得需要的数据。由于任务是逐级布置的，资料是逐级汇总上报的，所以，一般市场普查花费的时间比较长。

2．快速普查

这种调查是由组织领导全面调查工作的最高机关直接把市场普查任务布置到基层单位，各基层单位则把调查结果直接报送给组织领导全面调查工作的最高机关的一种市场调查方式。

（三）全面市场调查的基本原则

为了确保全面市场调查的质量，必须重视组织工作，做到统一领导、统一方案、统一要求、统一行动。在组织全面市场调查时，应遵循以下基本原则。

（1）统一规定调查项目，确保调查内容的一致性。

（2）统一规定调查的标准时点，统一标准时点是为了保证调查数据时间的一致性。

（3）统一规定调查的各种标准，保证调查数据的标准化。

（4）统一规定调查步骤与方法。调查范围内各个调查点必须统一行动，统一进度、统一方法，力求在步骤和方法上协同一致。

（四）全面市场调查的优缺点

1．全面市场调查的优点

（1）调查资料的全面性和准确性。全面市场调查对调查对象总体进行逐个调查，与其他类型的调查方式相比，它收集的资料最全面，相对误差最小，精确度最高，因而，全面市场调查适合对市场中的一些重要情况进行调查。

（2）标准化程度高。全面市场调查一般会统一组织，规定统一的项目、时间、方法，运用统一的标准和数据处理方式，所获取的数据标准化程度比较高。

（3）专门性。全面市场调查是为了特定的目的而组织的专门调查，其目的明确，计划性比较强。

2. 全面市场调查的缺点

（1）成本高。全面市场调查一般要消耗大量的人力、物力和财力才能获得全面系统的数据和资料，有时候耗费的成本甚至大于其结果的价值。

（2）调查对象数量多、工作量非常大。由于采取的是对全体对象逐一调查的方式，当实施大范围调查时，调查者的工作量非常大，要想获得满意的结果往往需要很长的时间。

（3）出现非抽样误差的概率较高。全面调查的质量在很大程度上取决于调查者的知识水平、业务能力、调查经验等因素，调查方案设计不合理或者调查者经验有限可能会造成系统误差或者登记误差。

二、非全面市场调查

与全面市场调查相对的是非全面市场调查，非全面市场调查不是调查对象的总体，而是仅调查对象总体的一部分。非全面市场调查分为抽样调查、重点调查和典型调查三种方式。从广义上讲，非全面市场调查都是抽样调查。

（一）抽样调查

在现实生活中常常碰到这样一些情况，如某地方政府要了解当地居民的平均消费支出，应怎样获得相关数据？灯泡厂要了解灯泡的使用寿命，是否要将所有的灯泡逐一测试？这些调查要么调查数量非常庞大，要么在做调查实验的时候可能会对调查对象造成破坏。在这种情形下，进行全面市场调查不但工作量大，花费高，甚至会对调查对象造成破坏，违反调查的初衷。因此，需要采用一种新的技术来解决上述问题，这种技术就是抽样调查。

抽样调查是为了一定的调查目的，按照一定的程序和原则，从研究对象的全体（总体）中抽取一部分单位作为样本，对样本进行观察和分析，并以样本特征来推断总体特征的一种非全面市场调查方式。抽样调查是一种被广泛使用的调查方法。

1. 抽样调查的优点

（1）成本低，效率高。抽样调查仅仅对总体中的少数样本单位进行调查，可以节约大量的人力、物力和财力，从而降低市场调查的成本。由于调查的单位少，调查者收集、整理和分析数据的工作量也大幅度减少，因而节省了大量的时间，对调查机构来说，抽样调查是一种灵活高效的调查方法。

（2）误差小，准确度高。抽样调查是建立在科学的数理统计分析基础上的，只要在调查中科学合理地进行抽样，就可以排除个人主观因素的影响，保证样本的代表性。虽然不可避免地存在抽样误差，但是运用数理统计理论可以将这种误差控制在可接受的范围内。而全面市场调查受调查者个人因素的影响比较大，存在登记误差等，因此，两相比较，抽样调查的登记误差一般要小于全面市场调查的登记误差，数据质量更优，可信度更高。

（3）适应面广。调查样本是按随机的原则抽取的，在总体中，每一个单位被抽取的机会是均等的，因此，能够保证被抽中的单位在总体中的分布是均匀的，避免出现倾向性误差，其代表性比较强，适应面比较广。

2．抽样调查的缺点

由于调查对象只是总体中的一部分，通过对样本的统计分析来推断总体的情况，所以，所抽取的样本是否具有代表性是抽样调查的关键。一般来说，总体的量越大，随机抽样的样本代表性会越强，抽样结果的准确性也就越高，因此，抽样调查适合大范围的调查。

（二）重点调查

重点调查是在所要调查的总体中选择一部分重点单位进行的调查。所选择的重点单位虽然只是全部单位中的一部分，但就调查的标志值而言，在总体中占绝大部分比重，调查这一部分单位的情况就能大致反映调查对象的基本情况。重点单位是指其单位数在总体中占的比例不大，但是其某一标志值占总体标志值绝大部分比重的单位。对重点单位的调查能反映总体占比的基本情况。重点调查的单位可以是一些企业、行业，也可以是一些地区、城市。

采用重点调查的前提是总体中必须有重点单位。一般来讲，调查任务只要求掌握基本情况，而部分单位又能比较集中地反映研究项目和指标时，可以采用重点调查。如为了掌握"三废"排放情况，就可选择冶金、电力、化工、石油、轻工和纺织等重点行业进行调查。

重点调查适用范围广，能以较少投入、较快速度取得某些现象反映的基本情况或变动趋势。重点调查所取得的数据只能反映总体的基本发展趋势，不能用以推断总体，因而是一种补充性的调查方式。

（三）典型调查

典型调查是根据调查目的与要求，在对调查对象进行全面分析的基础上，有意识地选择一个或几个具有典型意义的或有代表性的对象进行的调查。

典型调查具有灵活机动的优点，通过少数典型单位即可取得深入翔实的统计资料。典型调查一定条件下可用于推断总体特征，但其可靠程度不确定。典型调查只有同其他调查结合起来使用，才能避免出现片面性。典型调查要求调查者有较丰富的经验，能够从总体中选择典型单位，并进行调查研究。典型调查一是适用于同性质的总体，研究新生事物，及时发现新情况、新问题，探测事物发展变化的趋势；二是适用于对立类型的研究。

重点调查与典型调查都是深入调查某个特定问题、群体或地区的方式，但是重点调查强调的是从调查对象的全部单位中选择少数重点单位进行调查，典型调查则强调选取代表性样本，从中获取信息来制定更具针对性的政策、计划和策略。例如，某省统计部门为及时了解该省的企业出口信贷情况，每月定期调查出口信贷总额排在前 400 名的企业。这 400 家企业虽然只占该省企业数量的 5%，但其出口信贷总额占该省企业出口信贷总额的 70%，这种调查方法就是重点调查。例如，为了解全国钢铁企业生产安全状况，找出安全隐患，选择 8 个有代表性的企业进行深入细致的调查，这种调查方法属于典型调查。

三、大数据调查

（一）大数据调查的概念

随着智能技术设备的快速发展以及网络时代互联网的普及，社会迎来了"大数据"时代。在这个背景下，随着计算机对大数据处理能力的增强，市场调查也受到重要影响，新的数据处理技术让传统的调查方法发生了巨大的转变，同时对网络调查在统计数据的准确度、时效性等方面产生了深远的影响。

大数据是指无法在一定时间范围内用常规软件工具进行捕捉、管理和处理的数据集合，是需要在新处理模式下才能具有更强的决策力、洞察发现力和流程优化能力的信息资产，而这些信息资产又具有海量、高增长率和多样化的特点。大数据具有数据量大、数据多样化、价值密度低、数据的产生和处理速度快等优势。大数据类型繁多，包括网络日志、音频、视频、图片、地理位置等各种结构化、半结构化和非结构化的数据。大数据价值密度与数据总量成反比。大数据的智能化和实时性要求越来越高，对处理速度也有极严格的要求，一般要求在秒级时间范围内给出分析结果，超出这个时间范围数据就可能失去价值，即大数据的处理要符合"1 秒定律"。大数据调查是运用特殊技术手段对互联网的海量数据进行分布式挖掘，及时获取并及时处理数据的一种调查方式。

（二）大数据调查的特点

1. 信息规模大

大数据调查以分析与事物相关联的数据为主，不依靠少量数据样本。在信息时代，大规模数据分析和小规模数据分析最终结果的差异会比较大，在这一方面大数据会表现出显著的优越性。

2. 动态变化性

在大数据环境下，数据不再是静止状态的，人们接受和认定数据的变化和复杂，也不苛求数据的精确性。传统的调查方式在完成数据分析得到结果后，数据就变得没有意义。而在大数据环境下，这些数据依然有价值。例如，飞机降落后，票价数据就失去了价值，但是在大数据时代，调查者可以通过数以万计的票价信息来推断当时票价的合理性。

3. 数据收集范围广泛

传统的调查大多采用抽样的方式，范围局限性大。在大数据环境下，人们可以借助数据观察来分析自然现象、经济现象和社会现象。在市场调查中，调查者要与时俱进，学习相关的大数据技术知识，学会利用大数据技术来开展市场调查工作。大数据技术所具有的超乎想象的容量和速度，让很多人根本就无法预测数据的发展趋势或捕捉它们。如何在不规则的大数据里获得自己想要的信息，做出最符合个人或企业发展的选择，从中获得机会，将成为市场调查未来要突破的方向之一。

（三）大数据分析

在大数据时代，人们获得信息资源的途径越来越广泛，大数据技术的应用不仅拓展了市场调查的范围，为调查数据提供了多方位的支撑，也使数据分析的结果更加具有可靠性。在大数据背景下，市场调查的信息获取越来越便捷，调查者工作的重心转移到了怎样利用大数据技术对海量庞杂的信息进行分析上。如何对规模巨大的数据进行分析是大数据技术要解决的首要问题。随着大数据时代的来临，大数据技术分析和应用被越来越多的企业关注。

大数据分析主要包括以下内容。

1. 可视化分析

大数据分析的使用者有大数据分析专家，同时还有普通用户，但是这些使用者对大数据分析最基本的要求就是可视化分析。因为可视化分析能够直观呈现大数据特点，同时非常容易被读者所接受。

2. 数据挖掘算法

大数据分析的理论核心是数据挖掘算法，各种数据挖掘的算法只有基于不同的数据类型和格式才能更加科学地呈现数据本身具备的特点。数据挖掘是指从大量、不完全、有噪声、模糊、随机的实际应用数据中，提取隐藏在其中但又有潜在价值的信息和知识的过程。数据挖掘的数据源是真实、大量、有噪声的，数据挖掘的核心任务是对数据关系和特征进行探索。数据挖掘不要求发现放之四海而皆准的知识，仅支持发现特定的问题。常见的数据挖掘方法有监督学习、无监督学习和半监督学习。

3. 预测性分析

大数据分析最重要的应用领域之一就是预测性分析，从大数据中挖掘特点，建立模型，之后便可以通过模型代入新的数据，从而预测未来的数据。

4. 语义引擎

大数据分析广泛应用于网络数据挖掘，分析者可通过搜索关键词、标签关键词或其他输入语义，分析、判断用户需求，从而提供和实现更好的用户体验和广告匹配。

5. 数据质量和数据管理

大数据分析离不开数据质量和数据管理，高质量的数据和有效的数据管理，无论是在学术研究领域还是在商业应用领域，都能够保证分析结果真实和有价值。

（四）大数据调查的发展

目前大数据的应用不限于互联网领域，正迅速向生产制造、政府决策、商业等其他专业领域扩展。大数据使市场调查获取数据信息的渠道被拓宽，数据不再呈现分散、孤立的状态，而是形成了一个多维的数据共享平台，数据共享平台的搭建不仅使海量数据的计算更加方便，也使得数据处理的能力得到了大幅度提高，市场调查的效率也随之提高。

在大数据背景下，市场调查与传统行业将会产生新的融合方式，大数据技术可以激发市场调查技术在传统行业的市场需求，将大数据技术和市场调查技术相结合，对传统行业进行数据分析，能够获得更加细分的、真实可靠的分析结果，使传统行业获得新的增长活力，促进传统行业的创新发展。大数据是时代发展的新产物，大数据技术的应用在未来将进一步发展，大数据技术融合应用进程将进一步加速，大数据技术将会为经济社会发展提供新的动力。

第二节 抽样调查的相关概念与程序

抽样调查因为成本低、效率高、误差小、准确度高等特点，被广泛应用于多个领域调查资料的收集。抽样调查是一种被广泛使用的调查技术，了解抽样调查的相关概念和抽样调查的程序，对提高抽样调查的效率有重要的意义。

一、抽样调查的相关概念

1. 总体

总体是指调查对象的全体，它是由根据研究目的而规定的调查对象的全体组成的集合，通常用 N 表示。组成总体的各个个体称作总体单元或单位。在一项具体的调查项目中，调查总体必须是明确的。

总体指标是根据总体各单位标志值或标志属性计算的，反映总体某种属性的综合指标，有时也称为总体参数。总体指标是总体变量的函数，其数值是由总体各单位的标志值或标志属性决定的。由于总体是唯一确定的，根据总体计算的总体指标也是唯一确定的。例如，北京市旅游管理部门要通过抽样调查了解 2023 年北京市常住居民出境旅游总消费金额，该抽样调查的总体指标（参数）是 2023 年北京市所有常住居民出境旅游总消费金额。

2. 样本

样本是总体的一部分，是由从总体中按一定程序或原则抽取出的部分个体组成的集合。样本所包含的单位个体的数量称为样本量，用 n 表示。抽样调查中调查的具体实施是针对样本而言的。样本指标是根据样本各单位标志值计算的，反映样本属性的指标。

例如，研究某城市居民的家庭消费结构时，在 50 万户家庭中随机抽取 3 000 户进行入户调查。在这项抽样调查中，50 万户家庭是总体，50 万户家庭中的每一户家庭是总体单位，抽取出来的 3 000 户家庭是样本，样本量是 3 000 个。

3. 抽样框

抽样框是供抽样所用的所有抽样单位的名单，是抽样总体的具体表现。在抽样框中，可以对每个抽样单位编号，由此可以按一定随机化程序进行抽样。抽样框是抽样调查的基础，是抽样调查必不可少的部分，对推断总体特征具有相当大的影响。抽样框中的单位必须按某种顺序排列，以便于编号。高质量的抽样框应提供被调查单位更多的信息，并且无重复和遗漏。在抽样调查中，样本的代表性如何，抽样调查最终推算的估计值真实性如何，首先取决于抽样框的质量。

例如，要从 1 万名学生中抽取 200 名学生组成一个样本，这 1 万名学生的名单就是抽样框。

4. 抽样误差

在抽样调查中，通常以样本得出估计值对总体的某个特征进行估计，当两者不一致时，就会产生误差。抽样误差是指在遵守随机原则条件下，用样本统计量估计总体参数时出现的误差。这种差异完全是由抽样引起的，故称为抽样误差。在抽样调查中，抽样误差是不可避免的，但可以通过科学的抽样方法减小误差或控制误差。

影响抽样误差的因素主要有三个。

（1）样本量。在其他条件不变的情况下，样本量越大，抽样误差就越小；反之，抽样误差就越大。

（2）总体各单位之间的差异程度。在其他条件不变时，总体各单位之间的差异程度越大，抽样误差就越大；反之，抽样误差就越小。

（3）抽样方法。不同的抽样方法选取的样本不同，样本对总体的代表性也就不同，因此抽样误差也会不同。一般来说，简单随机抽样比分层抽样、整群抽样的误差大，重复抽样比非重复抽样误差大。

5. 非抽样误差

非抽样误差是指在抽样调查中，除抽样误差以外，各种原因引起的一些误差，如登记误差和系统误差。登记误差是指在调查过程中，各种主客观原因引起的技术性和责任性误差。例如，指标含义不清、口径不同造成的误差，调查者抄写、登记、计算错误造成的误差，这种误差在任何一种调查方式中都有可能存在。系统误差是调查者不遵守随机原则，按照自己的主观意愿选取样本或是一些其他的环境因素造成的误差。

影响非抽样误差的因素主要有三个。

（1）抽样方式设计不合理。调查者在设计样本时人为地造成样本遗漏、空缺或者重复等问题，或者设计的调查问卷不合理，违反了抽样调查的随机原则，这些都会影响调查结果的可靠性。

（2）计量误差。调查者在调查过程中专业素质不高，询问方法不当、询问技术不高明、私自篡改或编造数据，在调查过程中观察、测量、登记、计算等环节出现差错，这些人为因素也会造成调查结果的准确度不高。

（3）调查对象应答不当。调查对象在调查中出于自身因素，如外出、迁移造成缺员，拒绝应答、敷衍调查等导致应答的正确性受到影响。

6. 重复抽样和非重复抽样

重复抽样也称放回抽样，是指从总体中随机抽出一个样本单位后，再将它放回去，混合均匀后，再抽下一个，此样本单位仍有被选取的机会。在抽样过程中总体单位数始终相同，单位被抽中的概率也完全相等。

非重复抽样也称为不放回抽样，是从总体中每抽取一个样本单位后，不再将其放回去参加下一次抽取，在这种方式下，不同单位被抽取到的概率是不一样的。非重复抽样可以避免极端样本出现，抽样误差比重复抽样小。

二、抽样误差的控制

1. 准确选择抽样方法

正确的抽样方法有利于使抽取的样本更好地代表总体，减少误差。选择抽样方法时，首先要明确调查的目的和要求，然后根据调查的主客观条件以及内外环境进行权衡选择。一般条件下，随机抽样具有更大的适用性。

2. 正确确定样本数目

必要的样本数目（即样本容量）是在事先给定的抽样误差范围内所确定的能够反映总体特征的样本单位数量。抽样误差和总体的特征差异有关。总体的特征差异越大，在样本数相同的情况下，误差越大；反之误差越小。也就是说，在抽样误差范围相同的前提下，如果总体的特征差异越大，抽取的样本数目就应该越大。另外，抽取的样本容量的大小还与调查费用有关，样本容量越大，费用越高；反之，费用越低。因此，对抽样误差的允许程度、调查费用和总体的特征差异等因素会影响样本容量的选取。

3. 加强组织领导

加强对抽样调查工作的组织领导，以提高抽样调查工作的质量。要以科学的态度对待抽样，特别是要由专业的人才，或经过严格培训的人员来承担抽样调查工作。抽样工作要规范，严格按照所选用的抽样方法的要求操作，确保整个抽样工作科学合理。

三、抽样调查的程序

（一）确定调查总体

抽样调查的程序

确定调查总体是在具体调查前，对抽取样本的总体范围与界限做明确的界定。确定调查总体，可以描述和认识总体的状况与特征，发现总体中存在的规律。调查总体是调查对象的全体，可以是一群人、一个企业或一项活动等。一般可以从地域特征、人口统计学特征、产品或服务使用情况等方面描述调查总体。例如，新能源汽车消费者是指在过去 1 年内购买了新能源汽车的人。

（二）确定抽样单位和抽样框

调查单位是在抽样调查中被抽取为样本，以作为取得有关数据或记录有关特征的调查对象，通常是构成总体的最基本单位。为了便于随机抽样，通常把总体划分为有限个互不重叠的部分，每个部分称为一个抽样单位。例如，要调查全省中学生的营养状况，各个市就可以作为抽样单位，每个单位抽取的数目可以是相等的，也可以是不相等的。

抽样框是抽样单位的集合，明确了抽样单位就可以确定抽样框。有些调查的抽样框是现成的，如学生名单、企业名册等。但是，有很多时候需要调查者自己创建名单，如调查流动人口，就要按照流动人口的住址建立名册，以此建立抽样框。

（三）选择抽样方法

抽样方法的选择取决于调查研究的目的、调查问题的性质、调研经费以及调研期限等客观条件。抽样调查的方法有很多种，每种都具有各自的优缺点和适用范围。调查者应根据调查项目的特征选择合适的抽样方法。在条件允许的情况下，保证较高的样本代表性。

（四）确定样本容量

在进行抽样调查时，调查者首先要确定抽取样本的数目，也就是样本容量。不同的样本容量会给抽样调查带来不同的影响，样本容量太小会影响调查结果的准确性，使抽样误差过大；而样本容量过大又会造成浪费。因此，确定合适的样本容量是十分必要的，具体数目应该根据实际情况来计算。

为了简便起见，市场调查常用经验来确定样本容量。

（1）市场调查抽取大样本。在统计学中，容量小于或等于 30 个单位的样本叫小样本，大于 30 个单位的样本叫大样本。在市场调查中，由于面对的总体及总体的异质性较大，所以一般要抽取大样本，样本规模在 30～5 000 个单位。

（2）大总体样本容量确定。对于一国、一省、一市等大总体，如果遵循随机原则，则样本量在 2 000～2 500 个单位即可，也可以增加到 4 000～5 000 个单位，最多不超过 10 000 个单位。

（3）小总体样本容量确定。对于一个学校、一个企业这样的小总体，样本量在 200～250 个单位即可。

（4）样本与总体关系表。根据总体规模与样本占总体的比重，可以确定样本量，如表 4-1 所示。

表 4-1　经验确定样本量的范围

总体规模	100 个单位以下	100～1 000 个单位	1 001～5 000 个单位	5 001～10 000 个单位	10 001～100 000 个单位	100 000 个单位以上
样本占总体的比重	50%以上	20%～50%	10%～30%	3%～15%	1%～5%	1%以下

（五）实施抽样并收集样本资料

确定好总体、抽样单位、样本容量及抽样方法后，可以按照抽样方法要求实施抽样。抽样完成后，可以对具体的样本单位进行调查、收集资料。在这个过程中，一定要注意抽样时严格按照抽样方法执行，样本调查一定要遵循市场调查的一般原则，保证调查的准确性。

（六）计算样本统计值并推断总体统计值

收集到样本的具体数据后，对数据资料进行整理、分析，最后计算出样本的统计值。利用样本的统计值推断总体的统计值，是抽样调查的最终目的。在用样本统计值推断总体统计值时，要根据概率论和统计学的有关理论，对推断的可靠程度加以控制。

第三节　随机抽样技术

随机抽样又称为概率抽样，是指每次抽取样本时，总体中的每个单位都等概率出现在样本中的一种抽样技术。在随机抽样规则下，每个个体被抽中的机会是均等的，这就排除了调查者的主观选择。随机抽样所获得的样本一般对总体的代表性较高，可以计算抽样误差，并且应用样本数据推断总体情况时效果比较好。但是，这种技术对调查者的专业技术要求比较高，成本也比较高。随机抽样按其组织方式不同分为简单随机抽样、系统抽样、分层抽样和整群抽样四种类型。

一、简单随机抽样

简单随机抽样又称为纯随机抽样，是指在总体单位中不进行任何有目的的选择，完全按照随机原则从总体中抽取样本的技术。简单随机抽样中每个调查对象被抽中的概率相等。在抽样时必须注意不能有意识地抽取好的或差的，也不能为了方便只抽取表面摆放的或容易抽到的个体单位。简单随机抽样是一种最基本、最简明、最能体现随机原则和使用范围较广的抽样方法。简单随机抽样分为有放回简单随机抽样和不放回简单随机抽样。简单随机抽样的具体抽取方法有直接抽取法、抽签法和随机数表法。

（1）直接抽取法。直接抽取法是指从调查总体中直接随机抽取样本进行调查的方法，其适用于对集中在某个较小的空间的总体进行抽样。例如，对存放在仓库中的所有同类产品随机抽取若干箱产品为样本进行质量检验。

（2）抽签法。抽签法类似于"抓阄"，将总体的各单位的号码写在号签上，将号签混合均匀后，再从中随机抽取，被抽中的号码所代表的单位就是随机样本。抽签法简便易行，适用于总体的个体数不多时。例如，从全班 50 名学生中抽取 10 名学生，调查学生对学校的满意度。可以把每个学生的学号后两位数字写在纸条上，把这 50 张纸条放在一个纸箱中摇动均匀，然后任意抽取一张，数字代表的学生就是第一个单位，依次抽取 10 张，就构成了这次抽样的样本。这是一种不放回简单随机抽样。

（3）随机数表法。随机数表法是按照一定的规则在随机数表中选取号码进行抽样的方法。随机数表又称乱数表，是将 0～9 这 10 个数字进行重复抽样，记录每一次的结果，进行成千上万次后，形成的一个庞大的数表。这个数表中数字的排列是随机的、没有规律的，数字的组成是完全随机的。抽样时随机数表的选择跟总体的数量有关，当总体个数小于或等于 100 时，可选择两位数字号码的随机数表，大于 100 且小于或等于 1 000 时，可选择三位数字号码的随机数表，以此类推。表 4-2 所示为一个四位制的随机数表（部分）。随机数表法需要利用摇码器（或电子计算机）自动地逐个摇出（或生成）一定数目的号码并编成表，以备查用。

表 4-2　四位制的随机数表（部分）

3968	6454	1990	9646	2026	6316	5824	7139
7371	3709	6975	0121	3156	4191	4783	5513
7220	7338	5167	7971	9840	7176	2305	9518
7517	5691	1795	1785	2433	5774	6981	4092
3748	9887	6352	6343	0131	0102	3507	9715
0289	8169	8553	3299	5627	9244	2178	5098
8718	5700	3779	9123	4813	3559	4192	5715
9883	1701	8909	9592	0006	1410	1436	9254

利用随机数表法抽取样本的步骤为：确定总体范围，并编排单位号码，即建立抽样框；确定样本容量；抽选样本单位，即从随机数表中任意数码开始，按一定的顺序（上下左右均可）或间隔读数，选取编号范围内的数码，超出范围的数码不选，重复的数码不再选，直到达到预定的样本容量为止；排列选中的数码，并列出相应单位名称。

【例 4-1】某企业生产了一批产品，数量为 3 000 个，现在要采用简单随机抽样技术随机抽取 10 个产品进行质量检验，试说明如何利用随机数表法抽取样本。

解：（1）将 3 000 个产品编号：0001～3000。由于最大编号是四位数，因此应选择四位制随机数表，可以取任意一个数为起点。

（2）现从四位制随机数表中抽取样本，从表 4-2 的第一行左边第一个数开始，向右移动，得到的四位随机数有：3968、6454、1990、9646、2026、6316、5824、7139、7371、3709、6975、0121、3156、4191、4783、5513……其中，3968、6454、9646、6316、5824、7139、7371、3709、6975、3156、4191、4783、5513……大于产品的最大编号 3000，应予舍弃；第 3 个数 1990 在 0001～3000 内，于是编号 1990 的产品第一个被选入样本，接着为 2026、0121……以此类推，直到把 10 个样本全部选出。所选取的 10 个样本的编号是：1990、2026、0121、2305、1795、1785、2433、0131、0102、0289。

简单随机抽样的优点是方法简单。当调查总体中的名单完整时，可直接从中随机抽取样本。由于抽取概率相同，所以计算抽样误差及对总体指标加以推断比较简单方便。简单随机抽样一般适用于抽样框中没有更多可以利用的辅助信息、调查对象分布的范围不广阔、个体之间的差异不大等情况。对于某些事物无法使用简单随机抽样，如对连续不断生产的大量产品进行质量检验，就不能对全部产品进行编号抽样。总体的标志变异程度较大时，简单随机抽样的代表性不如经过分组后再抽样的代表性高。

二、系统抽样

系统抽样又称为等距抽样，先将总体中的所有单元按一定顺序排列，在规定范围内随机抽取一个初始单元，然后按照事先规定的规则抽取其他样本单元，该方法经常作为简单随机抽样的替代方法。例如，调查 4 000 户家庭人均收入，要抽取 40 户，每隔 100 户抽取 1 户。对 4 000 户家庭进行编号：1～4000 号。在 1～100 号中随机确定 15 号，则抽取的样本为：15 号，115（15+100）号，215（15+200）号，315（15+300）号，……，3915（15+3900）号，共 40 户。

系统抽样将总体各单位按一定的顺序排列，然后每隔 k 个个体抽取一个样本单位组成样本，其中 k 是抽样比值，它是总体容量 N 与样本容量 n 之比，即 $k=N/n$。

系统抽样操作简便，只需要随机确定一个起始单位，整个样本就自然确定了；系统抽样对抽样框的要求比较简单，只要求总体单位按一定顺序排列。但系统抽样抽选间隔和调查对象本身的节奏性（或循环周期）相重合时，会影响调查的精度。例如，对某商场每周的商品销量进行系统抽样，如果抽取的第一个样本是周末，抽样间隔是 7 天，那么抽取的样本个体都是周末。周末往往销量较大，这样就会产生系统误差，从而影响系统抽样的代表性。

【例 4-2】某调查机构要从 1 000 个总体中抽取 50 个样本，试问如何执行系统抽样？

解：（1）先使用 1～1000 对总体编号。

（2）k=1 000/50=20。

（3）在 1～20 号中随意取一个号，如果取出来的是 1 号，就取 1 号，21 号，41 号，61 号，81 号，……，981 号。

三、分层抽样

当总体由有明显差别的几部分组成时，为了使抽取的样本更好地反映总体的情况，经常将总体中的各个单位按某种属性特征分成若干互不重叠的部分，每一部分被称为层，在各层中按层在总体中所占的比例进行简单随机抽样的方式就是分层抽样。分层抽样各层之间要有明显的差异，而层内各单位的差异要尽可能小。因此，分层抽样的抽样误差和层内方差有关，与层间的方差无关，增大层间方差而减小层内方差，可以提高抽样效率。例如，要调查某企业平均工资，先将该企业员工分为高管、中层经理和普通员工三大类，再采用随机原则分别在高管、中层经理和普通员工中抽取样本。

分层抽样具体有两种形式。

（1）等比例分层抽样，即按各层中的单位数量占总体的比例来分配各层的样本数，第 i 层抽取的数量用 n_i 表示，其公式表示为：$n_i = \dfrac{N_i}{N} \times n$

式中，N_i 为第 i 层包含的个体数量，N 为总体的数量，n 为样本量。

【例 4-3】某地区有高中生 4 000 人，初中生 6 000 人，小学生 12 000 人。当地教育部门为了了解本地区中小学生的近视率及形成原因，要从本地区的中小学生中抽取 1% 的学生进行调查，怎样设计抽样方案？

解：① 分层。将本地区的中小学生分成三个层次：高中生、初中生、小学生。

② 确定抽样比例。根据题意，要抽取 1% 的学生调查，因此样本数量 n=（ 4 000+6 000+12 000)×1%=220（人）。

③ 确定每层抽取的个体数目。

高中生被抽取的样本数为：$n_{高} = \dfrac{4\ 000}{22\ 000} \times 220 = 40$（人）。

初中生被抽取的样本数为：$n_{初} = \dfrac{6\ 000}{22\ 000} \times 220 = 60$（人）。

小学生被抽取的样本数为：$n_{小} = \dfrac{12\ 000}{22\ 000} \times 220 = 120$（人）。

（2）非等比例分层抽样，即各层样本数的分配比例没有任何限制，它是根据各层的标准差大小、抽取样本的工作量和费用大小等因素决定各层的样本抽取数的。该方法既考虑了各层在总体中所占比重的大小，又考虑了各层标准差的差异程度，有利于减少各层的差异，以提高样本的可信程度。

分层抽样实质上是把科学分组方法和抽样原理结合了起来：前者能划分出性质较

接近的各组，以减少标志值之间的差异程度；后者按照随机原则，可以保证大数法则的正确运用。因此，分层抽样一般比简单随机抽样和系统抽样更为精确，能够通过对较少的抽样个体的调查，得到比较准确的推断结果。特别是当总体数目比较大、内部结构复杂时，分层抽样常常能取得较好效果。

四、整群抽样

整群抽样又称为分群抽样，是将总体按一定的标准划分为若干群，然后以群为抽样单元，采用简单随机抽样从中随机抽取一部分群，对抽中的群中的所有单位进行调查的一种抽样技术。例如，为获得某小学一年级学生的身高数据，从 10 个班中抽取 3 个班作为样本，再对这 3 个班每个学生的身高进行的调查即为整群抽样调查。划分群时，每群的单位数可以相等，也可以不相等。这种技术使被调查单位比较集中，组织工作比较方便，能节省时间和费用；但由于分群影响了样本分布的均匀性，因此抽样误差比较大。整群抽样方法适用于可以将总体分割为群，并且各群之间大体相同，而群的内部构成比较复杂的情况。

在进行整群抽样时，将调查区域分为若干个，每个区域的特性应尽量保持相近，如人口数量。但所调查的目标（如家庭），其特性（如收入或成员数量）范围应较广。也就是说，各群之间应具有相同性，但每一群内则应具有差异性：初级调查单位（如区域）具有相同性；次级调查单位（如家庭）具有差异性。

整群抽样与分层抽样在形式上比较相似，都要将总体按照一定的属性或标准划分类别。但是，在抽样过程中，分层抽样要求分出的不同类别（层）之间的差异要尽可能大，层内单位的差异要尽可能小；而整群抽样要求分出的不同类别（群）之间的差异要尽量小，而每一群内的差异要尽量大，这样才能保证整群抽样的可靠性。例如，对某地区的中小学生进行抽样，以年级分层和分群后的样本如图 4-1 所示。

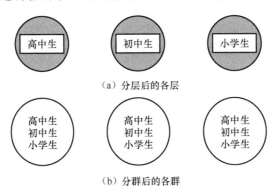

图 4-1　以年级分层和分群后的样本

【例 4-4】某居民小区共 6 000 户居民，分 600 个单元。现要抽取 150 户居民调查其每周的食品支出，采用整群抽样应该怎样操作？

解：利用整群抽样可以以单元作为抽样单位。6 000 户居民分 600 个单元，平均每个单元有 10 户居民。从 600 个单元中随机抽取 15 个单元，对抽中的单元的居民进行调查，这 15 个单元的 150 户居民就是此次的抽样样本。

在实际调查中，往往是根据具体情况把几种随机抽样技术相互结合使用。例如，某省在开展住户收支调查时，首先将省内所有调查区分为城镇和农村两类，分别独立随机抽取 100 个城镇调查区和 100 个农村调查区，然后在每个样本调查区内对住户进行排序，按照一定间隔抽取 20 个住户进行问卷调查，对该地区住户收支调查采用的抽样技术有分层抽样、系统抽样。

随机抽样可以排除人为干扰，抽取的样本可以大致代表总体，也可以通过概率推算抽样误差，并将误差控制在一定范围内，能够计算调查结果的可靠程度。四种随机抽样技术的优缺点和适用范围见表 4-3。

表 4-3　四种随机抽样技术的优缺点和适用范围

随机抽样技术	优点	缺点	适用范围
简单随机抽样	不对总体中的单位进行分组或排列，完全按照随机的原则抽取样本，最符合随机原则。这种方法简单直观，使用方便	编号困难；不清楚总体单位数，无法采用简单随机抽样；样本分散	调查总体中单位数不多、各单位之间差异较小，或者调查对象不明，难以分组、分类的情况
系统抽样	操作简便；对抽样框的要求比较简单，只要求总体单位按一定顺序排列	抽选间隔与调查对象本身的循环周期相重合时，会影响调查的精度	适用于总体内部各单位之间差别不大的情况
分层抽样	样本分布比较均匀、代表性强，抽样效果较好	抽样设计较为复杂，可能会导致抽样误差	适用于总体数目大、内部结构复杂且类别分明的情况
整群抽样	组织方便，可以节省费用和时间；抽样框设置得以简化，抽样时只需要群的抽样框	群内各单位之间差异比较小，而群与群之间的差别较大，使得整群抽样的抽样误差较大	适用于可以将总体分割为群，并且各群之间大体相同，而群的内部构成比较复杂的情况

第四节　非随机抽样技术

在市场调查中，调查总体的情况往往会比较复杂、各单位比较分散或者不稳定，而调查者又需要快速获得调查结果，因此，调查者在无法获得总体完整信息的情况下，就需要采用非随机抽样。

非随机抽样又称为非概率抽样，是在不确定总体的情况下，不遵循随机原则，按照调查者的主观判断或仅按方便的原则来抽取样本。因此，总体中每一个单位被抽到的概率不一定是相等的。非随机抽样操作方便，省时省力，统计上也比随机抽样简单，因此，这种调查方式也常常被采用。非随机抽样的调查对象被抽取的概率是未知的，样本的代表性差，利用调查结果来推断总体的风险较大。因此，非随机抽样通常在一些小规模的市场调查中，或是在不方便使用随机抽样的情况下使用，其目的不侧重于推断总体情况，可能只是做探测性的了解。

非随机抽样主要有方便抽样、判断抽样、配额抽样和滚雪球抽样。

一、方便抽样

方便抽样也称任意抽样，样本的抽选完全从调查者的便利性出发。由被调查者主动提供信息的方式也属于方便抽样。街头拦截式访问就是一种方便抽样。

方便抽样的优点是简便易行，能及时取得所需的信息资料，省时、省力、节约经费，效率高。缺点是抽样偏差较大，样本的代表性较弱，调查结果的可靠性比较低。方便抽样从理论上假设总体中的每一个样本都是同质的，因而不管选取哪一个单位做样本，结果都是一样的。事实上，总体中的每一个样本并不一定是同质的。因此，方便抽样多用于市场初步调查或者市场状况不太明确时，在正式的市场调查中一般较少使用方便抽样。

二、判断抽样

判断抽样又称为主观抽样，是根据调查人员的主观意愿、经验和知识，从总体中选择具有典型代表性的样本作为调查对象的一种抽样方法。判断抽样适用于总体的构成单位差异较大而样本数又很小的情况。例如，调查者要调查企业的管理水平，就可以根据其经验和判断，选取一些具有代表性的企业作为调查对象。市场调查中如居民家庭收入调查、商品消费结构调查、市场物价指数调查等，都可以采用判断抽样来调查。

判断抽样的优点是成本较低、方便快捷，可以根据调查目的和特殊要求，快速挑选样本，及时收集资料。缺点是如果调查者在选取样本时主观判断出现偏差，则抽样结果极易发生较大的抽样误差。因此，判断抽样对调查者的专业要求比较高，如果调查者经验丰富、判断能力强，抽取的样本代表性就大，否则抽取的样本代表性就小。

判断抽样在实践中具体有两种操作方式。一是专家判断选取最能代表普遍情况的调查对象。从总体中选取代表平均水平的单位个体或大多数单位个体作为典型样本，以此来推断总体情况。二是利用统计资料，按照一定的标准，主观选取样本，以此来推断总体情况。

例如，运用判断抽样来调查中国乳制品企业的管理水平、运营机制及改革情况时，所挑选的样本一般要避开伊利、蒙牛和光明这几家大型企业。因为这几家企业的管理水平、运营能力不能代表大多数乳制品企业的现状，会带来抽样误差。但是，如果调查的是中国乳制品行业的生产和质量情况，就可以选取伊利、蒙牛和光明这几家大型企业作为样本，因为这几家企业的乳制品产量占全国乳制品产量的比例较高，把握它们的生产和质量状况就可以把握总体的生产和质量情况。

三、配额抽样

配额抽样又称为定额抽样，是按调查对象总体单位的某种属性，将总体分为若干层，依据各层样本在总体中的比重分配样本数额，并按各层数额任意或主观抽取样本的非随机抽样方式。例如，某一地区

配额抽样

居民，有 60%的汉族人，30%的壮族人和 10%的其他少数民族居民，采用配额抽样就要按比例分配抽样单位数额，按比例抽取样本。配额抽样在操作上与分层抽样类似，都事先对总体中所有的个体按其社会或经济的属性、特征分类。但是分层抽样是按照随机原则在层内抽取样本，而配额抽样则是由调查者根据主观判断在配额内选取样本。

配额抽样的优点是费用不高、易于实施、调查的效率较高，能保证样本单位在总体中均匀分布，结果的可靠性比较高。缺点是调查者的主观判断会出现选择偏差，也

不像随机抽样那样可以估计、控制抽样误差。

配额抽样根据分配样本数额时的做法不同，分为独立控制配额抽样和相互控制配额抽样两种形式。

1. 独立控制配额抽样

独立控制配额抽样是指调查者根据总体的不同属性特征，分别独立地按各类控制特征（如性别、年龄等）分配样本数额，而对样本单位在各类控制特征中的交叉关系没有做数额上的限制，因此，这种方法在抽样时有较强的机动性。

例如，对某地区进行饮料消费需求调查，确定样本容量为 300 名，确定年龄、性别、收入三个分类标准。采用独立控制配额抽样的方案设计如表 4-4 所示。

表 4-4 独立控制配额抽样分配表

年龄	样本数额	月收入	样本数额	性别	样本数额
18 岁以下	60 人	2 500 元及以下	40 人	男	150 人
18～25 岁	80 人	2 500（不含）～5 000 元	80 人	女	150 人
26～40 岁	80 人	5 000（不含）～10 000 元	100 人		
41～50 岁	40 人	10 000 元以上	80 人	合计	300 人
50 岁以上	40 人				
合计	300 人	合计	300 人		

从表 4-4 中可以看出，对年龄、性别、收入三个分类标准分别规定了样本数额，而没有对三个控制特征之间的关系做出规定。因此，调查者在对不同年龄段的消费者进行抽样时，不用顾忌性别和收入，同样，根据性别或收入标准进行抽样时，也不需要考虑其他两个标准。

2. 相互控制配额抽样

相互控制配额抽样对各个特征所分配的样本数额都有规定，即按各类控制特征分配样本数额时，调查者要考虑各类型之间的交叉关系，采用交叉控制分配样本数额。例如，按照表 4-4 所示的内容对三种控制特征的交叉关系重新进行抽样设计，表 4-5 所示为相互控制配额抽样分配表。

表 4-5 相互控制配额抽样分配表　　　　　　　　　　　　　　单位：人

年龄	2 500 元及以下		2 500（不含）～5 000 元		5 000（不含）～10 000 元		10 000 元以上		合计
	男	女	男	女	男	女	男	女	
18 岁以下	4	3	10	5	10	9	10	9	60
18～25 岁	6	6	10	12	15	15	6	10	80
26～40 岁	6	6	10	10	10	10	10	18	80
41～50 岁	2	3	5	7	10	6	4	3	40
50 岁以上	2	2	5	6	10	5	5	5	40
小计	20	20	40	40	55	45	35	45	300
合计	40		80		100		80		300

从表 4-5 中可以看出，相互控制配额抽样在分配样本数额时，要考虑三个标准之间的交叉关系，对每一个控制特征所分配的样本数额都进行了具体的规定，调查者要按照分配表中规定的数额来抽取样本。由于调查面明显扩大，相互控制配额抽样克服了独立控制配额抽样的缺点，提高了样本的代表性。

四、滚雪球抽样

滚雪球抽样是调查者先对少数样本或个体进行调查，根据所形成的线索选择和发展其他同类单位，依次进行，像滚雪球一样越滚越大，直到找够所需的样本数为止。运用滚雪球抽样，前提是各样本单位之间具有一定的联系，能通过相互介绍引出足够多的调查对象，最终满足调查需求。滚雪球抽样适用于调查范围内样本单位数少且分布不集中的总体，所需样本在总体中所占的比例很低，按常规方法较难得到足够的样本数量的情况。例如，对无家可归者、流动劳工等群体就可以采用滚雪球抽样。

滚雪球抽样在实践中按以下步骤进行操作。

（1）找出少数样本单位。

（2）通过这些样本单位了解更多的样本。

（3）通过更多的样本了解更多的样本。

（4）以此类推，逐步使调查结果接近总体。

例如，对劳务市场上的保姆进行调查，因为总体处于不断流动之中，难以建立抽样框，调查者一开始缺乏总体信息而无法抽样，这时可先通过熟人介绍、家政服务公司和居委会等找到几个保姆进行调查，并让她们提供所认识的其他保姆的情况，再去调查这些保姆，并请这些保姆推荐其他保姆。以此类推，可供调查的对象越来越多，直到完成所需样本的调查。

滚雪球抽样的优点是能有针对性地寻找被调查者，增加接触调查群体的可能性，调查费用低，可行性高。滚雪球抽样的局限性在于调查对象一般局限于属性相近的人群，样本的代表性会受到影响。由于样本往往来自彼此推荐，因此得到的样本可能会出现选择性偏差进而降低调查质量。例如，要研究退休老人的生活，可以清晨去公园结识几名散步的老人，再通过他们结识其朋友。很快，调查人员可以结识一大批老年朋友。但是，对于那些不爱好活动、不去公园、喜欢一个人在家的老人，调查人员的"雪球"难以滚到他们那里，而这些人却代表另一种退休后的生活方式。另外，如果被调查者不愿意介绍其他人员来接受调查，这种方法就会失败。

非随机抽样可以充分利用已知资料，选择较为典型的样本，使样本更好地代表总体；还可以缩小抽样范围，节约调查时间、人力和调查费用，操作方便，易于实施，统计上比随机抽样简单。四种非随机抽样技术的优缺点和适用范围见表 4-6。

表 4-6　四种非随机抽样技术的优缺点和适用范围

非随机抽样技术	优点	缺点	适用范围
方便抽样	简便易行，能及时获取信息，省时省力，成本低	对调查对象缺乏了解，样本偏差大、代表性弱，调查结果不一定可靠	一般用于非正式的探测性调查

续表

非随机抽样技术	优点	缺点	适用范围
判断抽样	成本较低、方便快捷，可以根据调查目的和特殊要求，快速挑选样本，及时收集资料	在选取样本时主观判断会导致偏差，抽样结果极易发生较大的抽样误差	样本量小且样本不易分类挑选的情况
配额抽样	费用不高、易于实施、调查的效率较高，能保证样本单位在总体中均匀分布，结果的可靠性较高	调查者的主观判断会导致选择偏差，不像随机抽样可以估计、控制抽样误差	样本具有较高的代表性，被广泛采用
滚雪球抽样	便于有针对性地找到调查对象，调查费用低，可行性高	调查对象一般局限于属性相近的人群，样本的代表性会受到影响	调查范围内样本单位数少且分布不集中的总体，所需样本在总体中所占的比例很低，按常规方法较难得到足够的样本数量的情况

本章小结

全面市场调查又称为市场普查，是为了收集一定时空范围内调查对象全面系统的资料，对市场调查对象总体中的全部个体进行的逐一、普遍、全面的调查。非全面市场调查分为抽样调查、重点调查和典型调查三种方式。抽样调查是为了一定的调查目的，按照一定的程序和原则，从研究对象的全体（总体）中抽取一部分单位作为样本，对样本进行观察和分析，并以样本特征来推断总体特征的一种非全面市场调查方式。

抽样调查的程序是：确定调查总体、确定抽样单位和抽样框、选择抽样方法、确定样本容量、实施抽样并收集样本资料、计算样本统计值并推断总体统计值。随机抽样又称为概率抽样，按其组织方式不同分为简单随机抽样、系统抽样、分层抽样和整群抽样四种类型。非随机抽样又称为非概率抽样，非随机抽样主要有方便抽样、判断抽样、配额抽样和滚雪球抽样。

复习思考题

一、单项选择题

1. 在研究某城市居民的家庭消费结构时，从40万户家庭中随机抽取4 000户进行入户调查。在这项抽样调查中，样本是指（　　　）。

    A. 抽取出来的4 000户家庭   B. 40万户家庭

    C. 该城市中的每一户家庭   D. 抽取出来的每一户家庭

2. 从某单位所有的在职员工中随机抽取300人进行抽样调查，来研究该单位在职员工中亚健康人员占比状况，该项调查的总体是（　　　）。

    A. 随机抽取的300名在职员工

    B. 该单位所有亚健康在职员工

    C. 该单位所有在职员工

    D. 被调查的300名在职员工中的亚健康员工

3. 为及时了解全国城市商品零售价格的变动趋势，按照商品零售额排序，对前 35 个大中型城市的商品零售价格变化情况进行调查，这种调查方法属于（　　　）。

    A. 全面市场调查　　B. 典型调查　　　　C. 重点调查　　　　D. 随机调查

4. 在某企业员工的工作环境满意度调查中，研究比较不同抽样方法的精度。下列抽样方法中，在员工样本量相同的条件下，抽样误差最大的是（　　　）。

    A. 以企业部门为群的整群抽样

    B. 按员工岗位分层的分层抽样

    C. 简单随机抽样

    D. 按照员工编号等距抽样

5. 某省在开展住户收支调查时，首先将省内所有调查小区分为城镇和农村两类。分别独立随机抽取 200 个城镇调查小区和 200 个农村调查小区；然后在每个样本调查小区内对住户进行排序，按照固定间隔抽取 40 个住户进行问卷调查。该住户收支调查没有用到的抽样方法有（　　　）。

    A. 系统抽样　　　　B. 判断抽样　　　　C. 整群抽样　　　　D. 分层抽样

二、简答题

1. 全面市场调查有什么优缺点？

2. 大数据分析包括哪些内容？

3. 简述抽样调查的程序。

4. 整群抽样和分层抽样有什么区别？

5. 配额抽样有哪些优缺点？

三、案例分析题

西安市 A 电视机市场需求状况调查抽样设计

一、抽样背景

随着科技的不断进步，高质量、新功能的电视机不断涌现。为了了解西安市居民对 A 电视机的需求状况，以便更好地为消费者服务，进行此次调研。考虑到人力、物力、财力等因素，采用非随机抽样的方法选取部分人群进行访问调查。

二、抽样目的

了解被调查者对电视机的需求状况、满意度、购买偏好、购买动机等信息，并据此分析西安市居民对 A 电视机的需求状况，以便企业做出正确的投资决策和合理的资源配置。

三、总体描述

此次调查主要研究西安市 A 电视机未来 2～3 年的市场需求状况，所以调查总体是各年龄段，分布在西安市市中心、东郊、西郊、北郊、南郊各个区域，有购买能力的西安市居民。由于不同年龄、文化水平、经济收入的人群对电视机的认知程度及性能要求存在较大差异，所以调查范围相对较广。

四、抽样框及样本单位描述

西安市 A 电视机需求状况抽样调查的抽样框是西安市所有具有购买能力的个体单

位，样本为各个年龄段、不同文化水平、不同生活水平、不同职业的消费群体。

五、确定样本量

为了使样本具有一定的代表性，选取400名西安市居民作为样本。

六、抽样方法

针对此次西安市A电视机市场需求状况调查，选取配额抽样方法，确定400名西安市居民作为样本，根据年龄、性别、所在区域3个标准分类，样本配额见表4-7。

表4-7　样本配额　　　　　　　　　　　　　　　　单位：人

年龄	男	女	所在区域	人数
20岁及以下	30	30	市中心	160
21～30岁	50	50	东郊	60
31～40岁	50	50	西郊	60
41～50岁	40	40	北郊	60
51岁及以上	30	30	南郊	60
合计	200	200	合计	400

七、抽样实施步骤

（1）确定区域：市中心、东郊、西郊、北郊、南郊。

（2）选择样本量：在市中心选择160人接受调查，其他区域各选60人。

（3）按男女比例1∶1进行调查，同时要求被调查者的年龄分布在各年龄段。

八、抽样组织及注意事项

1. 抽样组织

（1）人员：抽样方案设计人员1名；抽样方案评估审核人员1名；调查访问人员5名。

（2）调查时间：1天。

（3）调查经费预算：2 000元。

2. 注意事项

样本必须具有代表性、有效性；抽取样本的成本要在调查经费可承受的范围内；抽样方法的选择要结合调查对象、调查目的及可操作性。

思考题：

1. 分析案例中关于总体的描述和抽样框的建立是否正确，如果不正确，该如何修改？

2. 为了提高抽样调查的准确性，可以采取什么抽样方法？

实训思考题

全班分组承接"学校食堂服务满意度的抽样调查"任务，设计本调查项目的抽样设计方案。每个小组按教师规定的时间提交一份抽样设计方案，内容包括抽样目的、总体、抽样框、抽样单位、抽样方法及详细抽样过程。

【实训任务】

（1）根据调查项目选择合适的抽样方法，并说明理由；

（2）确定样本量。

【实训目的】

让学生学会对不同抽样方法进行比较和判断，并能选择合适的抽样方法。

【实训组织】

（1）4～6 人为一组，以小组为单位进行实训；

（2）根据实际情况选择合适的抽样方法，确定抽样设计方案。

【实训考核】

考核编写的抽样设计方案是否正确、规范、完整，符合实际；抽取的调查点是否有代表性。

第5章
市场调查问卷设计

知识目标
- 掌握市场调查问卷问题的设计方法。
- 掌握市场调查问卷量表的设计方法。
- 了解市场调查问卷的信度与效度。

技能目标
- 能设计完整、全面的市场调查问卷。
- 能评估市场调查问卷。

在市场调查活动中，调查目的是获取足够的信息资料。问卷是国际通用的询问调查的基本工具，是收集资料的主要方式。问卷设计是市场调查活动的一个重要环节，是问卷调查的关键，问卷质量直接决定市场调查活动能否获得准确、可靠的市场信息。为保证问卷的科学性和有效性，问卷设计人员应遵循正确的设计原则和科学的设计程序。问卷设计能力是市场调查人员的基本能力。

第一节　市场调查问卷设计概述

市场调查问卷是市场调查的基本手段，不同类型的市场调查项目，虽然对问卷的要求差别很大，没有普遍适用于各种调查内容和调查方式的问卷模式，但问卷设计仍有一些基本原则可以遵循。

一、市场调查问卷设计的定义

市场调查问卷又称调查表或询问表，是调查者根据调查目的和要求，按照一定的理论假设，以问题的形式系统记载调查内容，向被调查者收集所需资料和信息的载体。市场调查问卷是用于收集资料的一种普遍工具，广泛应用于统计学、经济学、管理学、心理学、社会学等学科领域。按照调查方法的不同，问卷可以分为面访问卷、电话访问问卷、邮寄问卷、电子邮件问卷、网页调查问卷等。

市场调查问卷设计是根据调查目的，将所需调查的内容以问卷的形式表现，使调查者能顺利获取必要的信息资料，形成调查表的活动过程。由于被调查者通过问卷间接地向调查者提供资料，所以，作为调查者与被调查者中介物的调查问卷，其设计的科学合理性将直接影响问卷的回收率，影响资料的真实性。

二、市场调查问卷设计的原则

市场调查问卷设计
的原则

成功的问卷应该具备两个功能：一是能将所要调查的问题明确传达给被调查者；二是能取得被调查者的合作，以获得真实、准确的答案。但在实际调查中，被调查者的个性、文化水平、理解能力、职业、家庭背景、宗教信仰等不同，同时调查者对专业知识与技能掌握的程度不同，都会影响调查结果。为了实现问卷的功能，问卷设计应遵循以下五大原则。

（一）目的性原则

设计市场调查问卷的目的是把所要调查的问题正确传达给被调查者。市场调查问卷中的每一个问题都必须和调查目的密切相关。这就要求在问卷设计时要重点突出，避免出现可有可无、被调查者无法回答或不愿回答的问题。

（二）可接受性原则

被调查者可以选择是否填写市场调查问卷，调查者在设计市场调查问卷时，在语言文字和问题内容上都要考虑怎样取得被调查者的合作。在市场调查问卷说明词中，将调查目的明确告知被调查者，让对方知道该项调查的意义和他的回答对整个调查结果的重要性，强调会对被调查者所填问卷内容保密。必要时可采用一些物质奖励，激励被调查者自愿参与，认真填好问卷。

问卷回收率和问卷回收有效率是两个常用的统计问卷回收情况的指标。通常，未按要求填答、填答不完整、填答不清楚等的问卷都可被确定为无效问卷。

问卷回收率是回收问卷份数与发放问卷份数之比，即：

$$问卷回收率=回收问卷份数/发放问卷份数 \times 100\%$$

问卷回收有效率是有效问卷份数与回收问卷份数之比，即：

$$问卷回收有效率=有效问卷份数/回收问卷份数 \times 100\%$$

（三）逻辑性原则

逻辑性原则是指在设计市场调查问卷时，要讲究市场调查问卷的内在逻辑合理，问卷设计有整体感。问卷中的问题一般可以按照下列顺序排列。

（1）先易后难。容易的问题放在前面，慢慢引入比较难回答的问题。问题要一气呵成，注意问题的连贯性，不要让被调查者的思绪中断。容易回答的问题（如行为性问题）放在前面；较难回答的问题（如态度性问题）放在中间；敏感性问题（如动机性、隐私性等问题）放在后面；关于个人情况的事实性问题放在末尾。

（2）先封闭后开放。封闭性问题已经列出备选答案，较易回答，而开放性问题需要被调查者花费时间考虑，如果放在前面易使被调查者产生畏难情绪，放在后面有利于被调查者集中精力思考。

（3）按时间顺序排序。对于涉及时间顺序的问题，应按照时间序列依次排列，从远到近或从近到远，以免被调查者的记忆受到干扰。

（四）简明性原则

（1）调查内容要简明。无关紧要或没有价值的问题不要列入市场调查问卷，问题之间要避免出现重复，力求以尽可能少的问题获取必要的、完整的信息资料。

（2）整个问卷不宜过长，调查时间要短。调查内容过多、调查时间过长，都会招致被调查者的反感。根据经验，一般问卷调查时间应控制在10分钟以内。

（五）便于统计原则

对市场调查问卷中所提问题，应事先考虑对问题结果做适当分类和解释，使被调查者的回答便于检查、数据统计和分析。

三、市场调查问卷的结构

市场调查问卷因为调查形式与目的不同，在具体结构、措辞、题型、版式等设计上会有所不同，没有普遍适用的问卷结构。通常，一份完整的市场调查问卷包括标题、前言、正文、结尾等内容。

（一）标题

市场调查问卷的标题主要概括说明调查主题，使被调查者对要回答什么方面的问题有大致的了解。标题应简明扼要，易引起被调查者的兴趣，一般不超过15个字。例如，"大学生创业状况调查""××企业用户满意度调查"等。不要简单采用"问卷调查"这样的标题。标题中不要有敏感性词汇或倾向性词汇，应采用中性词汇。

（二）前言

前言又称说明、卷首语等，是指写在问卷开头的一段话，是调查者向被调查者说明的调查目的、意义以及注意事项等。前言一般较为简短，主要包括问候语、调查者的身份、调查目的与意义、对填答内容保密的保证、填写说明和对被调查者的感谢等内容，目的在于引起被调查者对填答问卷的重视和兴趣，以对调查活动给予支持。有些问卷还有交表时间、交表地点及其他事项说明等。前言一般不超过三百字。

（三）正文

正文是市场调查问卷的主体和核心部分，是需要调查的主要信息资料。正文主要以提问的形式提供给被调查者，这部分内容设计的好坏直接影响整个调查的价值。正文一般包括资料收集、被调查者的基本情况和编码。

（1）资料收集是问卷的主体。所有要调查的内容都要转化为精心设计的问题与选项。对这部分内容设计方法的探讨，是调查问卷设计的重点。

（2）被调查者的基本情况是正文的重要组成部分。被调查者的基本情况是指被调查者的一些主要特征，这部分内容往往是被调查者比较敏感、不愿意回答的。例如，在消费者调查中，消费者的性别、年龄、家庭人口、文化程度、职业、收入等。在实际调查中，问卷包含哪些项目，包含多少项目，根据调查目的与要求而定，不是越多越好。通过这些项目，调查者便于对调查资料进行统计分组、交叉分析。

（3）编码是将问卷中的调查项目变成数字的工作过程。在规模较大又需要计算机统计分析时，要求所有的资料数量化，问卷需要增加一项编码号内容。在问卷主题内容的右边留统一的空白并按顺序编上 1、2、3……用以填写答案的代码。问卷有多少个答案，就要有多少个编码号。答案的代码经过研究核对后填写在编码号右边的横线上。

（四）结尾

问卷的结尾可以是开放题，征询被调查者的意见或建议，或者是记录调查情况（调查者资料、调查时间、地点等），还可以是感谢语和其他补充说明的内容、问卷编号（问卷编号也可以放在问卷前）等。

四、市场调查问卷设计的程序

只有按照科学的程序才能设计出科学合理的市场调查问卷。在实际操作中，市场调查问卷设计的程序经常被忽略，导致市场调查问卷不合理，信度和效度缺乏。市场调查问卷设计程序大体分为准备阶段、初步设计阶段、非正式调查和修改阶段及定稿印刷阶段。

（一）准备阶段

在准备阶段首先要了解调查目的和要求。根据调查主题、调查范围和调查项目，将所需问卷资料一一列出，分析哪些是主要资料，哪些是次要资料，哪些是调查的必备资料，哪些是可要可不要的资料，并分析哪些资料需要通过问卷来取得，需要向谁调查等。

其次要明确调查对象的类型，要分析调查对象的各种特征。即分析各调查对象的行为规范、所处社会环境等社会特征，文化程度、理解能力等文化特征，需求动机等心理特征，以此作为拟定问卷的基础。

在此阶段，应充分征求有关各类人员的意见，以了解问卷中可能出现的问题，力求使问卷切合实际，能够充分满足各方面分析研究的需要。准备阶段是整个问卷设计的基础，是问卷调查成功的前提。

（二）初步设计阶段

在准备工作的基础上，可以根据收集到的资料，按照设计原则设计问卷的大纲和初稿，主要是确定问卷的结构，拟定并编排问题。在初步设计中，首先要标明每项资料需要采用何种方式提问，并尽量详尽地列出各种问题。然后看有无多余的问题、有无遗漏的问题、有无不适当的问题，对问题进行检查、筛选、更换、补充。对提出的每个问题，都要充分考虑其是否有必要，能否得到答案，答案说明了什么问题，拟得出什么结论。

同时，要考虑问卷是否需要编码，或是否需要向被调查者说明调查目的、要求、基本注意事项等。这些都是设计问卷时十分重要的工作，必须精心研究，反复推敲。

问卷草稿设计好后，问卷设计者应再做一些批评性评估。在问卷评估过程中，需要考虑：问题是否必要，问卷是否过长，问卷是否包含了调查所需的信息等。

（三）非正式调查和修改阶段

一般来说，所有设计出来的问卷都存在问题。要设计一份完美的问卷，不能闭门造车，而应事先做一些访问，将初步设计出来的问卷在小范围内进行试验性调查。首先，将问卷交委托方过目，听取其意见，以求全面表达委托方的调查意见；其次，可以让专家、学者以及典型的被调查者等根据自己的经验和知识对问卷进行评价，以便弄清问卷存在的问题，了解被调查者是否乐意回答和能够回答所有的问题，寻找问卷中存在的有歧义、不连贯的地方，为封闭性问题寻找额外的选项，判断问题的顺序是否符合逻辑，回答的时间是否过长等。

非正式调查与正式调查的目的是不一样的，它并非要获得完整的问题答案，而是要求回答者对问卷各方面提出意见，以便于修改。

在非正式调查完成后，所有需要改变的地方都应当切实修改。如果问卷产生较大的改动，则应进行第二次非正式调查。

（四）定稿印刷阶段

问卷的形式以及体裁的设计，与调查资料的收集成效有很大的关系，问卷的排版布局总的要求是整齐、美观，便于阅读、作答和统计。版面是问卷给人留下良好印象的关键因素，排版应做到简洁、明快、便于阅读，装订应整齐，便于携带、保存。排版时要注意以下问题。

（1）卷面排版不能过紧、过密，字间距、行间距要适当。

（2）字体字号要有机组合，可适当通过变换字体字号来美化版面。

（3）在开放性问题下一定要留足空间以供被调查者填写。

（4）注意细节问题，如不要有错别字，一个题目应排版在同一页，不要跨页等。

排版后将定稿的问卷按照调查工作需要打印，制成正式问卷。

第二节　市场调查问卷问题与量表设计

问卷调查是获得第一手资料最重要的途径和最基本的方法。调查问卷在整个调查活动中较为关键，问卷质量是优化市场调查效果的关键因素。高质量的问卷能够使调查者准确全面收集资料；而问题设计不当、结构不完整的问卷往往会造成所需资料收集有遗漏和偏差，甚至导致调查失败。问题和量表的设计质量决定调查问卷的设计质量。

一、市场调查问卷问题设计

市场调查问卷主要是由一系列问题组成的，问题是问卷的核心。掌握问题的类型和问题答案设计的基本方法是保证问卷质量的基础。

（一）市场调查问卷问题的主要类型

在进行市场调查问卷设计时，必须仔细考虑问题的类型和提问方法。在设计问卷时，应对问题有较清楚的了解，并善于根据调查目的和具体情况选择适当的询问方式。

1．直接性问题与间接性问题

按照提问的技巧和方法，市场调查问卷上的问题分为直接性问题与间接性问题。

（1）直接性问题是指在问卷中能够通过直接提问方式得到答案的问题。直接性问题通常给被调查者一个明确的范围，通常问的是个人基本情况或意见。例如，"您的学历是什么？""您的职称是什么？""您最喜欢的手机品牌是哪个？"等，这些问题都可以获得明确的答案。这种提问对统计分析比较有利。

（2）间接性问题是指那些因被调查者不易直接回答，而采用间接提问方式得到所需答案的问题。间接性问题通常是被调查者因对所需回答的问题产生顾虑，难以真实表达意见的问题。如果采用间接提问方式，调查者会认为很多意见已被调查者提出来了，其所要做的只是对这些意见加以评价，这有可能使被调查者对已得到的结论提出自己不带掩饰的意见。

例如，"您认为×××的权利是否应该得到保障？"大多数人都会回答"是"或"不是"。而实际情况是很多人对×××权利有着不同的看法。可以改为以下问法。

关于×××权利保障问题，有两种观点："A，有人认为×××权利应该得到保障；B，另一部分人认为×××权利问题并不一定需要特别提出。"您认为哪个观点更正确？

您对 A 观点的意见是：①完全同意；②有保留的同意；③不同意。

您对 B 观点的意见是：①完全同意；②有保留的同意；③不同意。

采用这种提问方式会比直接提问方式收集更多的信息。

2．假设性问题与断定性问题

按照对被调查者的了解程度和问题的性质，调查问卷上的问题分为假设性问题与断定性问题。

（1）假设性问题是通过假设某一情景或现象存在而向被调查者提出的，调查者不能确定被调查者对问题的态度而问的问题。例如，"如果现有房价下降 10%，您会马上购买房子吗？"这属于假设性问题。

（2）断定性问题是认为被调查者肯定有某种态度，只需要了解其具体细节的问题。例如，"您购买手机时，会选择哪个品牌？""您购买小汽车时，会购买黑色的还是红色的？"

在市场调查问卷设计中，一般先问假设性问题，再进行断定性问题的提问。如果先问断定性问题，而又断定错误，则调查将难以继续。

3．封闭性问题与开放性问题

按照是否在调查问卷上设定答案，调查问卷上的问题分为封闭性问题和开放性问题。

（1）封闭性问题。封闭性问题是在每个问题后面给出若干答案，被调查者只能在这些答案中选择一个或几个答案的问题。封闭性问题由于答案标准化，不仅回答方便，而且易于进行统计处理和分析，还可以避免被调查者由于不理解题意而拒绝作答，可以提高问卷的回收率。

但其缺点是被调查者只能在规定的范围内回答，无法反映其他可能存在、真实的想法，具有一定程度的强制性。封闭性问题还可能产生"顺序偏差"或"位置偏差"，即被调查者选择的答案可能与该答案的排列顺序有关。研究表明，对于封闭性问题的答案，被调查者趋向于选择第一个或最后一个答案，特别是第一个答案。对一组数字类答案（数量或价格），被调查者往往会选中间位置的答案。在大规模调查中，为了减少顺序偏差，可以准备几种形式的问卷，让每种形式的问卷答案的排列顺序都不同。

（2）开放性问题。开放性问题是指所提出的问题并不列出答案，而是由被调查者用自己的语言来回答的问题。开放性问题能使被调查者给出其对问题的一般性反应，提供大量丰富的信息，为封闭性问题提出额外的选项。但其编辑和编码费时费力，结果难以统计分析。

开放性问题适用范围有限。在调查问卷中开放性问题不宜过多。

在实践中，为了避免以上两种问题的缺点，人们常常将两者结合起来使用，称为混合型问题。设计方法是在一个问题中只给出部分答案，让被调查者选择，而另一部分答案不给出，要求被调查者根据实际情况自由发挥。有时候，为了保证封闭性问题的答案全面，可以在主要答案后面加上"其他"之类的选项，以做补充，避免强迫被调查者选择不真实的答案。

4. 事实性问题、行为性问题、动机性问题与态度性问题

按照调查问题要收集资料的性质，调查问卷上的问题分为事实性问题、行为性问题、动机性问题与态度性问题。

（1）事实性问题要求被调查者提供一些关于曾经发生的事件、客观存在的事实以及实际的行为的回答。事实性问题要清楚，使被调查者容易理解并回答。通常问卷上要求被调查者回答的个人资料问题，如职业、年龄、家庭状况、受教育程度等，均为事实性问题。对此类问题进行调查，可为分类统计和分析提供资料。例如，"您通常什么时间段看电视？""您一天最多喝几瓶饮料？"

（2）行为性问题用于对被调查者的行为特征进行调查。例如，"您今晚 7 点看电视了吗？""熄灯后您常使用手机吗？"

（3）动机性问题是为了了解被调查者行为的原因或动机而提出的问题。例如，"您为什么每天晚上 7 点看电视？""您为什么熄灯后使用手机？"

（4）态度性问题是关于被调查者的态度、意见、评价等的问题。例如，"您是否喜欢某电视节目？""您认为某电视台哪个时段的电视节目可看性最强？"

（二）市场调查问卷问题的答案设计

按照市场调查问卷上是否设定答案，市场调查问卷中的问题分为封闭性问题和开放性问题。不同类型问题的答案设计方法有较大的区别。

1. 封闭性问题的答案设计

（1）两项选择法。在两项选择法下，提出的问题仅有两种答案可以选择，如"是"

或"否","有"或"无"等。这两种答案是对立、相互排斥的。

在两项选择法下，答案简单，易于理解，可迅速得到明确的答案，便于统计分析；但被调查者没有进一步阐述的机会，难以反映被调查者的具体意见，了解的情况也不够深入。如果被调查者还没有考虑好问题的答案，即处于"未定"状态，则无法选择答案。这种方法适用于互相排斥的两项择一式问题及较为简单的事实性问题。

（2）多项选择法。在多项选择法下，所提出的问题有三个及以上可供选择的答案，被调查者可任选其中的一个或几个答案。这个方法比两项选择法更灵活，答案有一定的范围，也便于统计处理。

采用多项选择法在调查问卷中十分常见。在设计时需要注意：当所设计的答案不能表达被调查者的看法时，可设"其他"作为答案；要考虑全部可能出现的结果，避免答案遗漏与重复；为使被调查者更易于理解和选择，答案最好不超过 6 个。

例如，您的手机在哪儿购买的？

A．手机专营店　B．家电卖场　　C．通信运营商卖场　　D．品牌专卖店

E．网上商城　　F．其他（请注明）

多项选择法设计的题型一般包括三类：一是单项选择类型，要求被调查者在所给出的多项答案中只选择其中的一项；二是多项选择类型，让被调查者按照自己的实际情况选择合适的答案，数量不限；三是限制选择类型，要求被调查者在所给出的多项答案中选择自己认为合适的答案，但数量受到一定的限制。

（3）顺位法。顺位法是列出问题各种可能的答案，由被调查者按重要性或喜欢程度决定先后顺序。顺位法的应用形式主要有两种：一种是对全部答案排序；另一种是只对其中的某些答案排序。顺位法便于被调查者对其意见、动机、感觉等做衡量和比较性的表达，也便于调查者对调查结果进行统计。但使用这种方法时，答案不宜过多，过多则容易分散，很难排序。这种方法适用于要求答案有先后顺序的问题。

例如，您购买手机时考虑的三个重要因素是（将答案按重要性顺序填写）：

A．价格实惠　　B．外形美观　　C．售后方便　　D．品牌　　E．拍照功能强

F．通话效果好　G．耗电量低　　H．其他（请注明）

（4）比较法。比较法是指采用对比提问方式，要求被调查者对同一类型的不同品种或品牌的两种商品，进行对比分析并做出肯定回答的方法。比较法适用于对质量和效用等问题做出评价。应用比较法要考虑被调查者对所要回答问题中的商品品牌等是否相当熟悉，否则将会导致空项出现。

例如，请两两比较下列手机品牌，您认为哪个品牌的手机性价比更高？在您认为性价比更高的品牌后的□中画√。

苹果□　华为□

荣耀□　小米□

华为□　三星□

OPPO□　vivo□

（5）过滤法。过滤法又称"漏斗法"，是指最初提出的问题比较广泛，根据被调查

者回答问题的情况，逐渐缩小提问范围，最后有目的地引向要调查的某个专题性问题的方法。

过滤法不是开门见山，单刀直入，而是采取投石问路、引水归渠的方法，一步一步地深入，最后引出被调查者对某个所要调查的问题的真实想法。其通常用于被调查者对回答有顾虑或者一时难以直接表达的问题。

例如，某企业欲了解消费者对电视机是否影响孩子学习的意见。若一次性提问（非过滤式提问）："你不购买电视机是怕影响孩子的学习吗？"则会给被调查者一种很唐突的感觉，是不妥的提问方法，因为不购买电视机往往是由多种原因引起的，被调查者很难直接回答，可用如下过滤式问题。

"您对电视机印象如何？"

"您是否限制孩子看电视？"

"有人说看电视对孩子学习有影响，也有人认为看电视对孩子学习反而有好处，您如何看待这个事情？"

从上面的例子中可以看到，通过调查者的逐步引导，被调查者有一个逐步考虑问题的过程，从而会自然真实地回答调查者的问题。

2. 开放性问题的答案设计

（1）自由回答法。在自由回答法下，调查者围绕调查主题提出开放性问题，被调查者可以自由发表意见，并没有已经拟定好的答案。

自由回答法的优点是涉及面广，灵活性强，被调查者可充分发表意见，有利于调查者收集意料之外的资料。这种方法适用于那些不能预期答案或不能限定答案范围的问题。例如，"您对华为手机的服务有哪些意见或建议？"

（2）词语联想法。词语联想法是将按照调查目的选择的一组字词展示给被调查者，要求他们立即回答所想到的是什么的方法。词语联想法是一种最大限度开发被调查者内心隐藏信息的资料收集方法，常用于比较、评价和测试品牌名称、品牌形象、广告用语，以及消费者动机和偏好等调查。

例如，说到互联网，你想到的是什么？在以下词语中挑选一个词语：新闻、娱乐、文学、免费、杂乱（或不给备选词）。

（3）问题完成法。问题完成法是指给出一个不完整的问题，由被调查者补充完成的方法。问题完成法常用于调查消费者对某种事物的态度或感受。

例如，当您口渴时，您想喝_____。

二、市场调查问卷量表设计

量表是通过一套事先拟定的用语、记号和数目，来测定人们心理活动的度量工具。例如，对于消费者对某品牌手机的喜欢程度（如"非常喜欢""喜欢""无所谓""不喜欢""非常不喜欢"），需要用量表来测量，把所要调查的定性资料量化。在很多情况下，市场调查的目的是了解被调查者的态度或意见。正确使用测量技术，可以将不能通过直接询问或观察获得的态度等信息直接用数字表达出来，对市场调查活动起到重要的作用。

问卷和量表都可以用来收集资料，这两者之间有一些差异。问卷是以各题的选项来计次，所得的结果是各个选项的次数分配，属于离散变量。量表所得结果是将各题的分数相加而得到的一个总分数，所得的分数可以看作连续变量。进行数据分析时，问卷的描述性统计分析工具主要有次数分配、百分比；推断统计分析工具有卡方检验。而量表的描述性统计分析工具有平均数、标准差、相关分析；推断统计分析工具有 z 检验、t 检验、回归分析等。

量表的设计分为两步：一是设定规则，并根据规则为不同的态度特性分配不同的数字；二是将这些数字排列或组成一个序列，根据被调查者的不同态度，将其在这一序列上进行定位。例如，将对某品牌手机的喜欢程度这一变量的取值用不同的数字来表示，"非常喜欢""喜欢""无所谓""不喜欢""非常不喜欢"分别用数字 1、2、3、4、5 来表示；然后根据被调查者回答"非常喜欢""喜欢""无所谓""不喜欢""非常不喜欢"计数。

如果能调查得到被调查者的态度，就能对其行为进行预测。态度与行为之间存在密切的联系。研究发现：消费者的态度越积极，使用产品的可能性就越大；消费者的态度越消极，使用产品的可能性就越小；人们对一种产品的态度越是不赞成，他们停止使用该产品的可能性就越大；那些从未尝试使用某产品的人们的态度将在均值左右呈正态分布。

量表的种类较多，本书介绍两种常用的量表：评价量表和李克特量表。

1. 评价量表

评价量表又称"评比量表"，对提出的问题，以两种对立极端的态度为两端点，在两端点中间按程度顺序划分为若干阶段代表态度，由被调查者从中选择一种适合自己的态度。阶段可以有 3 个、5 个、7 个或 7 个以上，可以用文字或分数表示，也可以不表示出来。评价量表的中间点一般是中性答案，并且每个答案都事先给定一个分数。图 5-1 所示是分别有 3 个、5 个、7 个阶段的评价量表实例。

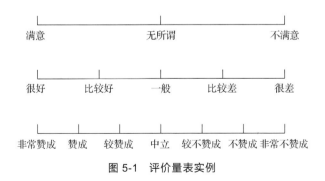

图 5-1　评价量表实例

评价量表的设计思路是人们对某种事物的态度是十分复杂的，但是肯定在两种极端态度之间，于是，以两种极端态度为极限，在中间划分若干阶段，便可以确定人们态度的所处位置，从而将态度问题量化。在制定评价量表时，应注意中间阶段划分不宜过细，否则会导致被调查者难以做出评价。

例如，某商场做促销活动时，您对该商场某特价商品只有 5 个的做法的感觉是（　　　），评价量表如图 5-2 所示。

图 5-2　某活动评价量表

在使用评价量表时，可能产生三种误差。

（1）仁慈误差，即被调查者进行评价时，倾向于给予一个较高的评价。

（2）中间倾向误差，即有些被调查者不愿意给予很高或很低的评价，或对所调查的问题不是很了解时，往往倾向于给予中间的评价。

（3）晕轮效果，即被调查者对所调查的问题有一个整体印象，可能导致评价时产生系统偏差。

2．李克特量表

李克特量表是由美国社会心理学家李克特于 1932 年提出的，由一系列能够表达对所调查的概念是肯定态度还是否定态度的陈述构成，要求被调查者表明对某一表述赞成或否定的程度。李克特量表是在问卷设计中运用十分广泛的一种量表。

制作李克特量表的基本步骤如下。

（1）收集大量（50～100 个）与测量的概念相关的陈述语句。

（2）根据测量的概念将每个测量的项目划分为"有利"或"不利"两类，一般测量的项目中有利的或不利的项目都应有一定的数量。

（3）选择部分被调查者对全部项目进行预先测试，要求被调查者指出每个项目是有利的还是不利的，并在如下强度描述语中进行选择，一般采用"五点"量表。

A．非常同意　B．同意　C．无所谓（不确定）　D．不同意　E．非常不同意

（4）对每个回答给一个分数，如从非常同意到非常不同意的有利项目分别为 5 分、4 分、3 分、2 分、1 分，不利项目的分数就分别为 1 分、2 分、3 分、4 分、5 分。

（5）根据被调查者的各个项目的分数计算代数和，得到个人态度总分，并依据总分将被调查者划分为高分组和低分组。

（6）选出若干对高分组和低分组有较大区分能力的项目，构成一个李克特量表。例如，可以计算每个项目在高分组和低分组中的平均得分，选择那些在高分组平均得分较高，以及在低分组平均得分较低的项目。

例如，某品牌空调的李克特量表如表 5-1 所示。

表 5-1　某品牌空调的李克特量表

项目	非常同意（5 分）	同意（4 分）	无所谓（3 分）	不同意（2 分）	非常不同意（1 分）
外观设计美观					
智能程度高					
节能					
制冷效果好					
噪声小					

李克特量表的设计比较简单而且易于操作，因此在市场营销研究实务中应用广泛。在实地调查时，调查者通常给被调查者一个"回答范围"卡，请其从中挑选一个答案。需要指出的是，目前在商业调查中很少按照上面给出的步骤来制作李克特量表，通常由客户项目经理和研究人员共同研究确定。

李克特量表容易设计；在通常情况下，李克特量表比同样长度的其他量表具有更高的信度；五个答案的形式使回答者能够方便地选出答案；可以进行信度和效度分析，对问卷质量进行评价。

第三节　市场调查问卷的信度和效度

一份理想的问卷既要能准确反映所要调查或研究的问题的属性，又要能在一定条件下以最小的计算误差得到所需的所有信息。但问卷调查完成后，调查者或研究者可能面临以下问题。

（1）调查问卷是否能有效测量所要研究的内容？

（2）使用多份性质相同的问卷时，被调查者的回答是否一致？在调查后如果若干天后再重新访问一次，被调查者的答案是否仍然相同？

（3）被调查者接受调查时，有没有因心理或情绪受到干扰而没有给出真实的回答？

以上这些问题涉及市场调查问卷的信度和效度评价两个方面。市场调查问卷设计完成后，可以通过信度和效度来评价问卷的设计质量，尤其是对量表进行评价。

社会科学的测量比较主观，难以重复。社会科学测量的多是人的态度、感知和行为倾向等，不同的人去测量、测量不同的人、在不同的地区测量，得到的结果往往不同。测量误差成为社会科学研究中最常见，也是最需要认真对待的一种误差。

测量误差是由测量工具或测量程序导致的误差，分为系统误差和随机误差两类。系统误差是测量中出现的一致性的偏差。例如，称体重的秤不准，导致测得的所有体重偏轻或偏重，这就是系统误差。随机误差是指在测量中，除系统误差外的所有误差。如同时用几个秤称体重，得到的体重略有不同，这就是随机误差。测量的准确与否可用信度和效度来表示。

一、信度评价

在实际研究中，研究者经常需要借助量表来了解对象的某一特性。有时候没有现成的量表可以采用，需要研究者自己编制量表进行测量。对于自己编制的量表，研究者则需要对量表的可靠性进行分析，即要采用信度分析。信度用于评价结果的前后一致性，也就是评价得分可以信赖的程度。一致性是指使用相同指标或测量工具重复测量相同事物时，得到结果的一致程度。一个好的测量工具，对同一事物反复多次测量，其结果始终保持不变。例如，用一把尺子测量一张桌子的高度，在其他条件不变的情况下，昨天测量的高度是 1 米，今天测量的高度是 0.95 米，则这把尺子就不可信。

在市场调查中，所需测量的属性往往比重量、高度等复杂得多，其信度问题也更加复杂。问卷的内容、措辞，问题的形式、顺序等都会影响答案的一致性。在实际调查中，调查者不可能多次调查一个被调查者，所以无法直接得到被调查者内在的变化，只能利用团体资料，用被调查者相互之间的变化进行估计，或者是对同一群被调查者重复测量两次，用其变化情况的相关系数来表示一致性。

信度越高即表示测验的结果越一致、稳定与可靠。系统误差对信度没什么影响，因为系统误差总是以相同的方式影响测量值，所以不会造成不一致。反之，随机误差可能导致不一致，从而降低信度。信度可以定义为随机误差 R 影响测量值的程度。需要说明的是，市场调查对测量应该达到怎样的信度并没有一个固定的标准。一般来说，信度的判别标准如表 5-2 所示。

表 5-2　信度的判别标准

信度区间	判别标准
信度≤0.30	不可信
0.30 < 信度≤0.40	初步的研究，勉强可信
0.40 < 信度≤0.50	稍微可信
0.50 < 信度≤0.70	可信（最常见的信度范围）
0.70 < 信度≤0.90	很可信（次常见的信度范围）
信度 > 0.90	十分可信

信度评价的主要方法有重复检验法、交替法与折半法等。

1. 重复检验法

重复检验法通过同一测量手段对同一被调查者测量两次，再根据两次测量的相关系数检验信度。

例如，您上一学期平均每次在图书馆的时间是：A. 1 小时以下　B. 1～2 小时　C. 3～4 小时　D. 4 小时以上。

对同一个人隔三天进行再次调查，如果第一次回答被调查者选择 A，第二次回答被调查者选择 C，则说明该问题调查结果的信度低，因为调查结果的差异较大。若两次都选择相同或者差异较小的答案，则在排除系统误差的条件下，说明调查结果的信度较高。

这种方法受时间和经费的限制，在现实中往往难以实现。为避免被调查者受记忆的影响，前后两次调查的相隔时间要合适。一般来说，相隔时间越长，稳定系数越低。

2. 交替法

在交替法下，调查者设计两份问卷，每份使用不同的问题，但测量的是同一个属性，让同一群被调查者回答。根据两份问卷的测量结果的相关系数计算问卷信度，这种信度称为交替信度。这种方法要求两份问卷在题数、形式、内容、难度、鉴别度等方面都要一致。

3. 折半法

折半法是将一份调查问卷中的问题随机分为两组（两组问题数目通常要求相等），然后检验这两部分测量结果的相关系数的方法。如果结果高度相关，问卷就是可信的，否则问卷就是不可信的。这种信度称为折半信度。常用的将问卷问题分为两组的方法是将奇数题和偶数题分开。

重复检验法和交替法都需要实施两次调查，被调查者的合作性、动机、疲劳和厌烦情绪等因素都可能影响调查结果。因此，只需要一次调查就可以分析信度的折半法使用得较为普遍。

在 SPSS 中，对于信度分析有专门的模块，其流程为：Analyze（分析）—Scale（度量）—Reliability Analysis（信度分析）。调查者可以在该模块下选择相应的选项来实现对问卷的信度分析。

二、效度评价

效度即有效性，是测量值偏离真实值的程度。估计效度最简单的方法就是将测量值与真实值比较。只是人们很难知道真实值是什么，如果知道了真实值，也就没有估计效度的必要了。

效度有两个基本要求：一是测量方式确实是在测量所要测量对象的属性，而非其他属性；二是测量方式能准确测量该属性。例如，教师所出考试试卷，如果试卷内容过于简单或很多内容都超出了学习内容，就难以准确反映学生的学习水平，该试卷的有效性就会很低。

对效度的评价非常重要，但也十分复杂和困难，低效度的问卷往往无法达到测量目的。调查者可以从三个角度进行判断：一是调查问卷的内容切合主题的程度；二是测量调查结果与有关标准的相关程度；三是从实证角度分析其结构效度。测量结果与要考察的内容越吻合，则效度越高；反之，则效度越低。对效度可以从内容效度、准则效度和结构效度三个角度进行分析。

1. 内容效度

内容效度是指测量工具的内容与研究主题切合的程度。所选择的测量项目是否符合测量的目的和要求，主要依据调查者的主观判断。

问卷内容与所要调查研究的内容越一致，说明调查问卷的内容效度越高，调查结果越有效。为建立具有内容效度的问卷，调查者要根据理论架构，收集所有相关问题与变量，并使这些问题与变量能涵盖所界定的问题。

例如，对一位教师授课水平的评价需要从备课、讲解、互动、内容组织、课堂管理、效果反馈等方面进行，如果设计的问卷缺少了其中的一个或者几个方面，就存在内容效度问题。

2. 准则效度

准则效度又称为标准效度，是指一个变量测量的结果与用作标准的变量之间相互关联的程度，即用几种不同的测量方式或不同指标对同一变量进行测量时的一致性程度。选择其中的一种方式或指标作为准则，其他的方式或指标与这个准则比较，如果不同的测量方式或不同指标调查结果高度相关，则说明其具有准则效度。在调查问卷的效度分析中，选择一个合适的准则往往十分困难，这使这种方法的应用受到一定的限制。

例如，在考察教师的授课水平时设计了一个学生用的评价表，可以将测量结果与用其他方法得到的评价结果进行对比，一般来说，教师之间的评价更客观一些，如果两组结果之间高度相关，就可以认为学生用的评价表是有效的。

3. 结构效度

结构效度又称建构效度，是指问卷调查能够测量其理论特征，即问卷调查结果与理论预期一致。在对用户满意度调查问卷的效度分析中，根据理论预期，用户满意度与用户忠诚度相关。调查结果表明，与对企业不满意的用户相比，对企业满意的用户会继续购买企业的产品。调查结果与理论预期一致，证明调查问卷具有结构效度。如果结构效度存在问题，就说明问卷没有帮助调查者得到想要的结果，并会对研究结论的正确性造成负面影响。

例如，一般认为教师的授课效果和其备课充分程度之间是正相关的，现在用一个评价表对教师的授课效果和备课情况进行测量，如果这两个变量的测量结果之间呈现正相关关系，则可以认为这个评价表是有效的。

对问卷结构效度的评价可以从以下方面展开：（1）将问卷得到的测量结果与相关的理论进行比较；（2）问卷研究的问题是否与其他问题相互独立；（3）通过问卷得到的结果是否符合理论预期。

效度测定的三种方法，从内容效度、准则效度到结构效度，可以看作一个递进的过程。要对问卷整体的效度进行有效分析，需要从上述三个角度出发，根据一定的顺序来开展。首先，需要确定有哪些理论和变量可作为问卷调查的理论基础；其次，确定能够反映研究总体内容的题项，并抽取能代表总体的样本；最后，在获得相应的测量数据后，对问卷的测量结果与相关的效度标准进行相关性分析。

三、信度与效度的关系

在问卷调查中，调查者方面的原因，如测量内容不当、情境不佳等会影响问卷调查的准确性；或者被调查者的因素（性别、年龄、受教育程度、个性、收入水平及其他心理因素等），也会影响问卷调查

信度与效度的关系

的准确性。信度和效度评价可以用于了解测量工具本身是否优良或适当，作为改善和修正的根据，并可避免做出错误判断。

调查问卷的信度与效度之间既有明显的区别，又存在着相互联系、相互制约的关系。信度主要回答测量结果的一致性、稳定性和可靠性问题；效度针对测量目的，考

察问卷是否发挥测量的功能，考察的是测量结果的有效性和正确性。

一般来说，信度是效度的必要条件而不是充分条件，也就是说，效度必须建立在信度的基础上；但是没有效度的测量，即使它的信度再高，也是没有意义的。信度低，效度不可能高；信度高，效度未必高；效度低，信度很可能高；效度高，信度也必然高。

信度和效度的关系有如下几种类型。

（一）可信且有效

在这种情况下，调查问卷能准确反映被调查者的真实态度，问卷中的题目和调查目标紧密关联。这种情况如图 5-3（a）所示，图中（x, y）所在的实心点表示要测量的现象的真实情况，其余点表示经过调查所得到的测量结果。若调查结果能真实反映所调查的对象，测量的误差较小，则说明问卷调查的结果是可信而且有效的。

（二）可信但无效

在这种情况下，问卷调查结果虽然能准确反映被调查者的真实态度，但问卷中题目与真实的调查目的的关联程度较低，与调查目标不一致，如图 5-3（b）所示。这种情况表明，虽然调查得到的结果是可信的，但可能在某些环节上出了差错。例如，问卷中题目的设计使得所有的被调查者都出现了理解的偏差，从而出现了系统误差。

（三）不可信亦无效

在这种情况下，统计调查的结果分布较为分散，难以从调查问卷中得出有效结果，这是测量中应避免的类型，如图 5-3（c）所示。

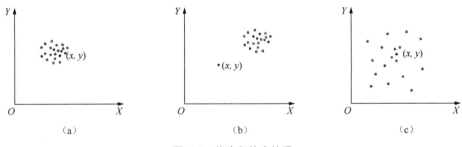

图 5-3　信度和效度关系

第四节　市场调查问卷评估

调查问卷的初稿设计完成后，在正式调查前，需要对调查问卷进行评估。在确定了问卷的实际效果后，才能正式使用。调查者对研究对象和研究问题的理解不够深入，对研究理论和假设的理解存在不足，都将导致调查问卷不够细致和全面，从而出现较大的测量误差。因此，在正式调查之前，需要通过评估发现调查问卷中的问题，及时修改完善调查问卷。

一、市场调查问卷评估的内容

1. 调查问卷的每个问题是否都有必要

调查者在调查前，要思考每个调查问题的可能答案，思考调查问题对整个研究内容是否有必要。比如，大学生消费水平调查问卷中有一个问题是"你的学科专业是什么？——理工、文法、经管、艺术、其他"。可能问卷设计者的初衷是想了解不同学科专业的大学生消费水平的区别，但在调查大学生消费水平时，这个问题是否有必要就需要仔细斟酌。对与研究目的不相关且难以收集数据的问题，需要进行修改或删除。

2. 问卷是否遗漏了相关内容

调查者需要根据调查目的和关键词的内涵确定相关问题。在问卷问题的设计过程中，如果调查者对调查目的的理解不够深刻，对关键词的内涵缺乏系统而深刻的理论研究，就会使问卷问题的设计不够全面，影响问卷的效果。比如，大学生消费水平调查问卷中如没有深入分析大学生消费包含的主要内容，问卷中没有"您平均每月在娱乐方面的花费是（　　　　）元"等类似问题，那么这个问卷就是不全面的。

3. 问题与答案的描述是否清晰明确

问题与答案的描述是否清晰明确，将直接影响被调查者的答案是否准确可靠。同时，要对问卷的复杂程度与被调查者的应答能力进行评估。对于表述模糊、理解困难的问题和选项，需要调整或删除。比如，大学生消费水平调查问卷中的一个问题是"您平均每月的生活费是多少"，另一个问题是"您平均每月的伙食费（包括零食费）是多少"。生活费和伙食费先后出现在问卷中时，有必要在生活费后面做必要的说明，比如"您平均每月的生活费（含伙食费、交通费、通信费、服装费等）是多少"。

4. 问卷版面的设计是否合理、规范

调查问卷版面设计直接影响被调查者对问卷的填写体验。版面设计简洁，便于被调查者阅读和理解，能有效增强被调查者的应答意愿和提高应答效率。

问卷版面设计规范也很重要。如序号 1 或备选项 A 后面应该是点号，不能是顿号。

除了以上四点，评估问卷时，还可以评估问卷应答指导是否显眼明确等。

二、市场调查问卷评估的主要方法

1. 预调查法

问卷设计完成后，在正式大量调查之前，为了保证问卷质量，及时发现问卷中存在的问题，及时改进问卷，需要在一定范围内组织问卷的预调查。问卷预调查工作包括：①确定问卷的内容清晰明确，能被被调查者正确理解；②确定问卷的用语和表述客观、没有引导性；③确定问卷的版面篇幅不会太长，记录一份问卷填写的时间；④确定问题的排列顺序符合逻辑，答案的设置没有疑义。

通过问卷预调查发现问题，及时修改完善问卷。通过问卷预调查得到的数据可用于问卷信度和效度检验，以此确定通过问卷得到的测量结果是否合理，是否能满足研究的需要。

2. 专家审查法

专家审查法是指问卷设计者通过一定的方式，邀请相关专家对问卷初稿进行审核，指出不足，并提出改进建议。专家审查的主要内容是确定问卷的整体设计与构思是否

合乎逻辑，问题的描述是否清晰明确，问卷使用的量表是否科学、合理，问卷版面设计是否协调、便于阅读等。

专家审查法有小组讨论和邮寄问卷两种形式。小组讨论是邀请相关专家参加会议，专家在会议中指出问卷存在的不足，并给出相关建议，调查者在此基础上对问卷进行修改。邮寄问卷是问卷调查者将问卷通过邮件的方式发送给相关专家，专家通过一定的方式对问卷提出反馈修改建议，调查者对问卷进行修改完善。

调查者对问卷初稿进行审核和评估后，发现问卷存在的问题，并做出相应的修改和调整后，就可以定稿，进行大范围的调查。

三、市场调查问卷设计的注意事项

市场调查问卷设计是市场调查的重要一环。要得到有益的信息，需要提出确切的问题。调查者可以通过提问来确定一个问题的价值：你将如何使用调查结果？这样可避免把时间浪费在无用或不恰当的问题上。要使设计的市场调查问卷科学合理，需要注意以下事项。

市场调查问卷设计的注意事项

（一）设计答案遵循互斥性原则和完备性原则

互斥性原则是指同一问题若干答案之间的关系是互相排斥的，不能有重叠、交叉、包含等关系。完备性原则是指所排列的答案应包括问题的全部表现，不能有遗漏。许多问题都难以实现完备性，通常把主要答案排列出来，供大多数被调查者选择，在最后把"其他"作为一个备选答案，由"其他"来概括主要答案中没有列出的情况。

互斥性原则和完备性原则是相互联系、缺一不可的。互斥性原则保证了答案之间的不重复，完备性原则保证了答案的不遗漏，只有同时遵守这两项原则，答案设计的科学性才有保障。

（二）避免用不确切的词

在市场调查问卷设计中，应尽量避免使用形容词、副词（如"有时""经常""很少"等），特别是描述时间、频率、价格等时，更不可以用模棱两可的词汇，否则会造成被调查者的理解偏差，使调查结果不准确。设计市场调查问卷时，要使用具体、准确的词汇。

例如，"你是否经常购买矿泉水？"不同的被调查者对"经常"的理解往往不一致。这个词应用定量描述代替，改问"你上周共购买了几瓶矿泉水？"备选答案如"A. 0瓶　B. 1～3瓶　C. 4～6瓶　D. 7瓶及以上"。

（三）尽量不用否定句式提问

否定句式有一种加强语气的作用，会影响被调查者的思维，不利于其对问题的正确理解，容易造成与其意愿相反的回答或选择。研究表明，人们在快速阅读时容易忽略否定词。这样调查的结果会和调查者的初衷相悖。

例如，"你不认为共享单车将成为城市除市政公共交通工具外最重要的交通工具吗？"被调查者很可能会把"不"看漏，给出相反的答案。

（四）避免提出引导性问题

在设计市场调查问卷时，调查者不可以从自己的好恶出发，使问题带有引导性和倾向性，要客观、中立。如果调查者暗示其观点和见解，力求被调查者跟着这种倾向回答，这种问题就是"引导性问题"。例如，"消费者普遍认为××牌的手机好，您对其的印象如何？"这个问题暗示了××牌手机好，对被调查者造成了引导。

引导性问题会导致两个不良后果：一是被调查者不假思索就同意问题中暗示的结论；二是由于引导性问题大多引用权威或大多数人的态度，被调查者会产生心理上的顺向反应。这种提问是调查的大忌，常常会导致和事实相反的结论。

（五）避免提出过于笼统和过于专业化的问题

过于笼统的问题对实际调查工作并无指导意义。例如，"您对某家电卖场的印象如何？"这样的问题过于笼统，很难准确回答。可具体提问"您认为某家电卖场商品品种是否齐全、服务态度怎样、价格是否实惠？"等。

过于专业化的问题会导致被调查者难以理解。例如，"您认为植入性广告的效果如何？"不了解植入性广告含义的被调查者将难以作答。

（六）问题要具体，避免多主题

一个问题应只问一个方面的内容，如果包含两个或两个方面以上的询问内容，则不仅会使被调查者无从答起，还会给统计处理带来困难。

例如，"您为何不喝矿泉水而喝可乐？"这个问题包含了"您为何不喝矿泉水？""您为何要喝可乐？"。防止出现此类问题的办法是分离语句中的提问部分，使得一个语句只包含一个要点。

（七）注意"分块"设计

如果市场调查问卷涉及的内容比较广泛，则可以按问题的性质将同一类问题放在一起成为"一块"，给每一块加一个标题。保证每一块问题相对独立，这使整个问卷更加有条理，也便于后阶段的数据整理与统计。

例如，对小微企业科技工作者状况进行调查，可以把问卷分为几块：科技工作者的基本情况；科技工作者的工作状况；科技工作者的生活状况；科技工作者的流动状况；等等。

（八）要考虑被调查者的心理因素

在设计问卷时，除了要考虑被调查者回答问卷的能力外，还要考虑被调查者的心理因素，避免提出令被调查者难堪、敏感、禁忌的问题。被调查者接受调查时都会有防御心理，调查者不能只顾自己的需要穷追不舍，应考虑被调查者的自尊心。

例如"您是否购买房产？购买了几套房产？"等。又如，直接询问女士年龄也是不太礼貌的，可列出年龄段"20岁及以下；21～30岁；31～40岁；41岁及以上"，由被调查者选择。调查收入状况时也可以列出收入区间。

为避免在一开始就让被调查者觉得难以接受从而影响答案的准确性，性别、年龄、受教育程度、职业等个人化的问题可以放在最后。

本章小结

　　市场调查问卷是用于收集资料的一种普遍工具。市场调查问卷设计是市场调查的关键环节，对调查质量有直接和重要影响。

　　市场调查问卷的设计应遵循目的性、可接受性、逻辑性、简明性、便于统计五大原则。一份完整的市场调查问卷通常包括标题、前言、正文、结尾等内容。正文是市场调查问卷的主体和核心部分。市场调查问卷的设计分为准备阶段、初步设计阶段、非正式调查和修改阶段及定稿印刷阶段。

　　市场调查问卷主要是由一系列问题组成的，问题是问卷的核心。在进行市场调查问卷设计时，调查者必须仔细考虑问题的类型和提问方法。封闭性问题的答案设计有两项选择法、多项选择法、顺位法、比较法、过滤法等。开放性问题的答案设计有自由回答法、词语联想法和问题完成法。

　　常用的量表是评价量表和李克特量表。市场调查问卷设计完成后，可以通过信度和效度来评价问卷设计质量，尤其是对量表进行评价。信度是效度的必要条件而不是充分条件。

　　调查者设计问卷后，需要对调查问卷进行评估。问卷评估的主要内容有：调查问卷的每个问题是否都有必要；问卷是否遗漏了相关内容；问题与答案的描述是否清晰明确；问卷版面的设计是否合理、规范。问卷评估的主要方法是预调查法和专家审查法。在设计市场调查问卷时要注意：设计答案遵循互斥性原则和完备性原则；避免用不确切的词；尽量不用否定句式提问；避免提出引导性问题；避免提出过于笼统和过于专业化的问题；问题要具体，避免多主题；注意"分块"设计；要考虑被调查者的心理因素。

复习思考题

一、单项选择题

1. 根据市场调查问卷设计的逻辑性原则，问卷中的问题不宜采用的排列顺序是（　　）。

　　A. 先封闭后开放　　　　　　　　B. 按时间顺序排列

　　C. 先易后难　　　　　　　　　　D. 先单选后多选

2. 调查问卷的排版对被调查者有一定的影响，下列排版方式中不太符合要求的是（　　）。

　　A. 一个题目应排版在同一页，不要跨页

　　B. 为了节约纸张，行间距可以紧密一些

　　C. 字体字号要有机组合，可适当通过变换字体字号美化版面

　　D. 开放性问题放在问卷最后

3. 在使用评价量表时，不会产生的误差是（　　　）。

    A. 仁慈误差　　　　B. 中间倾向误差　　C. 晕轮效果　　　　D. 首因效应

4. 下面问题中设计较为恰当的是（　　　）。

    A. "你经常网上购物吗？"

    B. "你不认为网上购物对实体店有重大影响吗？"

    C. "你网上购物时，购买最多的品牌是哪一个？"

    D. "每年"双 11"，某企业销售额都保持第一，你认为该企业是最好的网购平台吗？"

5. 以下不是调查问卷信度和效度的关系的是（　　　）。

    A. 可信且有效　　　B. 不可信但有效　　C. 可信但无效　　D. 不可信亦无效

二、简答题

1. 市场调查问卷设计要遵循哪些原则？

2. 简述市场调查问卷设计的程序。

3. 简述制作李克特量表的基本步骤。

4. 市场调查问卷的效度可以从哪几个角度进行判断？

5. 市场调查问卷设计要注意哪些事项？

三、案例分析题

说明：为了让同学们对调查问卷有更真实、更贴近生活的体验，特设计了本调查问卷，没有选用与市场相关的调查问卷。

××大学商学院本科教与学状况调查

亲爱的同学：

你好！为了了解商学院本科教师教学与学生学习行为，我们特组织了本次调查。本次调查采取匿名制，数据仅用于统计分析研究。我们将遵守《中华人民共和国统计法》，对你填写的信息予以保密，请把最真实的答案反馈给我们，谢谢。

××大学商学院

20××年 12 月

（一）基本信息

1. 年级：A. 大一　B. 大二　　C. 大三　　D. 大四（　　　）

2. 性别：A. 男　　B. 女　（　　　）

3. 专业：A. 工商管理　B. 会计学　　C. 电子商务　　D. 国际贸易

    E. 市场营销　F. 物流管理　G. 财务管理　　H. 经济与金融（　　　）

（二）教师教学调查

4. 你喜欢哪些课堂教学形式？（　　　）（多选，选 3 项）

A. 案例分析　　　　　　B. 融入生活实例讲授　　C. 随堂演讲

D. 讨论发言　　　　　　E. 深入浅出讲授　　　　F. 翻转课堂

G. 撰写报告或小论文　　H. 作业灵活拓展　　　　I. 其他（请注明）＿＿＿＿＿＿＿

5. 你对喜欢的课程的评价是（　　　）。（多选，选 3 项）

A. 教学内容丰富　　　B. 教师负责，精神饱满　C. 授课形式多样

D. 教师备课充分　　　E. 平时成绩形式多样新颖

F. 提高了沟通合作等方面的能力　　　　　G. 课堂气氛活跃、有趣

H. 启发思维　　　I. 其他（请注明）_____

6. 你不喜欢教师上课时的三种课堂教学行为是（　　　）。（多选，选 3 项）

A. 着装不符合教师形象　　　B. 照本（屏）宣科，教学方法单一

C. 与学生交流互动很少　　　D. 上课东拉西扯，浪费时间

E. 重难点不突出　　F. 不布置、批改、讲解作业　　　G. 教学缺乏热情

H. 考前透题　　　I. 不禁止学生上课玩手机、讲话、睡觉等违纪行为

J. 基本没有板书　　　K. 其他（请注明）_____

7. 你对商学院理论教学（课堂教学）的总体评价是（　　　）。（单选）

A. 很满意　　　B. 满意　　　C. 不确定　　　　D. 不满意

E. 很不满意（可说明：_____）

8. 你对商学院实践教学（实验、实习、课程设计等）的总体评价是（　　　　）。（单选）

A. 很满意　　　B. 满意　　　C. 不确定　　　　D. 不满意

E. 很不满意（可说明：_____）

（三）学生学习调查

9. 你评价课堂质量的因素有（　　　）。（多选，选 3 项）

A. 教学内容是否有深度和广度

B. 教师是否有效调控教学过程和进行学习指导

C. 课堂气氛是否活跃轻松　　　D. 教师教学中是否能恰当选择实例讲解授课内容

E. 教师是否创设学习情境，让学生主动思考　　F. 其他（请注明）_____

10. 你对学校课程设置的评价是（　　　）。（单选）

A. 课程量太多，难度很大　　　　　B. 课程量合适，难度较大

C. 课程量合适，难度适中　　　　　D. 课程量偏少，难度也小

11. 你一周（含周末）课余投入学习的时间大概是（　　　）。

A. 0 小时　B. 1～7 小时　C. 8～14 小时　D. 15～21 小时

E. 22 小时及以上

12. 你一周（含周末）玩游戏，看小说、视频等非学习的时间大概是（　　　　）。

A. 0 小时　B. 1～7 小时　C. 8～14 小时　D. 15～21 小时

E. 22 小时及以上

13. 你每节课（45 分钟）平均玩手机、睡觉或发呆等不学习的时间大约是（　　　　）。

A. 0 分钟　B. 1～5 分钟　C. 6～10 分钟　D. 11～20 分钟

E. 21 分钟及以上

14. 你上课主动发言的频率高吗？（　　　）

A. 较高（一学期大于等于 10 次）　　B. 不太高（一学期 5～9 次）

C. 较低（一学期 1～4 次）　　　　D. 从不主动发言

15. 你上课不太愿意互动的原因是什么？（　　　）

［5（非常同意），4（同意），3（不确定），2（不同意），1（非常不同意）］

原因	选项					选择
A. 没有听讲	5	4	3	2	1	
B. 不知道怎么回答	5	4	3	2	1	
C. 互动主题没意思	5	4	3	2	1	
D. 激励措施太少	5	4	3	2	1	
E. 时间太紧，没有想好	5	4	3	2	1	
F. 上课太疲劳	5	4	3	2	1	

16. 你对学校监考的评价是（　　　）。

A. 严格，作弊基本都被发现了　　　　　　　B. 不严格，作弊的很多，没有被发现

C. 不严格，作弊被发现了也几乎没有处理　　D. 补考时很不严格，补考基本都通过

17. 你对自己学习状况的总体评价是（　　　）。

A. 很满意　　　B. 满意　　　C. 不确定　　　D. 不满意

E. 很不满意（可说明：＿＿＿＿＿＿＿）

问卷到此结束，谢谢！

思考题：根据本章所讲相关理论知识，分析该调查问卷在哪些方面符合问卷设计的相关原则，在哪些方面存在不足或错误，可以从哪些方面完善。

实训思考题

【实训任务】

设计一份大学生消费水平调查问卷。

【实训目的】

让学生认识到市场调查问卷的重要作用，掌握设计市场调查问卷的方法，具备市场调查问卷的设计能力。

【实训组织】

（1）4～6人为一组，以小组为单位进行实训；

（2）小组成员确定调查对象；

（3）设计市场调查问卷；

（4）以小组为单位进行成果汇报。

【实训考核】

（1）考核学生系统思考问题的能力。市场调查问卷的内容要求为问卷题目不少于15个题目，且问卷中包含李克特量表。

（2）考核学生分工协作能力。

第6章
市场调查数据的整理与分析

知识目标

- 了解市场调查数据整理的程序。
- 理解和掌握市场调查数据处理的方法和工具。
- 理解和掌握市场调查数据的分析方法。
- 了解 SPSS 的基本操作及其对数据的分析处理方法。

技能目标

- 能对调查数据进行处理。
- 能使用 SPSS 进行数据分析。

　　市场调查的目的是准确、及时、全面、系统地认识市场现象，揭示其内在规律。因此，对市场调查获得的第一手数据，调查者还要进行系统的处理和分析，以便从繁杂的数据中得到正确的结论。

第一节　市场调查数据整理

　　市场调查获得的数据资料往往是杂乱无章、数量巨大、难以理解的原始资料，调查者很难从这些原始资料中获取系统有条理的信息。为了保证调查数据的真实性、准确性，发现其规律，在调查之后，需要对原始的数据资料进行整理和分析。

一、市场调查数据整理的原则

　　市场调查数据整理是根据市场分析研究的需要，对市场调查获得的大量原始数据进行审核、分类、汇总、编码或对二手资料进行再加工，使之系统化和条理化，从而以集中、简明的方式反映调查对象总体情况的工作过程。市场调查数据整理是整个市场调查研究中不可或缺的一个环节，通过对原始资料进行去粗取精、去伪存真的处理，可以保证资料的真实、准确和完整，在此基础上，调查者才能进一步分析研究，达到深刻认识事物本质的目的，同时也能使市场调查分析更加准确、系统、方便和快捷。

　　市场调查数据的整理虽然费时费力，但是这项工作可以提高信息资料的价值。在

市场调查数据整理
的原则

实际应用过程中，市场调查数据的整理要遵循以下原则。

1. 真实性原则

调查的数据资料必须是确实发生过的客观事实，而不是弄虚作假、主观杜撰的。数据资料不真实比没有数据资料更危险，但现实中获得的数据资料并不一定真实，因此，需要对调查数据进行鉴别和判断，以保证其真实性。真实性是数据处理最根本的要求。

2. 系统化原则

在整理数据资料时，要对数据进行多方向、多层次的加工开发，不能仅仅停留在调查问卷的简单加工汇总上。数据处理的系统化是指在数据处理过程中，要强调数据资料之间的联系，形成系统化的资料，从而全面客观地反映调查对象的特征。

3. 条理化原则

整理数据，首先要对数据进行分类归纳，使大量繁杂的数据条理化，从而进一步为分析创造条件。对数据进行分组分类，不仅便于数据的存取，还可以加深对客观规律的认识。

4. 时效性原则

当前是信息化社会，信息更新的速度非常快，市场活动的节奏在不断加快，信息使用的时间也在不断缩短，这就要求数据整理人员必须考虑信息数据的时效性，在最短的时间内完成数据资料的整理工作，同时摒弃过时的、与当前市场情况不相符的数据信息，确保数据资料能够准确反映调研对象的变化规律。

二、市场调查数据整理的程序

对收集而来的原始数据，数据整理人员需要通过一定程序的整理才能得到比较真实客观、准确清晰的资料，为下一步的数学分析和处理做准备。一般市场调查数据整理包括以下五个程序。

（一）现场控制

现场控制是指在进行市场调查时，首先要对信息数据的收集过程进行有效的监控，以及对某些信息资料做好初步的处理与分析。现场控制的目的是尽可能减少在市场信息收集阶段出现的各种偏差和错误资料，提高所收集数据的质量。调查者在收集信息数据时，要严格执行工作规范和标准，以科学的态度和方法来收集信息和数据，相关机构也要对调查者的调查工作进行监督和把控。

（二）数据审核

1. 数据审核的内容

数据审核是指对得到的原始数据和资料进行审查和核对，检查数据资料的真实性、准确性、完整性和及时性，以避免调查数据遗漏、错误和重复，达到数据整理的目的和要求。数据审核包括真实性审核、准确性审核、完整性审核和及时性审核。

（1）真实性审核。真实性审核也叫信度审核，就是鉴别并判断所收集数据的真伪。进行真实性审核一般利用经验法、逻辑法和来源法。经验法根据以往的实践经验来判断数据的真实性；逻辑法根据调查数据的内在逻辑来检验数据的真实性，如果数据前后矛盾，违背事物发展规律，即为不真实的数据；来源法根据数据的来源渠道来判断数据的真实性。

（2）准确性审核。准确性审核主要检查数据是否有含糊不清、笼统及相互矛盾的情况。准确性审核可以通过逻辑审核、计算审核和抽样审核来完成。逻辑审核分析数据是否符合逻辑，各个项目之间是否相互矛盾，例如，一个人 20 岁但已经大学毕业 10 年，这显然就是逻辑错误。计算审核通过数学运算来检查各项数据的正确性，例如，各项数字相加是否等于总数。抽样审核从全体调查数据中抽取一部分数据进行检验，以推断全体数据的准确性。

（3）完整性审核。完整性审核主要是检查调查数据总体的完整性和调查的单位是否有遗漏，调查问卷填写是否完整，所有问题是否有答案和结果等。问卷中的问题没有回答一般有几种原因：被访者不愿意回答、被访者不能回答、调查者忘记提问、记录者没有记录。一旦出现问题遗漏，必要时可对被访者进行回访或用一个样本统计量代替（如平均数、比例推算等数据）。如问题不必要，则可将没有回答的问题删除。

（4）及时性审核。及时性审核检查各个调查单位的数据在时间上是否符合本次调查的要求，包括取得数据的时间是否延误，数据本身所属的时间是否符合要求等。

2. 数据审核的方法

（1）逻辑审核。逻辑审核是检查市场调查资料内容是否合理，各个项目之间是否相互矛盾的方法。例如，在家庭收支结构调查中，家庭总收入远小于总支出与储蓄之和从逻辑上讲是错误的。

（2）经验审核。市场调查人员根据经验，判断数据的准确性。例如，某小区的便利店年销售额为 1 亿元，这个数据值得怀疑。

（3）抽样审核。抽样审核是从全部调查资料中抽取一部分资料进行检验，用以推断全部调查资料的准确程度，并修正调查结果的方法。

经过审核后，接受基本正确、符合要求的调查数据，问题较多的调查数据（问卷）可以作废。对问题较少的调查数据，调查者可以采取适当的措施进行补充、完善后再采用。

（三）数据编码

数据编码是将原始数据转化为符号或数字资料、计算机可识别的资料的标准化过程。为了减少将问卷数据录入计算机的工作量，调查者会对每一个可能的回答设定一个代码（编码），在录入的时候直接输入代码，而不需要再录入文字。编码设计是整个编码过程的基础，科学、合理、准确、全面、有效的编码设计，有助于提高调查数据分析的质量。编码设计的具体内容包括：问卷代码、变量的定义（名称、类型、位数、对应问题等）及取值的定义（范围、对应含义等）。

1. 编码的分类

一般来说，调查问卷很多问题都是封闭性的，预先设计了选项，调查者为了方便计算机处理，在设计问卷时预先给这些选项设计编码，这种编码的方式是事前编码。所有封闭性问题都可采用事前编码，如问题"您的学历是什么？"的选项为"1. 本科　2. 硕

士研究生 3.博士研究生"，这里的数字就是编码。事前编码示例如表6-1所示。

表6-1 事前编码示例

问题编号	变量名称	编码说明
1	性别	1. 男性 2. 女性
2	学历	1. 高中及以下 2. 专科 3. 本科 4. 硕士研究生 5. 博士研究生
3	收入	1. 3 000 元及以下 2. 3 000（不含）～5 000 元 3. 5 000（不含）～10 000 元 4. 10 000（不含）～50 000 元 5. 50 000 元以上

问卷中除了封闭性问题，还有开放性问题。开放性问题只有在问卷收集好之后，才能根据受访者的答复内容来决定类别代码，即事后编码。开放性问题的答案可能是多种多样的，在对这类问题进行编码时，发现一种答案就编上一个代码，直到所有的答案都编上代码。在进行事后编码时，所依据的不应该仅是答案，更重要的是这些答案所反映的受访者的观念和认知。在编码时一般要遵循以下步骤。

（1）列出所有答案。

（2）合并答案，对答案进行整理。

（3）分组并为确定的分组选择正式的描述词汇。

（4）根据分组结果设计编码规则。

（5）对全部回收问卷进行编码。

【例6-1】开放性问题：你为什么会选择××电视？

先列出所有的答案：性价比高、外形美观、功能齐全、高科技、体积小、大品牌、同事推荐的牌子、操作方便、随便选的、没什么原因、看到广告买的、价格便宜、观看效果好。

将所有答案进行归类。

质量、科技因素：功能齐全、高科技、观看效果好、操作方便。

品牌因素：大品牌、同事推荐的牌子、看到广告买的。

价格因素：性价比高、价格便宜。

外形因素：外形美观、体积小。

其他因素：随便选的、没什么原因。

对分类答案进行编码：1代表质量、科技因素；2代表品牌因素；3代表价格因素；4代表外形因素；5代表其他因素。

2．数据编码的方法

（1）顺序编码法，即以答案的顺序进行编码，这是最常用的一种方法。例如，某调查问卷第 1 题，"您的性别是（　　）。A．男　B．女"答案 A 编码为 01，答案 B 编码为 02。

（2）数字编码法，有些问题的答案通常就是数字，可以以答案本身的数字来编码。

（3）信息组码编码法，对于一些没有回答的问题也要进行编码，编码时一般用特殊的号码，如"0001""0002"，从而与其他有回答的问题区别开来。

使用问卷星等调查工具极大减少了数据编码的工作量。

（四）数据录入

数据编码之后，就要录入数据，即由录入人员根据编码规则将数据从问卷或其他资料中转录到计算机内并进行存储。在录入数据时，录入人员要耐心细致，尽量减少录入错误，为了尽可能地使数据录入完整和准确，录入人员常常采用两种方法来避免录入错误。一种是审核方法，即录入结束后，由审核人员将数据库中的记录与问卷资料进行核对检查；另一种是双机录入，让不同的录入人员将同一份问卷上的内容分别在计算机中录入，然后来检查核对录入信息是否一致。

当前，随着计算机技术的发展，数据录入渐渐从手动录入发展为计算机操作。常见的数据录入方式除了键盘录入，还有光学字符识别以及语音识别等自动录入技术，适用于大量数据和大型调研活动的数据录入。

（五）数据分组

数据分组（即数据分类）是根据市场调查的目的和要求，按照数据资料的性质、特点、用途等标志将数据资料归入相应的类别，为下一步的数据分析做准备的过程。由于调查的原始数据纷繁复杂，人们从表面很难察觉事物之间的联系和调查数据的规律性，因此，对数据进行分组不仅可以找出总体内部各个部分之间的差异，还可以深入了解总体的内部结构，显示社会现象之间的依存关系。

进行数据分组时，一方面要选择恰当的分类标志，并设计分类表；另一方面，要根据分类标志将相同属性的数据资料归为一类。在进行数据分组时，如果选择一个标志进行分组，就是简单分组（见例 6-2）；如果选择的标志在两个或两个以上，则是对数据进行多维的分组处理（见例 6-3）。

【例 6-2】某机构调查某市居民家庭的消费结构，其中有一项是要了解家庭的年均收入水平，现以年均收入水平的不同取值区间作为组别来编制变量数列。某市居民家庭年均收入水平分布如表 6-2 所示。

表 6-2　某市居民家庭年均收入水平分布

组别	样本数/个	比重/%
3 万元及以下	60	3.750
3 万（不含）～5 万元	150	9.375
5 万（不含）～10 万元	320	20.000
10 万（不含）～50 万元	550	34.375
50 万（不含）～100 万元	400	25.000
100 万元以上	120	7.500
合计	1 600	100.000

【例 6-3】调查不同学历的消费者对某产品售后服务的满意度，现在以学历和满意度两个标志来编制交叉分类表，如表 6-3 所示。

表 6-3　消费者对某产品售后服务的满意度　　单位：人

满意度	学历				
	高中及以下	专科	本科	硕士研究生及以上	合计
很满意	15	118	165	52	350
比较满意	83	89	127	21	320
一般	55	60	70	95	280
不满意	50	20	10	70	150
非常不满意	17	13	28	42	100
合计	220	300	400	280	1 200

第二节　市场调查数据的处理

在对原始资料进行初步的整理之后，接下来就要对数据做进一步的处理。对数据的处理通常是对数据进行表格化和图形化的处理，图表比文字更形象，可以更加清晰直观地反映数据的变化趋势和发展规律。

一、统计表

统计表是采用表格来展示数据的一种方法，统计表把杂乱的数据有条理地组织在一张简明的表格内。用统计表展示数据资料可以使数据条理化和系统化，让观者清晰直观地看出数据的多少，同时能合理、科学地组织数据，便于观者进行对照比较。一张规范的统计表一般包括表题、表头、数据资料、单位、制表日期等内容。表 6-4 所示是插头焊接不良原因调查表，从中可以直观地看出"插头槽径大"的频数最多，从而分析插头焊接不良的主要原因是插头槽径大。

表 6-4　插头焊接不良原因调查表

序号	不良原因项目	频数	频数累计	频数累计百分比/%
A	插头槽径大	3 367	3 367	69.14
B	插头假焊	521	3 888	79.84
C	插头焊化	382	4 270	87.68
D	插头内有焊锡	201	4 471	91.81
E	绝缘不良	156	4 627	95.01
F	芯线未露	120	4 747	97.47
G	其他	123	4 870	100.00

调查者：吴××　　　　20××年××月××日

二、统计图

统计图是根据统计数字绘制的各种图形，具有直观、形象、生动等特点。在统计资料整理与分析中，统计图被广泛应用。

（一）条形图

条形图是以若干等宽平行矩形或圆柱的长短来表示数据多少的图形。条形图可以用纵轴表示不同的组别，以横轴表示频数或频率；也可以反过来，以纵轴表示频数或频率，以横轴表示组别。条形图有简单条形图和复式条形图等形式。

【例 6-4】一个年级有 100 名学生，每人要参加一个运动队，其中参加田径队的有 13 人，参加体操队的有 10 人，参加足球队的有 24 人，参加篮球队的有 27 人，参加排球队的有 15 人，参加乒乓球队的有 11 人。画出表示频数分布的条形图，如图 6-1 所示。

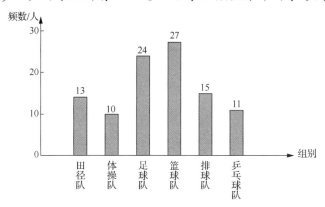

图 6-1　表示频数分布的条形图

【例 6-5】甲、乙两地的降水量统计表如表 6-5 所示，根据表中的数据画出条形图。

表 6-5　甲、乙两地的降水量统计表　　　　　单位：毫米

年份		1988 年	1998 年	2008 年	2018 年
地区	甲	600	650	680	720
	乙	600	560	520	490

根据表 6-5 可以画出条形图，图 6-2 所示为甲、乙两地降水量条形图。

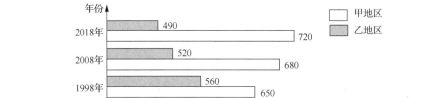

图 6-2　甲、乙两地降水量条形图

（二）直方图

1. 直方图的概念

直方图是在数据分析处理中比较常见的一种图形，它是通过一系列高度不等、宽度相等的直方矩形来表示数据分布状况的图形工具。在直方图中，矩形的高表示对应组的频数与组距的比。按照频数分布表，在直角坐标系中，横轴标有每个组的端点，纵轴表

示频数，每个直方矩形的高代表对应的频数，这样的统计图为频数分布直方图。频数分布直方图可以清楚地显示不同组别频数的分布情况，便于人们比较各组频数之间的差别。

直方图和条形图中虽然都有矩形，但两者表达的含义是不一样的。条形图用矩形的高来表示各类别数据的多少，其宽度是固定的；而直方图用矩形的高表示每一组的频数，用宽表示各组组距。由于分组具有连续性，直方图的各矩形通常连续排列，而条形图的矩形是分开排列的。绘制直方图时，需要计算以下几个数据。

（1）频数。在杂乱的数据中，按照一定的方式整理出各个数值出现的次数。

（2）频率。数值出现次数与总次数的比值。

（3）组数。所有样本分成的组的个数。

（4）组距。所有数值分成若干组，每个小组两个端点间的距离。

（5）极差。一组数据中最大值与最小值之差。

2. 直方图的制作方法

（1）收集数据：所收集的数据不能少于 50 个，一般取 $n=100$ 个。

（2）确定组数：组数一般为 5～12 组较为适宜，确定组数的计算公式为 $k=1+3.31\lg n$，其中 n 表示数据的个数。

（3）求极差：找出最大值（$x_{\max}$）与最小值（$x_{\min}$），极差（R）：$R=x_{\max}-x_{\min}$。

（4）确定组距（h）：组距等于极差除以组数，即 $h=R/k=(x_{\max}-x_{\min})/k$。

（5）确定组界：各组的组界分为上组界和下组界，计算公式为：

第一组的下组界$=x_{\min}-$最小测量单位$\times 0.5$

第一组的上组界=第一组的下组界+组距

第二组的下组界=第一组的上组界

以此类推，其中，最小测量单位为数值的单位，如数值为整数，则最小测量单位为 1；如数值有小数，如 3.5、4.7，则最小测量单位为 0.1；如果是 3.55、4.71，最小测量单位就是 0.01。

（6）确定组中心值：组中心值=（上组界+下组界）/2。

（7）制作次数分配表：将数值在某个组内出现的次数记录在次数分配表中。

（8）制作直方图，填上次数、规格、平均值、数据来源、日期等。

【例 6-6】某次市场调查数据（部分）如表 6-6 所示，试分析这些数据的分布状况，并画出直方图。

表 6-6　市场调查数据（部分）

308	317	306	314	308
315	306	302	311	307
305	310	309	305	304
310	316	307	303	318
309	312	307	305	317
312	315	305	316	309
313	307	317	315	320
311	308	310	311	314
304	311	309	309	310
309	312	316	312	318

解：定组数：表中一共有 50 个数据，则 $k = 1+3.311 \lg 50 \approx 7$。

　　　求极差：找出最大值和最小值，$x_{\max}=320$，$x_{\min}=302$，$R=x_{\max}-x_{\min}=320-302=18$。

　　　定组距：$h=R/k=18/7 \approx 3$。

　　　定组界：第一组的下组界=302-1×0.5=301.5

　　　　　　　第一组的上组界=301.5+3=304.5

　　　　　　　第二组的上组界=304.5+3=307.5

　　　　　　　以此类推，计算各组组界。

制作次数分配表，表 6-7 所示为次数分配表。

表 6-7　次数分配表

组号	组界	中心值	画记	频数/次
1	301.5～304.5	303	////	4
2	304.5～307.5	306	//// ////	10
3	307.5～310.5	309	//// //// ///	13
4	310.5～313.5	312	//// ////	9
5	313.5～316.5	315	//// ///	8
6	316.5～319.5	318	////	5
7	319.5～322.5	321	/	1

制作直方图，如图 6-3 所示。

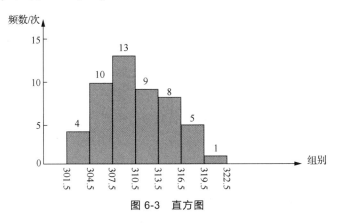

图 6-3　直方图

（三）饼状图

饼状图将总体或样本中的每一部分数据用圆饼中的某一块来表示（见图 6-4）。排列在工作表的一列或一行中的数据可以绘制到饼状图中。

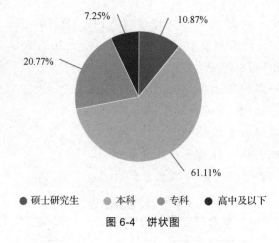

图 6-4　饼状图

饼状图分为二维或三维饼状图、复合饼状图和分离型饼状图三种形态。二维或三维饼状图显示每一数值相对于总数值的比例；复合饼状图是将用户定义的数值从主饼状图中提取并组合到第二个饼状图中的饼状图，目的是使主饼状图中的扇形易于查看；分离型饼状图显示每一数值相对于总数值的比例，同时强调每个数值。

（四）折线图

折线图是以折线的上升或下降来表示统计数量变化的统计图，如图 6-5 所示。折线图不仅可以表示数量的多少，还可以反映同一事物或现象在不同时间的发展变化情况，是一种趋势图。趋势图以时间为自变量，表示某变量随时间的变化而变化的情况。折线图通常有动态条形图和动态曲线图等不同的形式。

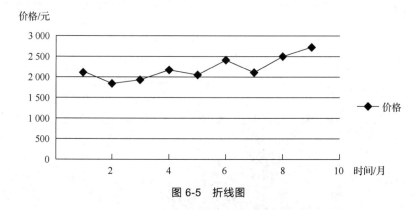

图 6-5　折线图

（五）散点图

散点图又叫散布图或相关图，是用来分析研究两个对应变量之间是否存在相关关系的一种图形工具。散点图通常以横轴表示自变量（x），以纵轴表示因变量（y），x 与 y 之间的关系用相关系数 r 表示。r 的值越大，两个变量之间的相关性越强；当 $r=0$ 时，两个变量之间不相关或非线性相关。运用散点图进行判断与分析时，一般考虑四种情况：正相关、负相关、非线性相关和不相关。

图 6-6 所示是散点图的正相关图和负相关图。

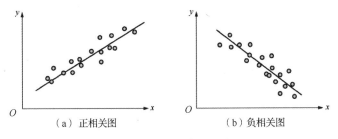

（a）正相关图　　　　　　　　（b）负相关图

图 6-6　散点图

第三节　市场调查数据分析

市场调查数据分析即运用各种分析手段和方法，对调查资料和数据反映的市场现象之间的各种关系及其变化趋势进行研究，明确、具体地说明调查的结果。人们对市场调查数据进行科学有效的分析，可以比较准确地预测市场未来的发展变化趋势，为决策者的战略决策提供客观可靠的依据。

一、定性分析方法

定性分析是对不能量化的事物和现象运用辩证思维、逻辑判断及推理、创造性思维进行系统化理性认识的分析，其结论是对事物的本质、趋势和规律等方面的认识。在对市场调查数据进行定性分析时，通常采用归纳分析法、演绎分析法、对比分析法和结构分析法。

定性分析方法

（一）归纳分析法

归纳分析法把一系列分离的事实或观察到的现象放在一起研究，从而得出结论。归纳分析的结论大多是从观察、实验和调查中获得的。例如，某市进行手机消费品牌的调查，在 300 个被调查者中，有 150 人使用的是华为手机，据此可以得出以下结论：有 50% 的消费者购买华为手机。

（二）演绎分析法

演绎分析法是指人们以一定的反映客观规律的理论认识为依据，从服从该认识的已知部分推知事物的未知部分的思维方法，是由一般到个别的认识方法。例如，蔬菜水果含有丰富的维生素，对人体健康有益，胡萝卜属于蔬菜，所以吃胡萝卜对健康有益。

（三）对比分析法

对比分析法是将不同的事物和现象进行对比，找出其异同点，从而认识事物和现象的特征及其相互联系的方法。在市场调查中，对比分析法即将两个或两类问题的调查数据放在一起进行比较，确定它们的相同点和不同点，或是对反映同一事物的调查数据进行历史比较，以揭示其发展变化的趋势。对比分析法既可以在同类对象间使用，也可以在不同类的对象间使用。例如，将某地区小学生和中学生的近视率进行比较，发现中学生的近视率要高于小学生。

（四）结构分析法

结构分析法是利用分组资料，通过分析各组成分的性质和结构，进而判断、认识其本质属性和特征的方法。例如，从农业、工业、服务业三大产业的增加值来分析它们各自对国内生产总值的贡献。

二、定量分析方法

定量分析方法是从事物的数量方面入手，运用一定的统计分析和数学分析方法对量化的调查资料进行数量对比研究，从而挖掘事物数量所包含的事物本身的特征和规律性的分析方法。定量分析方法主要有解析性统计分析方法和描述性统计分析方法。其中，解析性统计分析方法主要包括假设检验、方差分析和相关分析；描述性统计分析方法主要着重于对调查现象的基本数量特征进行描述和评价，即通过分析事物的规模、结构、速度、离散程度等来概括现象的本质特征，包括对调查数据的分组分析、集中趋势分析、离散程度分析、相对程度分析。在市场调查分析中，描述性统计分析方法最为常用。下面对集中趋势分析、离散程度分析和相对程度分析进行详细介绍。

（一）集中趋势分析

集中趋势分析是指对市场调查数据分布的数量规律性中的集中程度进行分析。数据集中趋势是指频数分布趋向集中于一个分布中心，测量集中趋势要找到数据一般水平的中心值。反映数据集中趋势的常用指标有平均数、众数和中位数等。

1．平均数

平均数是数列中全部数值的一般水平，是数据规律性的一个基本特征值，反映了一些数据必然性的特点。平均数主要有算术平均数、调和平均数和几何平均数，其中，算术平均数是最简单、最基本的形式。平均数容易受到极端值的影响，极端值会使得平均数向极大值或极小值方向倾斜，使得平均数对数据组的代表性减弱。

算术平均数的计算公式为：

$$\bar{x} = \frac{x_1 + x_2 + x_3 + \cdots + x_n}{n} = \frac{\sum x_i}{n} \ (i=1, 2, 3, \cdots, n)$$

【例6-7】某产品下半年的需求量分别为1 500、1 420、1 350、1 550、1 720、1 650，求该产品下半年的平均需求量。

解：根据题意，$\bar{x} = (x_1+x_2+x_3+\cdots+x_6)/6$

该产品下半年的平均需求量为：$\bar{x} = \dfrac{1\,500+1\,420+1\,350+1\,550+1\,720+1\,650}{6} \approx 1\,532$

2．众数

众数是在一组数据中出现次数（频数）最多的数值。众数克服了平均数会受到某个极端数值的影响而偏离分布中心的缺陷，在调查得到的数据中，众数是能反映大多数数据的代表值，有助于在分析中抓住事物的主要问题。众数没有充分利用数据的全部信息，在有些情况下可能出现双众数、多众数或者没有众数，难以描述数据的集中位置。

【例 6-8】表 6-8 所示为消费者对某产品回购次数及其频数，分析消费者对该产品的回购次数。

表 6-8　消费者对某产品回购次数及其频数

回购次数	频数
0 次	23
1 次	45
2 次	18
3 次	8
4 次	3

解：从表 6-8 中可以看出，回购 1 次出现最多，共出现了 45 次，这组数据的众数就是 1。

3. 中位数

将一组数据按从小到大或从大到小的顺序排列，位于中间位置的数是中位数。中位数不受极端值的影响，在具有极大值和极小值的数列中，中位数比算术平均数更具有代表性，因而人们有时用它来代表现象的一般水平。中位数的优点是不受极端值的影响，抗干扰性强，尤其适用于收入这类偏斜分布的数值型数据。

在市场调查中，如果获得的数据未分组，则中位数的获取比较简单直观。例如，一组数据按从小到大排列为 x_1，x_2，x_3，$\cdots$，x_n，则中位数为：

当 n 为奇数时，取顺序排列的中间数；

当 n 为偶数时，取顺序排列的中间两个数的平均数。

【例 6-9】一组数据的数值分别为 8、5、9、11、10、9、7、12，求这组数据的中位数。

解：先按从小到大的顺序排列：5、7、8、9、9、10、11、12。这组数据的个数为偶数，中间两个数都是 9，因此中位数为 9。

如果在这组数据中再加一个数 7，这组数据的个数就变成了奇数，按从小到大的顺序排列为 5、7、7、8、9、9、10、11、12，位于中间的数为 9，因此，中位数是 9。

【例 6-10】某啤酒企业在一个购物中心拦截访问了 10 名啤酒消费者，询问他们每天喝多少瓶啤酒。10 名消费者的回答分别为：3、2、5、4、1、5、6、1、2、1。计算该组数据的平均数、众数、中位数。

解：平均数=(3+2+5+4+1+5+6+1+2+1)/10=3

众数=1（1 出现的次数最多）

中位数=2.5[按从小到大的顺序排列：1、1、1、2、2、3、4、5、5、6，中间的第 5、6 位数为 2、3，则中位数=(2+3)/2=2.5]

（二）离散程度分析

离散程度是指数据在集中分布趋势状态下，同时存在的偏离数值分布中心的趋势。离散程度用来反映数据之间的差异程度，它是数据分布的一个重要特征。在分析数据的规律时，既要了解数据的分布中心，也要清楚数据之间的差异程度，以便做出全面有效的判断。反映数据离散程度的特征数主要有极差、方差和标准差以及标准差系数。

1. 极差

极差是指一组数据中最大值与最小值之差，用符号 R 表示。其公式为：

$$R = x_{\max} - x_{\min}$$

式中，$x_{\max}$ 为数据的最大值；$x_{\min}$ 为数据的最小值。极差反映的是一组数据中两个极端值的差距，数据的离散程度越高，极差就越大。但是，极差无法反映数据组中间数据的离散情况，容易受到极端值的影响。

2. 方差和标准差

方差和标准差是一组常用的表示离散程度的特征数。

方差是数据组中各数值与其均值之差的平方的平均数，它能较好地反映数据的离散程度，是实际中应用最广泛的离散程度测度值。方差越小，说明数值与均值的平均距离越小，均值的代表性越强。方差通常用 σ^2 来表示。对于样本数据，常用的方差计算公式为：

$$\sigma^2 = \frac{\sum_{i=1}^{n}(x_i - \overline{x})^2}{n-1}$$

标准差即方差的算术平方根。对于样本数据，标准差 σ 的计算公式为：

$$\sigma = \sqrt{\frac{\sum_{i=1}^{n}(x_i - \overline{x})^2}{n-1}}$$

标准差不仅能度量数值与均值的平均距离，还与原始数值具有相同的计量单位。方差和标准差都能够反映总体中所有数值与平均数的离散关系，是测量数据离散程度的重要特征数，方差或标准差越大，平均数的代表性越弱，数据的离散程度就越高，反之，平均数的代表性越强，数据的离散程度就越低。标准差与方差对极端值很敏感。

3. 标准差系数

在评价数据的离散程度时，不仅要看各数值之间离差的大小，还要看数列自身数值和的大小，因此，有必要将数据的平均离差和数列自身的数值进行对比。标准差系数就是标准差与相应的平均数对比而得到的相对数值，用 V_σ 表示，标准差系数也称为变异系数或离散系数，计算公式为：

$$V_\sigma = \frac{\sigma}{\overline{x}} \times 100\%$$

式中，σ 为标准差，$\overline{x}$ 为平均数。标准差系数说明了标准差相对于平均数大小的质量，标准差系数越大，说明数据变异的程度越高，反之说明数据变异的程度越低。标准差系数消除了测度单位和观察值水平不同的影响，可以直接用来比较变量的离散程度。

【例 6-11】某集团 7 个子公司的客户满意度指数如表 6-9 所示。

表 6-9　客户满意度指数

子公司编号	1	2	3	4	5	6	7
满意度指数	5	7	7	8	8	7	7

求：7 个子公司客户满意度指数的方差、标准差、标准差系数。

解：（1）计算均值：(5+7+7+8+8+7+7)/7=7

（2）计算各数值与均值的差：5-7=-2；7-7=0；7-7=0；8-7=1；8-7=1；7-7=0；7-7=0

（3）计算差的平方和：$(-2)^2+0^2+0^2+1^2+1^2+0^2+0^2=6$

（4）计算方差：$\sigma^2=\dfrac{\sum\limits_{i=1}^{n}(x_i-\overline{x})^2}{n-1}=1$

（5）标准差=方差的算术平方根=$\sqrt{\dfrac{\sum\limits_{i=1}^{n}(x_i-\overline{x})^2}{n-1}}=1$

（6）标准差系数=标准差/均值×100%=$1\div7\times100\%=14.29\%$

（三）相对程度分析

相对程度分析利用两个相联系的统计指标进行对比，求得相对数，以反映现象内部结构和现象之间的数量联系程度，它是对调查数据和资料的进一步深入分析和说明。市场调查分析中常用的相对指标有结构相对数、比较相对数、比例相对数、强度相对数和动态相对数。

1. 结构相对数

结构相对数是指总体中某一部分的数值占总体的全部数值的比重，用来表明总体内部的构成情况，它从静态上反映总体内部构成，其动态变化可以反映事物的结构发展变化趋势。结构相对数的计算公式为：

$$结构相对数=\frac{总体中某一部分的数值}{总体的全部数值}\times100\%$$

例如，某企业的总产量为 10 万台，其中甲产品产量为 7 万台，乙产品产量为 3 万台，则甲产品产量的结构相对数为 70%。

2. 比较相对数

比较相对数是某地区（或单位）某一指标数值与另一地区（或单位）同类指标数值的比值，用来表明某同类现象在不同地区或不同单位之间的差异程度。其计算公式为：

$$比较相对数=\frac{某地区(或单位)某一指标数值}{另一地区(或单位)同类指标数值}\times100\%$$

例如，A 地区的工业产值为 260 亿元，B 地区的工业产值为 520 亿元，则 A 地区的工业产值为 B 地区的 50%，50% 即比较相对数。

3. 比例相对数

社会经济现象总体内部各部分之间存在一定的联系，具有一定的比例关系。比例相对数是指同一总体不同组成部分的指标数值对比的结果，用来表明总体各部分之间的比例协调关系，如国民经济结构中不同产业之间的比例关系。其计算公式为：

$$比例相对数 = \frac{总体中某一部分的指标数值}{总体中另一部分的指标数值} \times 100\%$$

例如，某企业的总产量为 10 万台，其中甲产品的产量为 7 万台，乙产品的产量为 3 万台，用甲产品的产量与乙产品的产量进行比较，则乙产品的产量为甲产品产量的 42.9%，42.9%即比例相对数。

4. 强度相对数

强度相对数是两个性质不同而又有联系的总量指标对比得到的相对数，它反映了现象的强度、密度和普遍程度。其计算公式为：

$$强度相对数 = \frac{某一总量指标数值}{另一有联系而性质不同的总量指标数值}$$

例如，某企业的产量为 10 万台，生产工人有 200 人，产量和工人人数分别是企业的两个性质不同而又有联系的指标，用产量除以工人人数得到的 500 台/人即强度相对数。

5. 动态相对数

动态相对数是指不同时期的两个同类指标之比，用来反映现象在不同时期的发展变化情况，其计算公式为：

$$动态相对数 = \frac{总体的某一时期的指标}{总体的另一时期的指标} \times 100\%$$

例如，某企业 2022 年的年产值为 250 万元，2023 年的年产值为 350 万元，则 2023 年的年产值为 2022 年年产值的 140%，140%即动态相对数。

第四节 SPSS 分析及应用

SPSS 的全称是 Statistical Product and Service Solutions，即统计产品与服务解决方案，它是应用最广泛的统计分析软件之一。SPSS 产生于 20 世纪 60 年代末，由美国斯坦福大学的三位研究生共同研制开发。SPSS 的基本功能包括数据输入、统计分析和数据输出等，可以进行各类统计分析，包括集中趋势分析、离散程度分析、相对程度分析、相关分析、聚类分析、判别分析以及因子分析等。SPSS 可以将统计分析的结果自动生成各种形象、直观的图表，还可以将数据输出或转换为各种格式。SPSS 广泛应用于经济学、社会学、心理学、生物学、医疗卫生、体育、农业等多个领域。

SPSS for Windows 有多个版本，但大多数版本的操作基本相同，本书以 SPSS 20.0 阐述 SPSS 软件在数据处理与统计分析中的应用。

一、SPSS 的窗口及功能介绍

1. 数据编辑窗口

数据编辑窗口是 SPSS 的主窗口，其主要功能是建立、修改和显示 SPSS 的数据文件，将收集到的数据转变为 SPSS 的数据文件，并在此基础上进行整理、变换和分析。该窗口中有一个可扩展的平面二维表格，可在该表格中编辑文件。在数据编辑窗口的左下角有两个视图：数据视图和变量视图，如图 6-7 所示。数据视图用来显示数据，变量视图显示变量信息，如变量名称、变量类型、变量的格式等。

图 6-7　数据编辑窗口

在数据编辑窗口中有 11 个功能菜单。

文件：文件操作。此菜单的功能包括文件的打开、保存、读取数据库数据、打印等功能。

编辑：文件编辑。此菜单的功能包括：撤销/恢复、剪切、复制、粘贴、清除、查找、定义系统参数等。

查看：查看是否显示状态栏、工具栏、网格线或者标签值等。

数据：数据文件的建立与编辑。此菜单的功能包括：定义变量、日期、模板，插入变量、观察值进行定位、排序，对数据文件进行拆分、合并，对观察值进行选择、加权等。

转换：数据转换。此菜单的功能包括：计算新变量、设置随机种子、计数、重新编码等。

分析：统计分析。此菜单的功能包括：统计报告、描述统计、均值比较、广义线性模型、相关分析、回归分析和分类分析等。

图形：用于统计图表的建立和编辑，有图表建构程序、图形画板模板选择程序。

实用程序：用于设定 SPSS 的运行环境，如变量、OMS 控制面板、评分向导、数据文件注释、定义和使用变量集、定制对话框等。

扩展：对实用程序创建扩展应用。

窗口：包括拆分、所有窗口最小化、激活窗口列表等功能。

帮助：提供帮助。

2. 输出窗口

SPSS 在执行了统计分析命令后，得到的统计结果等将在输出窗口中显示。用户可以将显示的输出结果加以编辑和保存，便于以后使用。用户可以在数据编辑窗口的菜单栏中执行【文件】→【新建】→【输出】命令，创建一个新的输出窗口。输出窗口如图 6-8 所示。输出窗口中会显示统计结果、统计报告和统计图表等内容，窗口左边是导航栏，显示输出结果的目录，单击目录可以展开窗口右边的统计结果。

图 6-8　输出窗口

和数据编辑窗口一样，输出窗口也有功能菜单，其中，"文件""编辑""查看""数据""转换""分析""图形""实用程序"等菜单的功能与数据编辑窗口中的相同，但是与数据编辑窗口相比多了"插入"和"格式"2 个菜单。

此外，相比数据编辑窗口，输出窗口的"文件"菜单增加了关闭窗口、保存时设置密码、输出、页面设置、打印预览、发送邮件等功能，"编辑"菜单增加了选择、全选、特殊粘贴等功能。

二、SPSS 在市场调查数据统计分析中的初步应用

运用 SPSS 做统计分析的操作步骤如下。

（1）建立 SPSS 数据文件；

（2）建模与分析数据；

（3）结果的说明和解释；

（4）数据和分析结果的保存。

（一）定义变量

启动 SPSS，进入数据编辑窗口。在输入数据之前，首先要定义变量。定义变量包括定义变量名称、变量类型、变量长度、变量标签和变量的格式等。

单击数据编辑窗口左下角的"变量视图"页签，如图 6-9 所示。

在变量视图中分别定义变量的 11 个属性，即变量名称、变量类型、变量宽度、小数位数、变量名标签、变量值标签、变量缺失值、变量显示列宽、对齐方式、变量的度量标准以及变量角色。

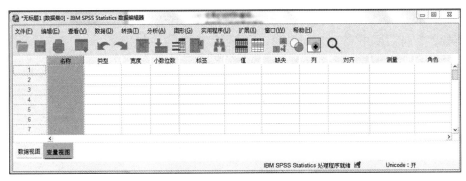

图 6-9　变量视图

1. 定义变量名称

在"名称"栏中输入要定义的变量名称，例如，输入"年龄"作为变量名称。如不定义，则系统将使用默认名称"Var00001"。

在定义变量名称时，变量名称不能超过 8 个字符（或 4 个汉字），首字符必须是字母或汉字，不能以下画线或圆点结尾，且变量名称中不能包含空格或"!""*""?"等字符。

2. 定义变量类型、变量宽度和小数位数

单击变量视图中的"类型"栏，右侧会出现█按钮，单击此按钮，出现"变量类型"对话框，如图 6-10 所示。

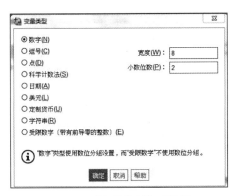

图 6-10　"变量类型"对话框

单击变量类型前的单选按钮，选择变量类型。然后定义变量的宽度和小数位数。对话框中，前四种变量类型系统默认的宽度为 8，小数位数为 2。"日期""美元""定制货币"等变量类型有系统默认的格式。要改变其值，在"宽度"和"小数位数"文本框中删除原值，输入合适的值即可。变量类型等设定好后，单击"确定"按钮即可。

3. 定义变量名标签

定义变量名标签时，在"标签"栏中输入待描述变量名的标签。输入的标签可以为汉字，将在输出结果中显示，便于识别。

4. 定义变量值标签

单击变量视图中的"值"栏，出现█按钮，单击该按钮，弹出"值标签"对话框，如图 6-11 所示。

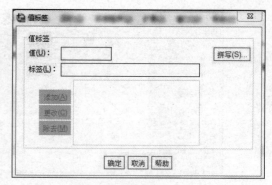

图 6-11 "值标签"对话框

"值标签"对话框中有三个文本框，定义变量值标签时，在"值"文本框中输入变量值，在"标签"文本框中输入变量值对应的标签，在下面的文本框中显示变量值标签清单。例如，定义变量"性别"：1 表示男性，2 表示女性。操作时，在"值"文本框中输入"1"，在"标签"文本框中输入"男性"，单击"添加"按钮，然后在"值"文本框中输入"2"，在"标签"文本框中输入"女性"，单击"添加"按钮，结果如图 6-12 所示。

单击"确定"按钮，变量值标签定义完毕。

5. 定义变量缺失值

单击"缺失"栏，单击出现的 ▓ 按钮，打开"缺失值"对话框，如图 6-13 所示。

图 6-12 变量值标签输入结果

图 6-13 "缺失值"对话框

如果当前变量的值测试没有问题、记录完全正确，没有遗漏，则默认选中"无缺失值"，此时缺失值用系统缺失值圆点"·"表示。

如果选中"离散缺失值"，则最多可以在下面的文本框中输入三个可能出现在相应变量中的缺失值。例如，对于某一变量，值 1、3、5 是非法的，在输入数据时有可能会输入这几个值，就把这三个值输入三个文本框中。

如果选中"范围加上一个可选的离散缺失值"，则变量中凡是最小值（下限）与最大值（上限）之间的数据，以及在"离散值"文本框中输入的数据都被看作缺失值。例如，在定义"身高"这个变量时，输入的数据 1.30、1.92、1.97、2.11 是不正确的，正常值大于 1.30、小于 1.92，则在"下限"文本框中输入"1.92"，在"上限"文本框中输入"2.11"，在"离散值"文本框中输入"1.30"。

6. 定义变量显示列宽

"列"栏显示当前变量所占的列宽度。在"列"栏中直接输入变量的列宽。例如，变量名称"性别"由四个字符组成，要想使变量名称在数据编辑窗口中显示完全，定义显示的列宽至少为 4，则在"列"栏中输入"4"。

7. 定义对齐方式

"对齐"栏中有三个可供选择的对齐方式：右对齐、居中对齐和左对齐。根据需要选择合适的对齐方式，一般系统默认右对齐，如图 6-14 所示。

图 6-14 系统默认对齐方式

8. 定义变量的度量标准

度量标准包括三种：标度尺度、有序尺度、名义尺度。数值型和日期型的变量默认度量标准为标度尺度，字符型变量默认度量标准为名义尺度，根据变量类型选择度量标准。

9. 定义变量角色

变量角色有 6 种：输入、目标、两者、无、分区和拆分。输入表示该变量是解释变量或自变量。目标表示该变量是被解释变量或因变量。两者表示该变量既可以当自变量，又可以当因变量，定义变量时，如果不确定该变量是自变量还是因变量，就可以将变量角色设定为"两者"。无表示变量不参与建模，如学号。分区表示变量是 2 个或 3 个类别值的分类变量时的角色，分区变量是样本集划分依据，分为训练、测试和验证样本集。拆分表示变量是分类型变量。

通过以上定义，一个变量就定义完整了，接下来定义下一个变量，直至定义完所有的变量。变量定义完成后，开始录入数据，待数据全部录入后，保存录入的数据文件。

（二）数据输入举例

【例 6-12】定义以下变量：姓名，性别，X1，X2，X3，Y。原始数据如表 6-10 所示。表中，首行是变量名称，其列方向的字符串或数值是变量的数据，将数据输入 SPSS中，生成数据表。

表 6-10 原始数据

姓名	性别	X1	X2	X3	Y
赵一	男	35	69	0.70	1 600
李二	女	40	74	2.50	2 600
马三	男	42	64	2.00	2 100
顾四	男	40	74	3.00	2 650

启动 SPSS，打开数据编辑窗口，单击"变量视图"页签，切换到变量视图，开始定义变量。

（1）定义第一个变量"姓名"。

在第一行的"名称"栏中输入变量名称"姓名"。

单击第一行的"类型"栏，单击▓按钮，弹出"变量类型"对话框。选择变量类型"字符串"，设定字符数为"8"，如图 6-15 所示。默认小数位数为"0"。在"测量"栏中选择"名义"，在"角色"栏中选择"无"。其他栏都采用默认值。

（2）定义第二个变量"性别"。

在第二行的"名称"栏中输入变量名称"性别"。在该行的"类型"栏中定义变量类型为"数字"，设定变量宽度为"1"，小数位数为"0"。在该行的"值"栏中定义变量值标签：0 为女，1 为男。在该行的"缺失"栏中单击▓按钮，弹出"缺失值"对话框，选中"离散缺失值"，在下方的第一个文本框中输入"9"，如图 6-16 所示，单击"确定"按钮。然后在"列"栏中输入"3"，在"测量"栏中选择"名义"，在"角色"栏中选择"输入"，其他栏采用默认值。第二个变量定义完毕。

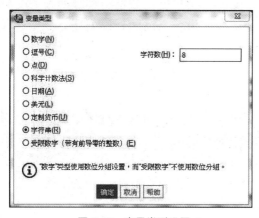

图 6-15　变量类型设置

图 6-16　缺失值设置

（3）定义变量"X1""X2""X3""Y"。

在这四个变量对应的"类型"栏中选择"数字"，在"测量"栏中选择"标度"。在"X1""X2""X3"三个变量对应的"角色"栏中选择"输入"，在"Y"对应的"角色"栏中选择"目标"，其他栏都采用默认值。

至此，所有变量定义完毕，结果如图 6-17 所示。

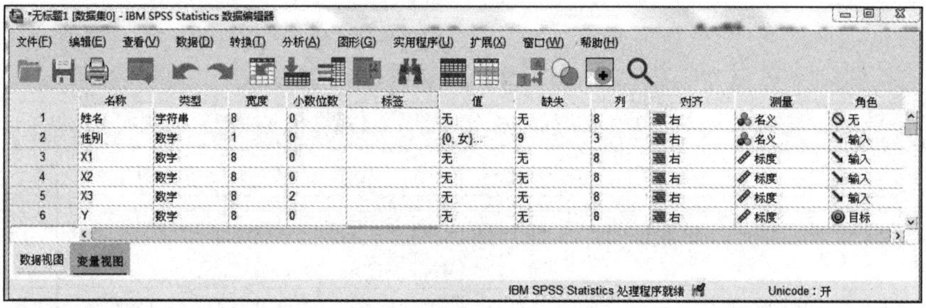

图 6-17　定义完毕的变量

切换到数据视图开始录入数据，结果如图 6-18 所示。

这里应注意，在"性别"栏应输入"1"或者"0"，数据录入完成后，保存数据文件，SPSS 数据文件建立完毕。

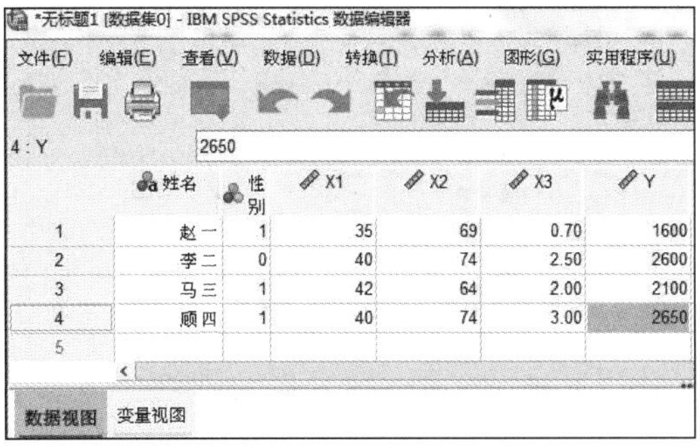

（三）数据简单描述举例

【例 6-13】根据某班级学生市场调查与预测课程期末考试的分数，分析该班级学生这门课程的成绩分布状况，运用 SPSS 计算该班级考试成绩的中位数、平均值、按顺序

图 6-18　数据输入结果

处于 25% 和 75% 位置上的值、最大值、最小值，并用直方图表示出来。

运用 SPSS 进行分析的具体操作如下。

第一步：将该班级期末考试成绩按照前述定义变量的方法进行变量定义和数据输入。

第二步：执行【分析】→【描述统计】→【频率】命令，打开"频率"对话框，将"分数"移入"变量"框，其他选项保持默认状态，如图 6-19 所示。

图 6-19　"频率"对话框

第三步：在"频率"对话框中单击"统计"按钮，打开"频率：统计"对话框（见图 6-20），选择要求分析的项目，根据要求在"集中趋势"中勾选"平均值"和"中位数"；在"离散"中勾选"最小值"和"最大值"；在"百分位值"中勾选"百分位数"，添加"25.0"和"75.0"。单击"继续"按钮，至此，统计量设置完成。

第四步：在"频率"对话框中单击"图表"按钮，打开"频率：图表"对话框（见图 6-21），选中"直方图"和勾选"在直方图中显示正态曲线"。单击"继续"按钮，回到"频率"对话框。

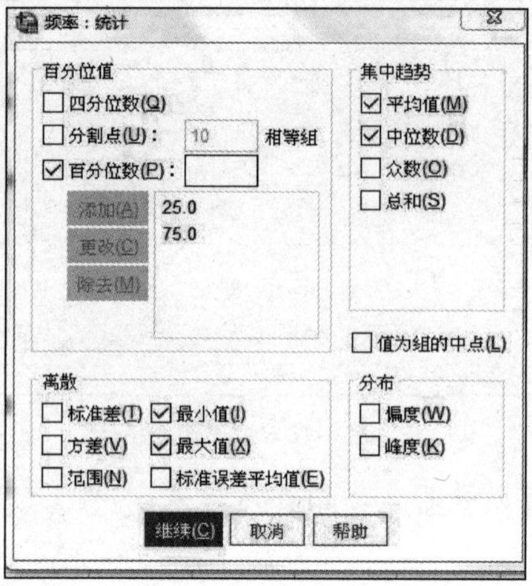

图 6-20 "频率：统计"对话框

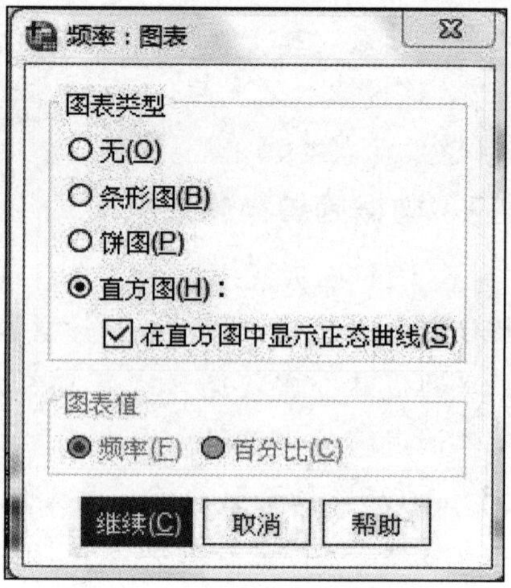

图 6-21 "频率：图表"对话框

　　第五步：回到"频率"对话框后，单击"确定"按钮，输出结果。输出结果如图 6-22 和图 6-23 所示。

		分数	
个案数	有效	30	
	缺失	0	
平均值		68.50	
中位数		64.50	
最小值		60	
最大值		87	
百分位数	25	62.75	
	75	76.25	

图 6-22　输出结果统计信息

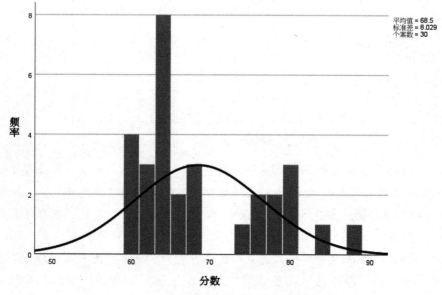

图 6-23　分数直方图

在 SPSS 中，描述分析和频率分析两个过程有许多功能是重复的，使用相同的数据，其分析结果是一样的。但是，两者在某些功能上也有一些区别，具体表现在以下方面。

（1）频率分析可直接计算众数、中位数与各百分位数的结果，描述分析不能直接输出以上数值。

（2）频率分析可输出条形图、饼图和直方图等图表，描述分析不能输出图表。

（3）频率分析多用于定类和定序变量的分析，功能比较全，描述分析一般用于定距变量的分析。

本章小结

在整理市场调查数据时，要遵循真实性、系统化、条理化和时效性的原则，以保证数据资料的完整性和准确性。市场调查数据整理的程序是：现场控制、数据审核、数据编码、数据录入、数据分组。

在对原始资料进行初步整理之后，对数据的处理通常是对数据进行表格化和图形化的处理。处理的方法和工具主要有统计表、条形图、直方图、饼状图、折线图和散点图等。

市场调查数据的分析方法分为定性分析方法和定量分析方法。定性分析方法有归纳分析法、演绎分析法、对比分析法和结构分析法。定量分析方法有集中趋势分析、离散程度分析和相对程度分析。反映数据集中趋势的常用指标有平均数、众数和中位数等。反映数据离散程度的特征数主要有极差、方差、标准差和标准差系数。相对指标有结构相对数、比较相对数、比例相对数、强度相对数和动态相对数。

在对市场调查数据进行初步统计分析时，可以运用 SPSS。运用 SPSS 进行数据初步分析时首先要定义变量、输入数据，然后根据分析的目的选择相应的统计分析选项。

复习思考题

一、单项选择题

1. 某地区有 8 个大型建筑企业，这 8 个企业的员工人数（单位：人）分别为：600、910、850、710、760、740、660、850。这组数据的中位数是（　　　）。

　　A. 740　　　　　　B. 750　　　　　　C. 760　　　　　　D. 735

2. 一组数据的方差为 25，均值为 100，则这组数据的标准差系数是（　　　）。

　　A. 0.1　　　　　　B. 0.25　　　　　　C. 0.05　　　　　　D. 0.1

3. 反映数据集中趋势的常用指标不包括（　　　）。

　　A. 极差　　　　　　B. 平均数　　　　　　C. 中位数　　　　　　D. 众数

4. 将不同的事物和现象进行对比，找出其异同点，从而认识事物和现象的特征及其相互联系的方法是（　　　）。

　　A. 结构分析法　　　B. 演绎分析法　　　C. 归纳分析法　　　D. 对比分析法

5. 运用 SPSS 做统计分析的操作步骤不包括（　　　）。

    A. 建立 SPSS 数据文件　　　　　　　　B. 分析数据

    C. 结果的说明和解释　　　　　　　　　D. 数据编码和审核

二、简答题

1. 市场调查数据整理要遵循哪些原则？

2. 数据审核的内容有哪些？

3. 数据的定性分析方法有哪些？

4. 集中趋势分析的指标有哪些？

5. 对数据进行相对程度分析可使用哪些指标？

三、计算题

1. 某组工人日产零件量（单位：个）为 15、25、35、50、70、75、80，求该组数据的标准差系数。

2. 某工厂第一年计划工业总产量为 1 080 万吨，第二年计划工业总产量为 1 188 万吨，试计算动态相对数。

四、案例分析题

食品行业市场调查

2019 年 7 月，食品行业呈现不同程度的增长，不同类型食品的渠道销售额增长出现了比较大的差别。

（1）调味品：海天止跌回升，中炬持续高增长。海天阿里系前 7 个月线上销售额同比下滑 18.9%，但 7 月单月同比增加 38.04%，一改第二季度颓势，重回增长状态。中炬阿里系前 7 个月销售额同比增加 46.2%，其中 7 月单月同比增加 58.56%，延续了上半年的高速增长趋势，线上渠道持续发力。从市场份额来看，截至 2019 年第一季度末，海天线上调味品市场占有率达到 38.74%，线上线下合力保持领先优势；中炬线上调味品市场占有率达到 8.18%，厨邦和美味鲜的知名度和影响力不断提高。在子品类中，海天和中炬的酱油市场占有率仍在稳步提高，海天蚝油市场占有率已达到七成，中炬市场规模不断扩大。

（2）休闲食品：7 月高增长，开启下半年旺季行情。休闲食品整体 7 月增速同比和环比均有明显提高，结束上半年的平淡表现，开启下半年旺季行情。前 7 个月，阿里系来伊份、洽洽、××铺子、好想你分别同比增长 64.2%、160.1%、−11.2%、−3.1%，除××铺子和好想你外，各家企业均收获可观增率。仅 7 月各品牌阿里系均实现 20% 以上的增长，其中来伊份（+116.0%）、××铺子（+58.0%）、好想你（+22.5%）环比增速明显提升，线上销售积极性增强。

（3）速冻食品：线上渠道爆发，渠道影响力持续增强。2018 年，线上冷冻食品整体销售额约 98 亿元（同比增长 102%），2019 年上半年约 70 亿元（同比增长 89%），线上渠道爆发。2019 年上半年，阿里渠道速冻食品实现总销售额 51.67 亿元，同比增长 102.6%，京东上半年速冻食品销售规模同比增长 90.1%，尽管外卖行业增速迅猛，但消费者对速冻食品的消费有增无减。三全食品线上渠道布局趋于积极，三全食品的水饺馄饨类产品 2019 年上半年销售额同比增长 135.9%，实现量价齐升；其中儿童水饺是三全食品近几年表现较为亮眼的品类，2019 年上半年增长 107%；同时三全食品以手抓饼为主的早餐系列产品 2019 年上半年增长 233%，并且三全食品通过新增油条、帕尼尼等新品提高竞争力。

　　思考题：资料中呈现的数据可以运用哪些图表工具来进行处理？请用合适的方法整理资料中的数据。

实训思考题

【实训任务】

　　以小组为单位确定一个主题进行问卷调查，每组至少发出 200 份问卷，回收问卷后运用本章所学的方法对问卷进行整理汇总，并使用 SPSS 对数据进行描述性统计分析，将整理和分析后的结果形成一份调查报告。

【实训目的】

　　培养学生实地进行市场调查的操作能力，会运用 SPSS 对数据进行分析。

【实训组织】

　　（1）7～8 人为一组，以小组为单位进行实训；

　　（2）确定问卷调查的主题，进行问卷设计，组织组员进行问卷发放；

　　（3）对问卷进行回收，并进行数据的整理和分析。

【实训考核】

　　（1）考核学生的沟通能力和组织能力；

　　（2）考核学生对 SPSS 的操作能力和数据分析能力。

第7章
定性预测方法

知识目标
- 理解和掌握集合意见预测法的组织形式和实施步骤。
- 理解和掌握头脑风暴法的实施步骤和原则。
- 理解和掌握德尔菲法的预测程序和特点。
- 理解对比类推法的定义和类型。

技能目标
- 能运用头脑风暴法进行预测。
- 培养分析预测的初步能力。

　　定性预测方法能够充分利用专家的经验和判断力，积极发挥预测者的主观能动性，对市场行情的发展趋势等问题进行预测分析，其操作简单方便，省时省费用，有较强的灵活性。

　　定性预测方法比较多，本书主要介绍三种方法：集合意见预测法、专家预测法和对比类推法。

第一节　集合意见预测法

　　集合意见预测法又称为"集体经验判断法"，是集合企业内部经营管理人员、业务人员等各类人员的集体智慧、意见，凭借他们的经验和判断，共同讨论市场未来的变化趋势而进行市场预测的方法。由于经营管理人员、业务人员等比较熟悉市场需求及其变化动向，他们的判断往往能反映市场的真实趋向，因此，集合意见预测法是进行短期市场预测常用的方法。

集合意见预测法的
组织形式

一、集合意见预测法的组织形式

　　从人员构成的角度来看，集合意见预测法的组织形式一般有四种。

（一）集合经营管理人员意见法

　　在集合经营管理人员意见法下，企业内部召开经理人员座谈会，由熟悉市场和与市场相关的经理人员参加，与会经理人员对未来一段时间内的市场行情进行预测，并对其预测意见进行归纳、分析和总结，最后确定企业的预测方案。

这种方法的优点是，在预测时征询经理人员的意见，能够发挥经理人员预测的积极性。由于经理人员大多是生产和市场的一线管理人员，对市场行情和销售人员的情况非常熟悉，也能够随时察觉市场情况的变化，因此，他们的预测结果比较准确，同时经理人员也可以及时调整预测结果。

集合经营管理人员意见法也有其局限性，高层次的经理人员对市场行情的了解可能不如一线的业务人员深入。经理人员在预测时，主要根据个人的主观经验进行判断，受个人主观因素的影响大，不同的预测者对同一个问题可能会产生不同的预测结果。

（二）集合职能部门管理人员意见法

集合职能部门管理人员意见法是指在企业内部召开职能部门管理人员座谈会，提供与预测项目相关的信息资料，请各职能部门管理人员根据所给资料和个人对未来市场发展趋势的判断来进行分析和预测的方法。

职能部门管理人员大多属于中、基层管理者，他们对大的市场战略和市场走向的了解程度不如经理人员，但是在市场销售细节方面比经理人员更清楚，所以企业在进行年度和季度销售预测时，需要参考职能部门管理人员的意见，以修正经理人员的预测结果。

（三）集合业务人员意见法

集合业务人员意见法是指召集企业内部业务人员，让他们对未来一段时间内的市场发展态势和销售情况进行预测，通过归纳、整理、分析企业内部业务人员的判断意见，来确定企业的预测方案的方法。

处于一线的业务人员对市场的变化和发展动态是最为熟悉的，他们的预测能够有效地反映市场短期的现实情况，但是，业务人员在进行预测时会受到个人素质的限制，缺乏对企业发展和市场变化全局的掌握，而且出于自身利益的考虑，业务人员的预测结果会相对保守。

（四）购买者意向调查法

购买者意向调查法是利用调查问卷对潜在消费者在未来某一时期购买某种商品的意向进行调查，对商品需求或销售状况做出估计的方法。这种方法的基本原理是根据多名消费者购买商品的决策倾向，反映消费者未来对商品的需求状况，以此预测商品未来的销售状况。

购买者意向调查法通过编制问卷、抽取样本、实施调查、统计分析等进行预测。购买者意向调查法所得的预测结论的准确性比较低，大多数时候是作为参考资料。购买者意向调查法一般作为其他定性预测方法的辅助手段，不单独使用。例如，对某一线城市 500 名消费者购买洗衣机的意向进行调查，选择"一定会购买"的被调查者的比例为 40%，显然这个数据不能作为预测该城市洗衣机市场需求量的依据。

二、集合意见预测法的实施步骤

集合意见预测法的实施步骤一般如下。

第一步：将参与预测的有关人员进行分组，组织者根据企业经营管理的要求，向小组人员提出预测目标和预测期限的要求，并尽可能提供有关资料。

第二步：预测人员根据预测要求及掌握的资料，凭个人经验和分析判断能力，提出各自的预测方案。同时预测人员要说明其分析依据，并在经过充分讨论后，重新调整其预测方案，力求在预测方案中既有质的分析，也有量的分析。

第三步：预测组织者计算预测人员的预测方案期望值。预测方案期望值等于各种可能状态的主观概率与状态值乘积之和。预测方案期望值的计算公式为：

$$X_i = x_1 W_1 + x_2 W_2 + \cdots + x_n W_n$$

式中，X_i 是预测方案期望值（$i=1, 2, \cdots, n$），$x_1, x_2, \cdots, x_n$ 为各种可能状态的状态值，$W_1, W_2, \cdots, W_n$ 为各种可能状态的主观概率。

第四步：将参与预测的有关人员进行分组，并赋予不同的权数，最后采用加权平均法计算各类人员的综合期望值。

第五步：确定最终的预测值。预测值为：

$$X = \frac{X_1 V_1 + X_2 V_2 + \cdots + X_m V_m}{V_1 + V_2 + \cdots + V_m}$$

式中，X 为预测值，V_m 为各类人员的权数。

【例 7-1】某公司为了预测明年的产品销售额，运用集合意见预测法组织了一次年度销售额预测。参与预测的人员有经理和业务科、计划科、财务科负责人及销售人员。

第一步：各位经理、科室负责人和销售人员分别提出各自的预测，如表 7-1～表 7-3 所示。

表 7-1　经理的预测

经理	销售预测						期望值/万元	权数
	销售好时的销售额/万元	销售好时的概率	销售一般时的销售额/万元	销售一般时的概率	销售差时的销售额/万元	销售差时的概率		
甲	500	0.3	420	0.5	380	0.2	436	0.6
乙	550	0.4	480	0.4	360	0.2	484	0.4

表 7-2　科室负责人的预测

科室负责人	销售预测						期望值/万元	权数
	销售好时的销售额/万元	销售好时的概率	销售一般时的销售额/万元	销售一般时的概率	销售差时的销售额/万元	销售差时的概率		
业务科负责人	600	0.5	400	0.2	360	0.3	488	0.3
计划科负责人	540	0.4	480	0.3	340	0.3	462	0.3
财务科负责人	580	0.3	440	0.3	320	0.4	434	0.4

表 7-3　销售人员的预测

销售人员	销售预测						期望值/万元	权数
	销售好时的销售额/万元	销售好时的概率	销售一般时的销售额/万元	销售一般时的概率	销售差时的销售额/万元	销售差时的概率		
甲	480	0.3	400	0.5	300	0.2	404	0.4
乙	520	0.3	445	0.4	360	0.3	442	0.3
丙	540	0.2	420	0.5	380	0.3	432	0.3

（1）未来的市场销售前景有三种可能：销售好、销售一般、销售差。销售好、销售一般、销售差三种可能的概率之和等于 1。

（2）权数：不同人员由于在企业中的地位不同，权威性不同，其预测的影响力也不同，如经理甲是正经理，经理乙是副经理，显然经理甲的权威性高于经理乙的权威性，因此，经理甲的权数应大于经理乙的权数。其他人员的权数也类似，凡是权威性高一些的人员，其权数也大一些。

第二步：计算各预测人员的期望值。期望值等于各种可能状态的销售额与对应的概率乘积之和。

例如，经理甲的期望值=500×0.3+420×0.5+380×0.2=436（万元）

其他人员的期望值计算结果如表 7-1～表 7-3 所示。

第三步：计算各类人员的综合预测值。

经理类的综合预测值为：

$$\frac{436\times0.6+484\times0.4}{0.6+0.4}\approx455（万元）$$

科室负责人类的综合预测值为：

$$\frac{488\times0.3+462\times0.3+434\times0.4}{0.3+0.3+0.4}\approx459（万元）$$

销售人员类的综合预测值为：

$$\frac{404\times0.4+442\times0.3+432\times0.3}{0.4+0.3+0.3}\approx424（万元）$$

第四步：确定最后预测值。对三类人员的综合预测值运用加权平均法再加以综合。由于三类人员的综合预测值重要程度是不同的，所以应当对三类人员的综合预测值给予不同的权数。现假定：经理类权数为 4；科室负责人类权数为 3；销售人员类权数为 2（权数可以是小数，也可以是正整数，对同类人员预测时，权数是小数且相加为 1，对不同类人员预测时，权数为正整数，表示其相对重要性）。最后预测值为：

$$\frac{455\times4+459\times3+424\times2}{4+3+2}=\frac{1820+1377+848}{9}\approx449（万元）$$

三、集合意见预测法的优缺点

集合意见预测法的优点如下。

（1）企业中各个层次的人员共同就某个项目进行预测，有利于发挥集体智慧，调动全体人员开展市场预测的积极性。

（2）预测结果以市场产品的供需发展变化为依据，准确性和可靠性比较高。

（3）预测分析的计算量比较小，灵活便捷，当市场发生剧烈变化时，可以及时对预测结果进行调整。

集合意见预测法的缺点如下。

对市场行情的分析判断主要依靠预测者的个人主观经验，主观性比较强，无法做出精确的数量估计。

第二节　专家预测法

专家预测法是指根据市场预测的目的和要求，利用专家的知识和经验，结合背景统计资料进行预测的一类定性预测方法。采用专家预测法时，对预测对象的调查研究由专家而非预测者本身来完成，预测者只是预测活动的组织者，其主要任务是收集、整理、归纳、分析和提炼专家们提出的预测和建议，并得到最终的预测结果。专家预测法通常适用于没有历史资料或资料不完整，难以进行定量预测的情况。专家预测法主要有头脑风暴法和德尔菲法。

一、头脑风暴法

（一）头脑风暴法的含义和分类

1. 头脑风暴法的含义

头脑风暴法是由美国创造学家亚历克斯·F.奥斯本在1939年首

头脑风暴法

次提出、1953年正式发表的一种激发性思维的方法，又称为思维共振法或脑力激荡法。头脑风暴法是通过组织各类专家对市场预测目标进行信息交流，进行智力碰撞，激励全体与会专家积极发挥其创造性思维，促进他们的"思维共振"，互相启发，以产生新的思维和观点，再进一步深化、集中，以达到互相补充，并产生"组合效应"的预测方法。头脑风暴法是发挥创造性思维常用的一种方法，它能激发更多的观点，得到更多的建议，能充分发挥与会者的创造力和想象力。它要求与会者有较强的联想思维能力，在产生大量可供选择的方案后，就有更大的可能性发掘更多的观点来帮助决策者解决问题。

2. 头脑风暴法的分类

头脑风暴法可分为直接头脑风暴法和质疑头脑风暴法两种。直接头脑风暴法是在专家群体决策中尽可能激发创造性思维，产生尽可能多的设想的方法；质疑头脑风暴法是对直接头脑风暴法提出的设想、方案逐一质疑，分析其可行性的方法。

（1）直接头脑风暴法。

直接头脑风暴法是根据一定的规则，通过共同讨论，鼓励专家独立思考，充分发表意见的一种预测方法。其实施步骤如下。

第一步：准备。确定要解决的问题，并明确与会者的名单和会议时间，一般人数控制在8～12人，讨论时间约1小时。与会者最好互不认识，这样可以更好地激发与会者的创造性思维。

第二步：热身。组织者通过一段幽默的开场白或提出一两个与会议主题关系不大的小问题，促使与会者积极思考并畅所欲言。目的是尽快调动与会者的思维并使其处于"受激"状态，从而形成热烈、宽松和自由活跃的气氛。会议组织者要创造一种自由活跃、畅所欲言的讨论氛围，支持和鼓励不同的观点，激发与会者参与讨论的积极性。

第三步：提出问题。组织者向大家介绍所要解决的问题。组织者的表达技巧很重要，其发言要具有启发性。

第四步：头脑风暴。与会者按照头脑风暴法的原则就提出的问题畅所欲言，这一过程要求与会者充分发挥自己的创造力和想象力，提出自己的意见和看法，并借助他人的智力碰撞，互相启发，互相补充，借此激发更多的创造性思维。在讨论的过程中，组织者要向专家强调不要随便评价他人的观点，只需畅谈自己的想法，开放思维，展开联想。这是直接头脑风暴法的关键阶段。

第五步：整理方案。会议结束后，组织者对各种方案进行整理、归类、比较和评价，最终确定预测方案。

第六步：会后评价。查看会议记录，检查会议中与会者的态度是否认真，会上反映的情况是否真实，阐述的观点是否具有代表性，并对预测方案进行评价，找出存在的疑点和问题。

（2）质疑头脑风暴法。

质疑头脑风暴法是对直接头脑风暴法提出的系统化的预测方案进行质疑的一种预测方法，是一种召开两个会议、集体产生设想的方法。第一个会议完全遵照直接头脑风暴法的程序进行，第二个会议对第一个会议的方案提出质疑，分析存在的限制因素和解决问题的建议，直到没有问题可以质疑为止，从而进一步完善预测方案，使之更加科学合理。

（二）头脑风暴法的实施原则

头脑风暴法的关键在于要给与会者营造一个自由轻松、畅所欲言的氛围，使他们能够迅速地调动创造性思维，不受限制地提出自己的想法和观点，相互启发和激励。因此，在讨论的过程中要遵循下列原则。

（1）会议中禁止批评和评论，也不要自谦。与会者对各种意见、方案在会议讨论中不得进行评价。与会者对别人提出的任何想法都不能批判。即使自己认为别人的想法是错误、荒诞离奇的，亦不得予以驳斥。同时防止出现一些"扼杀性语句"和"自我扼杀语句"，如"你的想法太陈旧了""这行不通""这不可能"等。只有这样，与会者才能在充分放松的情况下，在别人设想的激励下，开拓自己的思路。

（2）目标集中，追求数量，多多益善。意见越多，产生好意见的可能性越大。

（3）鼓励独立思考。不允许与会者私下交谈，以免干扰别人的思维。

（4）与会者一律平等，各种设想全部都要记录下来。与会者不论是本领域的专家、员工，还是其他领域的学者，一律平等。各种设想不论大小，即使是最荒诞的设想，也要被认真完整地记录下来。

（5）提倡自由发言、任意思考。会议提倡自由想象、尽量发挥，观点越新奇越好，因为它能启发他人提出更加新颖独到的观点。

（6）鼓励利用和改善他人设想。这是激励的关键所在，每个与会者都要从他人设想中得到启示，或补充他人的设想，或将他人的设想综合起来提出新的设想。

（7）不强调个人的成绩，应以整体利益为重，注意和理解别人的贡献，创造民主环境，不以多数人的意见阻碍少数人新的观点的产生，激发个人追求更多更好的创意。

（三）头脑风暴法的优缺点

头脑风暴法的优点是：通过信息交流，与会者产生思维共振，进而激发创造性思维，能在短期内得到创造性成果；通过会议获取的信息量大，考虑的预测因素多，提供的方案比较广泛全面。

头脑风暴法的缺点是：参加会议的人数受限制；与会者受权威影响较大，不利于充分发表意见；与会者易受心理因素影响，容易随大流；与会者易受表达能力的限制。

二、德尔菲法

（一）德尔菲法的含义

德尔菲法最初作为一种直觉预测技术，是为了军事策略问题的预测而设计的，后逐步被政府部门和工商企业所采用，并扩展到其他各个领域，如科学技术预测、人口预测、医疗保健预测、经营和需求预测、教育预测等。此外，它还可以用来进行评价、决策、管理沟通和规划工作。

德尔菲法又叫专家调查法，起初是由美国兰德公司推广实施的。1946年，美国兰德公司为避免集体讨论存在的屈从于权威或盲目服从多数的现象，首次使用德尔菲法进行定性预测，后来该方法被迅速广泛采用。德尔菲法是以背对背的方式通过几轮函询征求专家的意见，组织者对每一轮的意见进行汇总整理后作为参考再发给各专家，供他们分析判断以提出新的论证，几轮反复后，专家意见渐趋一致，最后得出符合市场未来发展趋势的预测结果的一种经验判断预测法。这种方法具有广泛的代表性，较为可靠。

（二）德尔菲法的预测程序

德尔菲法的预测程序分为三个阶段：准备阶段、征询阶段和最终预测阶段。

1. 准备阶段

准备阶段的工作有三项：确定预测主题、成立专家小组和准备背景材料、设计调查咨询表。

（1）确定预测主题。预测主题是所要研究和解决的问题，预测主题应该选择有研究价值、对国民经济发展起重要作用或对企业发展有重要影响的问题。

（2）成立专家小组和准备背景材料。物色专家是德尔菲法的关键，所选专家应该是对预测对象和预测问题有深入了解和研究，具有专业知识和丰富的经验，思维开阔、富有创造力和有较强判断力的人。如果所选专家对预测主题没有深入的了解和专业的知识，就很难提出正确的意见和有价值的判断。

在选择专家时要注意三个问题。一是专家来源的广泛性，这是定性预测需要多样化知识的要求。一般采取"三三制"，即本企业、本部门对预测问题有研究、了解市场的专家占总数的 1/3；与本企业、本部门有业务联系、关系密切的行业专家占总数的 1/3；社会上有影响力的知名人士且对该市场和行业有研究的专家占总数的 1/3。这样可在预测中保证专家观点的全面性，可使预测结果更加具有说服力。二是专家的自愿性，在选择专家时，要考虑专家的时间、精力和意愿，只有考虑专家的自愿性，才能保证专家充分发挥各自的积极性和创造性。三是人数适度。专家小组的人数一般控制在 12～20 人，人数太少，缺乏代表性，信息量不足；人数太多，会增加成本，组织工作也会更加复杂，预测效率也会打折扣。

（3）设计调查咨询表。调查咨询表的设计要围绕调查内容本身，提问要明确，简明扼要，问题不宜过多，尽量在专家熟悉的领域提问。

2. 征询阶段

征询阶段是德尔菲法的主要阶段，一般咨询和信息反馈要进行三轮到四轮。

第一轮：组织者将预测主题资料、调查咨询表和背景材料以书信的方式寄给每一位专家。要求他们根据自己的想法，提出自己的预测意见，并说明自己是怎样利用这些材料并提出预测值的。专家填好调查咨询表后，按规定的时间寄回，组织者收到调查咨询表后，要把收集到的专家意见进行汇总整理，发现具有共识性的意见和方法，并准备下一轮预测要求。

第二轮：组织者将第一轮得到的相对比较集中的意见资料、预测要求资料、补充的背景材料、调查咨询表，以书信的方式寄给专家，进行第二轮征询。第二轮征询要求各个专家对别人的预测意见加以评论，对自己的预测意见进行补充说明。专家们收到资料后，会根据新的信息，修改自己的意见，提出新的看法，或做出新的判断。组织者在规定的时间内再次回收各个专家的意见，准备第三轮征询。

第三轮：将第二轮汇总得到的相对比较集中的意见资料、预测要求资料、补充的背景材料、调查咨询表，以书信的方式寄给专家，进行第三轮征询。专家们重复第二轮的操作，最后寄回自己的意见等资料。

如此继续下去，直到专家的意见趋向于一致。

3. 最终预测阶段

在回收了最后一轮的调查咨询表后，组织者要对专家意见进行整理、分析和评价，并通过统计分析得到最后的预测结果。在对专家意见进行统计分析时，常用的有三种方法。

（1）算术平均法。对所有专家的预测值进行算术平均，将平均值作为专家预测的最终结果。

（2）中位数法。这种方法主要用于时间或数量的处理，把中位数作为最终的预测结果。

（3）主观概率法。这种方法主要用于预测未来事件发生的可能性，用专家预测的主观概率的加权平均值作为集体预测的最终结果。

（三）德尔菲法的特点

与一般的专家意见汇总法相比，德尔菲法有四个特点。

1. 匿名性

在实施德尔菲法的过程中，专家互不相知，应邀参加预测的专家之间横向不发生联系，只与组织者单线联系，专家可以不公开地改变自己的意见，从而无损自己的权威，各种不同的观点都可以得到充分的发表。这种方式可以使被征询的专家不会出现迷信权威或因慑于权威而不敢发言的现象，也不需要因顾及面子而固执己见，从而将心理因素的干扰降到最低限度，创造一种平等、自由的氛围，激励专家们独立思考，充分发表意见。

2. 反馈性

在匿名的情况下，为了使参加预测的专家掌握每轮预测的汇总结果和其他专家提出的意见及其理由，组织者需要对每一轮的预测结果进行汇总、整理、分析，并在下一轮征询中反馈给各位专家。专家也可以从反馈的资料中开拓思路、集思广益，提出更多创新观点，并不断完善预测的意见，使预测结果更加准确可靠。

3. 趋同性

德尔菲法对每一轮专家的意见都要进行定量的统计归纳，使专家能够借助反馈意见，最后使预测结果趋于一致，而且这种趋同并不带有群体讨论中盲目服从权威的色彩。

4. 量化性

在德尔菲法中，经过多轮征询后，对最后一轮专家的意见运用统计方法进行定量的分析处理，一般采用平均数作为最后的预测结果，通过定性和定量相结合的分析，提高预测结果的科学性和准确性。

（四）德尔菲法的优缺点

1. 德尔菲法的优点

（1）专家对回答问题有一定的时间准备，能保证对问题的思考比较成熟。

（2）在征询意见的过程中，专家能了解不同的意见，而经过不同的分析后提出的看法较为完善。

（3）征询用匿名方式进行，有利于各位专家不受限制地独立思考，不为少数权威意见所左右。

（4）对专家意见的汇总整理采用数理统计方法，使定性的调查有了定量的说明，所得结论更为科学。

2. 德尔菲法的缺点

（1）预测结果取决于专家对预测对象的主观看法，受专家的学识、评价尺度及兴趣程度等主观因素的制约。

（2）专家在日常工作中一般专业方向比较明确，容易在有限范围内进行习惯性思维，往往不具备了解预测问题全局所必需的思想方法。

（3）专家对问题的评价通常建立在直观的基础上，缺乏严格的考证，因此专家的预测结论往往是不稳定的。

（4）专家对发展趋势的预测采用直观外推方法，对大大超乎现实的思想难以估计。

（五）德尔菲法应用举例

某企业开发一种新产品，由于市场上还没有相似的产品，无法获得历史数据，因此对新产品的年销量难以确定。现聘请 12 位专家，用德尔菲法进行预测。新产品销量专家意见统计表如表 7-4 所示。

表 7-4　新产品销量专家意见统计表　　　　　　　　　　　　　　　　单位：万件

专家编号	第一次判断销量			第二次判断销量			第三次判断销量		
	最低	最可能	最高	最低	最可能	最高	最低	最可能	最高
1	10	15	18	12	15	18	11	15	18
2	4	9	12	6	10	13	8	10	13
3	8	12	18	10	14	16	10	14	16
4	15	18	30	12	15	30	10	12	22
5	2	4	7	5	8	10	6	10	12
6	6	10	15	6	10	15	6	9	15
7	5	6	10	6	8	12	6	10	12
8	6	6	10	7	8	14	7	8	12
9	5	9	16	10	13	21	6	12	19
10	9	11	14	7	10	17	7	10	12
11	8	10	12	9	10	12	10	11	14
12	6	10	18	6	11	14	9	11	15
平均值	7	10	15	8	11	16	8	11	15

从表 7-4 中不难看出，专家们在发表第二轮预测意见时，大多数专家都修改了自己的第一轮预测意见，专家们发表第三轮预测意见时也是如此。经过三轮征询后，专家们预测值的差距在逐步缩小。现根据第三轮预测意见，预测新产品的销量。

（1）算术平均数。第三轮预测时，12 位专家预测的最低销量、最可能销量、最高销量平均值（单位：万件）分别为 8、11、15，将这三个数进行算术平均：

$$X = \frac{8+11+15}{3} \approx 11.33 \text{（万件）}$$

（2）加权平均数。将最低销量、最可能销量和最高销量分别按 0.20、0.50 和 0.30 的权数加权平均，则预测平均销量为：

$$X = 8 \times 0.2 + 11 \times 0.5 + 15 \times 0.3 = 11.6 \text{（万件）}$$

（3）中位数。对备选销量取中位数，再按上述权数计算加权平均数。

最低销量：6、6、6、6、7、7、8、9、10、10、10、11，中间 2 个数分别是 7、8，

中位数为 7.5。

最可能销量：8、9、10、10、10、10、11、11、12、12、14、15，中间 2 个数分别是 10、11，中位数为 10.5。

最高销量：12、12、12、12、13、14、15、15、16、18、19、22，中间 2 个数分别是 14、15，中位数为 14.5。

加权平均后预测的销量为：

$$X=7.5×0.2+10.5×0.5+14.5×0.3=11.1（万件）$$

（六）实施德尔菲法应注意的问题

（1）可能有些专家因不愿批评或否定他人的观点而放弃自己的合理主张。要防止这类问题出现，必须避免专家面对面的集体讨论，而是由专家单独提出意见。

（2）对专家的挑选应基于其对企业内外部情况了解的程度。专家可以是第一线的管理人员，也可以是企业高层管理人员和外聘专家。例如，在估计未来企业对劳动力的需求时，企业可以挑选人事、计划、市场、生产以及销售部门的经理作为专家。

（3）为专家提供充分的信息，使其有足够的依据做出判断。例如，为专家提供所收集的有关企业人员安排及经营趋势的历史资料和统计分析结果等。

（4）所提出的问题应该是专家能够回答的问题。

（5）允许专家粗略地估计数字，不要求精确，但可以要求专家说明预计数字的准确程度。

（6）尽可能将过程简化，不提与预测无关的问题。

第三节　对比类推法

很多事物的发展变化规律具有某种相似性，尤其是同类事物之间。对比类推法是一种常见的定性预测方法，常用于新产品开发和新市场开拓前景预测。

一、对比类推法的定义

对比类推法也称对比分析法，是利用类推性原理，将预测对象与同类或类似事物进行对比分析，根据同类事物的发展状况或相似事物的发展状况对预测对象进行估计和判断，从而得出预测结果的一种定性预测方法。这种方法将不同空间、同类经济现象的相关情况进行对比类推，找出某种规律，推断预测对象的发展变化趋势。对比类推法适用于不同国家、不同地区、不同经济事物的发展预测，除了进行同类产品或同类事物的预测外，也可以进行不同产品、不同类型事物之间的类推和预测。例如，用各种鸟的翅膀的形状类推飞机翼形；利用铁路技术类推航天技术。

在类推时，先发生的事件称为先导事件，后发生的事件称为迟发事件，当先导事件和迟发事件之间存在着某种联系或相似性时，我们就可以利用先导事件的特征和发展过程推导迟发事件的特征和发展过程。例如，将发展中国家的体育发展过程与发达国家已经历的体育发展过程对比，由此预测发展中国家未来的体育发展过程。

二、对比类推法的类型

根据分析目标的不同，对比类推法可以分为产品类推法、地区类推法、行业类推法和局部总体类推法。

（一）产品类推法

许多产品在功能、结构、原材料、技术等方面具有相似性，因而这些产品的市场发展规律往往也会呈现某种相似性，利用产品之间的这种相似性进行类推的方法就是产品类推法。产品类推法特别适合新产品开发的预测。

例如，冰箱与洗衣机对于家庭消费是相似的，因此可以根据冰箱市场的发展过程类推洗衣机市场的需求变化趋势。冰箱与洗衣机遵循"萌芽—成长—成熟—衰退"的生命周期演变过程，不同阶段其市场需求特征是不同的。所以通过对冰箱市场发展过程进行分析，掌握冰箱市场各个阶段的需求特征及发生转折的时机，就可以对洗衣机市场的需求进行估计。

（二）地区类推法

地区类推法是根据其他地区曾经发生过的事件对本地区进行类推的方法。同一产品在不同地区有领先或落后的发展状况，可以根据某一地区的市场状况类推另一地区的市场状况。这种推算方法把所要预测的事物同另一地区同类事物的发展过程或变化趋势相比较，找出某些共同或相似的变化规律，用来推测目标市场未来的变化趋势。

【例 7-2】某市有 A、B、C、D 四个区，某市上一年四个区××销量如表 7-5 所示，经过对 A 区××消费者的抽样调查，预测今年 A 区的人均××需求为 7.8 条/人，假设今年人口数不变，各区保持和去年同样的销售比率，请运用对比类推法，根据 A 区情况预测 B、C、D 区今年的××销量。

表 7-5　某市上一年四个区××销量

区域	A	B	C	D
实际销量/万条	150	185	146	228
人口/万人	20	25	20	30

预测分析：因为四个区属于同一个市，可以认为四个区的××需求变化具有相同趋势。采用地区类推法，将 A 区今年的人均××需求（7.8 条/人）作为类推基准，预测 B 区、C 区、D 区今年的××需求，进而预测各区今年的××销量。

A 区去年人均××需求=150/20=7.5（条/人）

B 区去年人均××需求=185/25=7.4（条/人）

C 区去年人均××需求=146/20=7.3（条/人）

D 区去年人均××需求=228/30=7.6（条/人）

以 A 区上一年的人均××需求为基准，则其余各区与 A 区上一年人均××需求的相对值为：

$$B 区 =7.4/7.5≈0.987$$
$$C 区 =7.3/7.5≈0.973$$
$$D 区 =7.6/7.5≈1.013$$

已知 A 区今年人均××需求为 7.8 条/人，以此为类推基准，且其余各区相对值保持不变，则其余各区今年人均××需求为：

$$B 区今年人均××需求=7.8×0.987≈7.699（条/人）$$
$$C 区今年人均××需求=7.8×0.973≈7.589（条/人）$$
$$D 区今年人均××需求=7.8×1.013≈7.901（条/人）$$

若各区人口数不变，则各区今年××销量预测值为：

A 区=20×7.8=156（万条）   B 区=25×7.699=192.475（万条）

C 区=20×7.589=151.78（万条）   D 区=30×7.901=237.03（万条）

（三）行业类推法

行业类推法是根据同一产品在不同行业使用时间的先后，利用该产品在领先使用的行业市场状况类推滞后使用的行业市场状况。许多产品的发展都是从某一行业市场开始的，逐步向其他行业推广。行业类推法多用于新产品开发预测，以相近行业的相近产品的发展变化情况，来类推某种新产品的发展方向和变化趋势。

（四）局部总体类推法

局部总体类推法以某一个企业的普查资料或某一个地区的抽样调查资料为基础，进行分析判断、预测和类推。在市场预测中，对于某一行业或整个市场的容量，通过普查固然可以获得全面系统的资料，但受主客观条件的限制，如不可能进行全面普查，只有局部普查资料或抽样调查资料，预测和类推全面或大范围的市场变化，就成为客观需要。

【例 7-3】某家电用品公司为开拓五个城市的中央空调市场而进行调查，获得五个城市上一年中央空调的销量，如表 7-6 所示，根据资料数据，预测今年中央空调的需求量。

表 7-6 五个城市上一年中央空调的销量

城市	A	B	C	D	E
实际销量/套	19 000	3 600	2 800	7 800	4 000
家庭户数/万户	20	18	13	49	21

预测分析：经过对 A 城 20 万户家庭的抽样调查，今年中央空调的平均购买量为每百户 4 名，即需求率为 0.04，得出市场预测值为 8 000 套，但这仅是对一个城市的抽样调查。要了解其他四个城市中央空调需求量如何，就要采用局部总体类推法，以一个城市的中央空调需求量为基础，来类推其他四个城市的中央空调需求量，最后加以综合。在应用局部总体类推法进行预测时，应注意该方法建立在事物发展变化具有相似性的基础上，相似性并不等于完全相同。

三、对比类推法的注意事项

（1）具体问题具体分析。在类推时要注意对具体产品或具体市场进行分析。

（2）尽量不用来预测特殊现象。特殊事物的规律难以找到类似参照物，也难以找到可供分析的数据资料。如果特殊事物的资料比较多，则不应该用对比类推法进行预测，而应该用其他预测结果更加准确的方法进行预测。

（3）应该找到类似程度高的事物作为预测的参照物，并且应该运用其他预测方法进行佐证和分析。

（4）应该在对具体产品的各种影响因素进行综合分析和判断后，再对预测结果进行确认。因为影响因素发生变化，预测结果将会有比较大的误差。影响因素相差太大的时候，不能使用此法。

本章小结

定性预测方法是一种常用的预测方式。定性预测方法主要有集合意见预测法、专家预测法和对比类推法等。

集合意见预测法主要适用于进行短期市场预测，包括集合经营管理人员意见法、集合职能部门管理人员意见法、集合业务人员意见法和购买者意向调查法四种组织形式。

专家预测法包括头脑风暴法和德尔菲法。头脑风暴法主要用于创新性比较强的活动或决策；德尔菲法具有匿名性、反馈性、趋同性和量化性的特点。

对比类推法应用范围广泛，常用于新产品开发和新市场开拓前景预测，包括产品类推法、地区类推法、行业类推法和局部总体类推法。

复习思考题

一、单项选择题

1. 利用集合经营管理人员意见法预测时，对于经理人员所做出的预测，在综合分析中（　　　）。

  A. 给定的权数要小一些   B. 给定的权数要大一些

  C. 给定的概率要小一些   D. 给定的概率要大一些

2. 需要召开两个会议、集体产生设想的方法是（　　　）。

  A. 质疑头脑风暴法   B. 直接头脑风暴法

  C. 德尔菲法   D. 集合意见预测法

3. 某公司主营日化用品的生产和销售，现要开发药用类日化品，需要对新产品销售进行预测，可采用的方法是（　　　）。

  A. 头脑风暴法   B. 集合意见预测法

  C. 对比类推法   D. 德尔菲法

4. 有位先生想买辆汽车，拟在 A、B、C、D 四个品牌中做出选择。他考虑的主要方面是价廉、省油、可靠和舒适，其权数分别为 8、7、6、5，经过一番考察，他对四个品牌的汽车做出了表 7-7 所示的评价。

表 7-7　四个品牌汽车的评价

因素	品牌			
	A	B	C	D
价廉方面	0.8	0.6	0.4	0.5
省油方面	0.5	0.5	0.7	0.7
可靠方面	0.7	0.6	0.6	0.6
舒适方面	0.2	0.3	0.7	0.8

请问这位先生最可能买的品牌汽车是（　　　　）。

　　A．B 品牌　　　　　　B．D 品牌　　　　　　C．A 品牌　　　　　　D．C 品牌

5. 某地相邻的甲、乙两县人口分别为 50 万人、60 万人。上一年商品 A 在甲、乙两县销售额分别是 1 000 万元和 1 200 万元。预计今年甲县 A 商品人均销售额是 21 元，假设相关因素不变，今年乙县 A 商品销售额预计为（　　　　）。

　　A．1 200 万元　　　　B．1 260 万元　　　　C．1 320 万元　　　　D．1 400 万元

二、简答题

1. 集合意见预测法的实施步骤有哪些？

2. 头脑风暴法的实施原则是什么？

3. 简述德尔菲法的预测程序。

4. 德尔菲法的特点是什么？

5. 试举例说明对比类推法。

三、计算题

某冰箱厂对某种型号的冰箱投放市场后的年销量进行预测，聘请 10 位专家，运用德尔菲法进行四轮的征询、反馈、修改后得到表 7-8 所示的数据。

表 7-8　10 位专家运用德尔菲法预测的数据

轮次	专家编号									
	1	2	3	4	5	6	7	8	9	10
第 1 轮	98	70	73	45	68	88	27	36	52	65
第 2 轮	73	70	65	52	49	90	43	39	55	62
第 3 轮	67	62	58	52	52	78	52	45	58	60
第 4 轮	65	60	55	52	58	65	60	51	63	60

（1）请计算每轮专家预测的中位数和极差，并说明其含义。

（2）该型号冰箱最终的年销量预测值是多少？

四、案例分析题

购买意向调查预测

某公司针对某市冰箱需求进行市场调查，问卷调查了 500 名消费者，经过问卷回收、资料整理，被调查者一年内对冰箱的购买意向频数分布情况如表 7-9 所示。

表 7-9　被调查者一年内对冰箱的购买意向频数分布情况

购买意向	人数/人	百分比/%
一定会购买	50	10
可能会购买	100	20
不确定是否购买	110	22
可能不会购买	150	30
肯定不会购买	90	18
合计	500	100

公司是否能根据上述调查数据，得出该市场有 10% 的消费者（或者家庭）会在一年内购买冰箱，从而计算该市场的冰箱需求量，然后根据本公司冰箱在市场上的占有率，从而预测公司一年内的销量？

答案是否定的。对于上述调查结果只有进行加权处理，才能得出符合实际的结论。如被调查者回答一定会购买或可能购买时往往会有夸大购买倾向的成分。同样，被调查者回答可能不会购买或者肯定不会购买，也有可能成为最终购买者。在实际处理时，可对被调查者每一种选择赋予适当的权数。例如，对"一定会购买"赋予权数 0.6，"可能会购买"赋予权数 0.2，"不确定是否购买"赋予权数 0.1，"可能不会购买"赋予权数 0.05，"肯定不会购买"赋予权数 0.05，计算出加权百分比，如表 7-10 所示。

表 7-10　被调查者对冰箱购买意向权数及加权百分比

购买意向	百分比/%	指定权数	加权百分比/%
一定会购买	10	0.6	6
可能会购买	20	0.2	4
不确定是否购买	22	0.1	2.2
可能不会购买	30	0.05	1.5
肯定不会购买	18	0.05	0.9

平均购买可能性：6%+4%+2.2%+1.5%+0.9%=14.60%

假设该市共有 300 万户家庭，则该市一年内冰箱的可能购买量为：

$$3\,000\,000 \times 14.60\% = 438\,000（台）$$

思考题：

1. 本案例采用了什么定性预测方法？
2. 结合案例，说明该预测方法的实施步骤和注意事项。

实训思考题

假设你是某手机企业的产品经理，为了进一步扩大公司产品销量，提高市场占有率，希望公司开发出一款能吸引消费者的新产品。你准备运用适当的预测方法，开发有新功能的手机产品，满足消费者的需求。

【实训任务】

请选择合适的定性预测方法，确定参与预测的各类"专家"，设计完整的预测程序，并得出预测结果。

【实训目的】

培养学生对定性预测方法的运用分析能力。

【实训组织】

（1）10～15人为一组，以小组为单位进行实训；

（2）确定合适的定性预测方法，组织组员进行预测；

（3）组长统计和记录组员的发言和建议，形成预测的结果。

【实训考核】

（1）考核学生的沟通能力和组织能力；

（2）考核学生的分析预测能力。

第8章
定量预测方法

知识目标

- 了解平均预测法的原理和计算方法。
- 理解和掌握指数平滑预测法的模型及应用。
- 理解和掌握趋势外推预测法的模型及应用。
- 理解和掌握一元线性回归预测法。

技能目标

- 能运用相关模型、统计软件进行预测。

定量预测方法是在掌握比较多的统计数据资料的基础上，通过构建数学模型，找出预测目标与其他因素的规律性联系，对事物的发展变化进行量化推断的方法。定量预测的方法比较多，本书主要介绍时间序列预测法和回归分析预测法。

第一节 时间序列预测法

时间序列是将市场现象的统计指标值，按照时间的先后顺序排列而成的数列。排列的时间间隔一般是天、周、月、季度或者年等。例如，某公司 2016 年到 2023 年产品的年销量记录就组成了一个时间序列。

时间序列预测法
概述

一、时间序列预测法概述

（一）时间序列预测法的含义

时间序列预测法又称趋势外推法或历史延伸法，是通过对时间序列数据的分析，找出预测对象发展的方向和趋势，将时间序列外推或延伸，以预测经济现象未来发展趋势的一种预测方法。时间序列预测法将预测目标的影响因素都综合到"时间"这一要素上。一方面，时间序列预测法承认事物发展的延续性，因为任何事物的发展总是和其过去有着密切的联系，所以运用过去的时间序列数据进行统计分析，就能够推测事物的发展趋势；另一方面，时间序列预测法充分考虑偶然因素对事物发展所产生的随机性和不规律性的影响，为了消除随机波动的影响，利用历史数据进行统计分析，并用加权平均等方法对数据进行适当的处理，进行趋势预测。

（二）时间序列变动的主要影响因素

在时间序列预测法中，每个时期的数据变化都是多个因素相互作用、共同影响的结果，但是，想通过时间序列预测法弄清影响时间序列数据变化的每一个因素是很难做到的。因此，在运用时间序列预测法时，一般根据不同因素对时间序列的影响效果将它们归类，时间序列的变动主要受以下四类因素的影响。

1. 长期趋势

长期趋势是在相当长的一段时间内，事物受某种根本性因素影响所表现出来的一种状态或趋向。通过对长期趋势的分析，掌握事物变化的规律，并对其未来的发展趋势做出判断。长期趋势的形式可以分为三种：上升发展趋势、下降发展趋势和水平发展趋势，如图 8-1 所示。

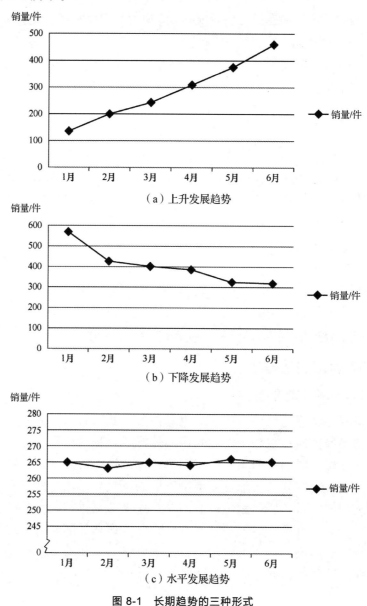

图 8-1　长期趋势的三种形式

2．季节变动

季节变动是受自然条件或社会条件等因素的影响，市场现象在一段时间内，依季节的更替而呈现的有规律的周期性变动。季节变动一般以一年为周期，这里的季节不但是一年四季，而且是波动周期的代名词，泛指周期性变化。例如，对空调的销售来说，每年的夏季和冬季的销量都很大，而春、秋两季的销量却很小。旅游景点每逢节假日人流量都非常大，非节假日人流量则相对较小。

3．循环变动

循环变动是指时间序列数据在比较长的一段时期（数年或数十年）内，呈现的有规律的上升或下降的变动。循环变动与长期趋势不同，循环变动不是朝一个方向持续变动，而是呈波浪式起伏。循环变动与季节变动也有区别：季节变动有固定的周期，且周期效应可以预见，而循环变动一般没有固定周期；季节变动的周期一般为一年，循环变动的周期较长，一般为数年或数十年。

4．不规则变动

不规则变动也叫随机变动，是指由一些意外因素或偶然性因素引起的，时间序列数据呈现随机的、无周期的、忽上忽下的不规则变动。例如，战争、自然灾害等造成的经济数据的非规律性变动。

市场现象的发展变化都是基于以上四种趋势全部或部分作用的结果。因此，对时间序列数据进行预测分析主要围绕这四种趋势来分析。

（三）时间序列预测法的特点

1．根据市场过去的变化趋势预测未来的发展

时间序列预测法的前提是假定序列过去的变化规律会延续到未来。事物的现实是历史发展的结果，而事物的未来又是现实的外推，事物的过去和未来是有联系的。市场预测中的时间序列预测法正是根据客观事物发展的这种连续规律性，运用历史数据，通过统计分析，进一步推测市场未来的发展趋势的。市场未来的发展不是跳跃式的变化，而是一种渐进式的变化。

2．撇开了市场发展之间的因果关系

时间序列预测法只研究预测对象和时间之间的关系，实际上是将所有影响因素归结到时间上，也就是承认所有影响因素综合作用，并在未来对预测对象仍然起作用，并未分析预测对象和影响因素之间的因果关系。因此，为了求得能反映市场未来发展变化的预测值，在运用时间序列预测法进行预测时，必须将量的分析方法与质的分析方法结合起来，从质的方面充分研究各种因素对预测值的影响。

（四）时间序列预测法的基本步骤

第一步：编制时间序列。收集历史资料，加以整理，汇编成时间序列，根据时间序列绘成统计图表。

第二步：分析时间序列。时间序列的变动趋势是多种因素共同作用的结果，因此需要根据时间序列资料绘制散点图，分析确定时间序列的变动趋势，即时间序列

的类型。

第三步：选择预测方法，建立预测模型。求时间序列的长期趋势、季节变动和不规则变动的值并选定近似的数学模型来代表它们。对于数学模型中的未知参数，使用合适的技术方法求出其值。

第四步：根据预测模型，确定预测值。

二、平均预测法

（一）算术平均法

算术平均法是在对时间序列分析的基础上，计算一定时期内各时间值的平均数，以此确定未来时期预测值的一种时间序列预测法。这种方法简便易行，只考虑事物的趋势性和周期性，使用得当能发挥较好的预测效果，适用于静态市场情况的预测。算术平均法有简单算术平均法与加权平均法两种。

1. 简单算术平均法

简单算术平均法是以一定时期内观察值的算术平均值作为下期预测值的预测方法。这种方法适用于预测对象基本稳定、变化不大，而且将来还会保持这种特征的市场现象。此方法简单易行，观察值的极差越小，方差越小，其预测值的代表性就越强。

其计算公式为：

$$\hat{y}_{n+1} = \bar{Y} = \frac{y_1 + y_2 + \cdots + y_n}{n}$$

式中，$\hat{y}_{n+1}$ 为第 $n+1$ 期的预测值，$\bar{Y}$ 为各期观察值的简单算术平均数；n 为时间序列数据的期数；y_1，y_2，$\cdots$，y_n 为各期观察值。

【例 8-1】某公司 A 产品上半年的销售额如表 8-1 所示。试运用简单算术平均法预测该年 7 月的销售额。

表 8-1 A 产品上半年的销售额

月份	1 月	2 月	3 月	4 月	5 月	6 月
销售额/万元	1 050	1 080	1 030	1 070	1 050	1 060

解：运用简单算术平均法的计算公式，将表中的观察值代入：

$$\hat{y}_7 = \bar{Y} = \frac{y_1 + y_2 + \cdots + y_6}{6} = \frac{1050 + 1080 + 1030 + 1070 + 1050 + 1060}{6} \approx 1057 \text{（万元）}$$

则该年 7 月的销售额预计为 1 057 万元。

在运用简单算术平均法进行预测时，观察期的长短不同，预测结果也会不同。因此，运用此方法进行预测时，要根据时间序列数据的波动性来选择观察期的长短，一般情况下，如果数据波动性小，则观察期可以较长，反之，观察期应该较短，这样才能使预测结果更加准确。

2. 加权平均法

在运用简单算术平均法进行预测时，其假设各个观察值对未来都具有相同的影响，但在实际的市场活动中，越接近预测期的观察值对未来的影响往往会越大，因此，需要考虑不同时期的观察值对预测值的影响程度。加权平均法是根据观察期各个时间序列数据的重要程度，分别对各个数据进行加权，以加权平均数作为下期的预测值的方法。

一般情况下，离预测期越近的观察值的权数越大，离预测期越远的观察值的权数越小，从最近的一期开始从近到远依次降低权数，再来计算加权平均数，其计算公式为：

$$\hat{y}_{n+1} = \frac{y_1 f_1 + y_2 f_2 + \cdots + y_n f_n}{f_1 + f_2 + \cdots + f_n}$$

式中，$\hat{y}_{n+1}$ 为第 $n+1$ 期的预测值；

n 为时间序列数据的期数；

y_1，y_2，$\cdots$，y_n 为各期观察值；

f_1，f_2，$\cdots$，f_n 为各期观察值对应的权数。

【例 8-2】根据表 8-1 中的销售额数据，按照各期数据离预测期的远近给予不同的权数，令 $f_1=1$、$f_2=2$、$f_3=3$、$f_4=4$、$f_5=5$、$f_6=6$，运用加权平均法计算 7 月的销售额预测值。

解：将观察值代入加权平均法的计算公式：

$$\hat{y}_7 = \frac{y_1 f_1 + y_2 f_2 + \cdots + y_6 f_6}{f_1 + f_2 + \cdots + f_6} = \frac{1\,050 \times 1 + 1\,080 \times 2 + 1\,030 \times 3 + 1\,070 \times 4 + 1\,050 \times 5 + 1\,060 \times 6}{1 + 2 + 3 + 4 + 5 + 6}$$

$$\approx 1\,057 \text{（万元）}$$

则 7 月的销售额预计为 1 057 万元。

在运用加权平均法进行预测时，权数的选择非常重要，它将直接影响最后的预测结果。如果观察值变动幅度不大，则权数可选择等差数列，如 1，2，3，$\cdots$，n；如果观察值波动较大，则权数可选择等比数列，如 1，2，4，8，$\cdots$，2^n；如果观察值波动不定，则权数可根据具体情况选择小数，并使所有权数之和等于 1。

（二）移动平均法

移动平均法是一种简单的平滑预测技术，它是根据时间序列数据，逐项推移，依次计算包含一定项数的序时平均值，以反映长期趋势的一种方法。当时间序列数据受周期变动和偶然因素的影响，起伏较大，不易显示时间序列的发展趋势时，移动平均法可以对数据进行一定程度的"修匀"，消除不规则变动和季节变动的影响，显示时间序列的发展趋势，然后根据趋势线分析时间序列的长期趋势水平。移动平均法适用于既有趋势变动又有波动的时间序列，这种方法的准确程度取决于平均期数或移动步长的选择。如果没有一定期限的数据（观察值），移动平均就无法进行。

1. 一次移动平均法

一次移动平均法是直接以本期移动平均值作为下期预测值的预测方法。一次移动平均数是对于由连续移动形成的各组数据，用算术平均法计算的移动平均值（平均数）。一次移动平均法的预测模型为：

$$\hat{y}_t = M_t^{(1)}$$

其计算公式为：

$$\hat{y}_t = M_t^{(1)} = \frac{y_t + y_{t-1} + \cdots + y_{t-n+1}}{n}$$

式中，$\hat{y}_t$ 为时间序列中时间为 t 的观察值；

$M_t^{(1)}$ 为时间序列中时间为 t 时对应的一次移动平均数；

n 为每一移动平均数的跨越期。

【例 8-3】某市公路交通运输部门近 10 年的货物周转量如表 8-2 所示，预测第 11 年的货物周转量。

表 8-2　某市公路交通运输部门近 10 年的货物周转量　　单位：亿吨/千米

年份	第 1 年	第 2 年	第 3 年	第 4 年	第 5 年	第 6 年	第 7 年	第 8 年	第 9 年	第 10 年
货物周转量	13.5	16.7	15.0	15.9	16.4	15.8	13.9	13.2	14.2	14.8

解：因为时间序列期数较少，所以假定移动平均期数为 3 和 5，用一次移动平均法进行预测，具体过程如表 8-3 所示。

表 8-3　一次移动平均法预测过程　　单位：亿吨/千米

年份	货物周转量	$n=3$ 的移动平均数	$n=5$ 的移动平均数
第 1 年	13.5	—	
第 2 年	16.7	—	
第 3 年	15.0	15.07	—
第 4 年	15.9	15.87	—
第 5 年	16.4	15.77	15.5
第 6 年	15.8	16.03	15.96
第 7 年	13.9	15.37	15.40
第 8 年	13.2	14.30	15.04
第 9 年	14.2	13.77	14.70
第 10 年	14.8	14.07	14.38

当移动平均期数（跨越期）为 3 年时，第 11 年货物周转量的预测值为 14.07 亿吨/千米；当移动平均期数（跨越期）为 5 年时，第 11 年货物周转量的预测值为 14.38 亿吨/千米。

关于移动平均期数 n 的选择，n 越大，修匀的程度也越高，波动也越小，有利于消除不规则变动的影响，但同时周期变动难以反映出来；反之，n 越小，修匀的程度越低，不规则变动的影响不易消除，趋势变动不明显。因此，对于 n 的选择，应根据具体情况而定，实践中，通常选几个 n 来计算后进行比较，从中选择预测误差最小的 n 作为移动平均期数。

2. 二次移动平均法

当时间序列呈线性变动时，用一次移动平均法无法满足预测的要求，其预测值往往落后于观察值的变化，这时，可以通过二次移动平均法来减少这种滞后的偏差，提高预测的准确性。二次移动平均法是对时间序列的一次移动平均值进行第二次移动平均，并在两次移动平均的基础上建立线性预测模型进行预测的方法。在这种方法中，一次移动平均值和二次移动平均值并不直接用于预测，只是用于求出预测模型的平滑系数和修正值偏差。二次移动平均值的计算公式为：

$$M_t^{(2)} = \frac{M_t^{(1)} + M_{t-1}^{(1)} + \cdots + M_{t-n+1}^{(1)}}{n}$$

式中，$M_t^{(1)}$ 是时间序列中时间为 t 时对应的一次移动平均值；

$M_t^{(2)}$ 是时间序列中时间为 t 时对应的二次移动平均值；

n 是移动平均值的数据个数（跨越期）。

二次移动平均法的预测模型为：

$$\hat{y}_{t+T} = a_t + b_t T$$
$$a_t = 2M_t^{(1)} - M_t^{(2)}$$
$$b_t = \frac{2}{n-1}\left(M_t^{(1)} - M_t^{(2)}\right)$$

式中，T 是预测期与第 i 期的间隔期数；

$\hat{y}_{t+T}$ 是 $t+T$ 期的预测值；

a_t 是预测模型的截距；

b_t 是预测模型的斜率。

【例 8-4】C 公司某一年每月的库存周转量如表 8-4 所示，试预测第 2 年 1 月和 3 月的库存周转量。

表 8-4　C 公司某一年每月的库存周转量　　　　单位：万吨

月份	1 月	2 月	3 月	4 月	5 月	6 月	7 月	8 月	9 月	10 月	11 月	12 月
库存周转量	38	45	35	49	70	43	46	55	45	65	64	43

解：假定移动平均期数为 3，则二次移动平均法预测过程如表 8-5 所示。

表 8-5　二次移动平均法预测过程　　　　单位：万吨

月份	库存周转量	$M_t^{(1)}$（n=3）	$M_t^{(2)}$（n=3）
1 月	38	—	—
2 月	45	—	—
3 月	35	（38+45+35）/3≈39.3	—
4 月	49	（45+35+49）/3=43.0	—
5 月	70	（35+49+70）/3=51.3	（39.3+43.0+51.3）/3≈44.5
6 月	43	（49+70+43）/3=54.0	（43.0+51.3+54.0）/3≈49.4
7 月	46	（70+43+46）/3=53.0	（51.3+54.0+53.0）/3≈52.8
8 月	55	（43+46+55）/3=48.0	（54.0+53.0+48.0）/3≈51.7
9 月	45	（46+55+45）/3=48.7	（53.0+48.0+48.7）/3=49.9

续表

月份	库存周转量	$M_t^{(1)}$（$n=3$）	$M_t^{(2)}$（$n=3$）
10 月	65	（55+45+65）/3=55.0	（48.0+48.7+55.0）/3≈50.6
11 月	64	（45+65+64）/3=58.0	（48.7+55.0+58.0）/3=53.9
12 月	43	（65+64+43）/3≈57.3	（55.0+58.0+57.3）/3≈56.8

$M_t^{(1)}$ 和 $M_t^{(2)}$ 计算出来后，可以由此计算 a_t 和 b_t，要求第 2 年 1 月和 3 月的库存周转量的预测值，则：

$$a_{12} = 2M_{12}^{(1)} - M_{12}^{(2)} = 2 \times 57.3 - 56.8 = 57.8$$

$$b_{12} = \frac{2}{n-1}(M_{12}^{(1)} - M_{12}^{(2)}) = \frac{2}{3-1} \times (57.3 - 56.8) = 0.5$$

$$\hat{y}_{13} = a_{12} + b_{12}T = 57.8 + 0.5 \times 1 = 58.3 \text{（万吨）}$$

$$\hat{y}_{15} = a_{12} + b_{12}T = 57.8 + 0.5 \times 3 = 59.3 \text{（万吨）}$$

因此，根据二次移动平均法计算的第 2 年 1 月和 3 月的库存周转量的预测值分别为 58.3 万吨和 59.3 万吨。

对于移动平均法中的两种方法：一次移动平均法通常适用于对水平趋势的时间序列做预测，且只能做未来一期的预测，对多周期的预测无能为力，预测结果也存在偏差；二次移动平均法虽然计算时比一次移动平均法复杂，但是它能解决一次移动平均法只适宜做水平趋势预测的问题，可对呈线性上升趋势或下降趋势的经济现象进行预测，且预测的准确度也有所提高。二次移动平均法还能做数期以后的预测，但只适宜做短期预测。

移动平均法对时间序列具有修匀或平滑的作用，可以削弱时间序列的上下波动，而且移动平均期数 n 越大，对序列的修匀作用就越强。当时间序列包含季节变动时，移动平均期数 n 只有与季节变动长度一致，才能消除季节变动的影响；当时间序列包含周期变动时，移动平均期数 n 只有与周期变动长度基本一致，才能较好地消除周期波动的影响。

三、指数平滑预测法

指数平滑预测法是在移动平均法基础上发展起来的一种时间序列预测方法，是一种特殊的加权移动平均法，它将所有的实际观察值都考虑进去，常适用于中短期市场发展趋势的预测。指数平滑预测法是通过计算指数平滑值，配合一定的时间序列预测模型对预测对象的发展趋势进行预测的一种方法。

（一）指数平滑预测法的特点

指数平滑预测法兼具了简单算术平均法和移动平均法的优点，简单算术平均法是对时间序列过去的数据全部加以同等利用；移动平均法不考虑较远期的数据，并在加权移动平均法中赋予近期数据更大的权数。指数平滑预测法不舍弃过去的数据，通过权数来调节预测值。这种方法不需要太多的资料，短期预测的精确度较高。指数平滑预测法的特点如下：

（1）对距离预测期最近的市场现象观察值给予最大的权数；

（2）其权数是一个递减等比数列，首项为 α，公比为 $1-\alpha$；

（3）α 是可调节的，可以通过调节 α 的大小来调节近期观察值和远期观察值对预测值的影响程度。

（二）指数平滑预测法的模型及应用

指数平滑预测法有一次指数平滑法、二次指数平滑法、三次指数平滑法等。本书只介绍一次指数平滑法。

1. 一次指数平滑法的定义和模型

一次指数平滑法是指以预测对象的本期实际值和本期预测值为基数，分别给二者以不同的权数，求出指数平滑值，以此作为下期预测值的方法。它适用于时间序列无明显增加和减少的长期趋势的预测。

一次指数平滑法的预测模型为：

$$\hat{y}_{t+1} = S_t^{(1)} = \alpha y_t + (1-\alpha)S_{t-1}^{(1)}$$

式中，$S_t^{(1)}$ 为第 t 期的指数平滑值；

$S_{t-1}^{(1)}$ 为第 $t-1$ 期的指数平滑值；

y_t 为第 t 期的实际观察值；

α 为平滑系数，取值范围为 $0 \leqslant \alpha \leqslant 1$。

2. 平滑系数 α 和初始值的选择

（1）平滑系数 α 的选择。平滑系数 α 的选择对预测结果非常重要，α 值越小，说明本期的实际值对预测的贡献越小；反之贡献越大。平滑系数 α 取值的大小反映了预测者对近期数据的重视程度。在实际预测中，α 的取值应该根据时间序列的特点和费用来考虑，当时间序列的变化较大时，应选择较大的 α 值。但是，α 值越大，风险也越大。

具体来说，当时间序列呈水平发展趋势时，α 应取较小值，如 0.1～0.3；当时间序列波动较大，长期趋势变化的幅度较大时，α 应取中间值，如 0.3～0.5；当时间序列具有明显的上升或下降发展趋势时，α 应取较大值，如 0.6～0.8。在实际运用中，可多取几个 α 值进行试算，比较后选择预测误差最小的 α 值。

（2）初始值的选择。初始值的选择主要从时间序列的项数来考虑，若时间序列的观察期 $n \geqslant 20$，则初始值对预测结果的影响很小，可以选取第一期观察值作为初始值；若时间序列的观察期 $n < 20$，则初始值对预测结果的影响较大，可以取最初几期观察值的平均数作为初始值，通常取前 3 个观察值的平均值作为初始值。

【例 8-5】K 商品近 12 年的销量如表 8-6 所示。试用指数平滑预测法预测第 13 年的销量（α 分别取 0.3 和 0.6）。

表 8-6　K 商品近 12 年的销量　　　　　　单位：万件

年份	第 1 年	第 2 年	第 3 年	第 4 年	第 5 年	第 6 年	第 7 年	第 8 年	第 9 年	第 10 年	第 11 年	第 12 年
销量	10	12	13	16	16	15	16	17	15	14	13	14

解：根据已知条件，时间序列项数 $n < 20$，则初始值的选择应取前 3 期销量的平均值，则

$$S_0^{(1)} = \frac{10 + 12 + 13}{3} \approx 11.67$$

当 $\alpha = 0.3$ 时，根据一次指数平滑法的计算公式：

$$S_1^{(1)} = 0.3 \times 10 + (1 - 0.3) \times 11.67 \approx 11.17$$
$$S_2^{(1)} = 0.3 \times 12 + (1 - 0.3) \times 11.17 \approx 11.42$$

......

当 $\alpha = 0.6$ 时，$\quad S_1^{(1)} = 0.6 \times 10 + (1 - 0.6) \times 11.67 \approx 10.67$

$$S_2^{(1)} = 0.6 \times 12 + (1 - 0.6) \times 10.67 \approx 11.47$$

......

将各期的计算结果汇总到表 8-7 中。

表 8-7　K 商品销量统计表　　　　　　　　　　　　　　　　单位：万件

期数（t）	销量（y_t）	$S_t^{(1)}(\alpha = 0.3)$	$S_t^{(1)}(\alpha = 0.6)$
1	10	11.17	10.67
2	12	11.42	11.47
3	13	11.89	12.39
4	16	13.12	14.56
5	16	13.98	15.42
6	15	14.29	15.17
7	16	14.80	15.67
8	17	15.46	16.47
9	15	15.32	15.59
10	14	14.92	14.64
11	13	14.34	13.66
12	14	14.24	13.86
预测值		14.24	13.86

由表 8-7 中的计算结果可以看出，当 $\alpha = 0.3$ 时，第 13 年销量的预测值为 14.24 万件；当 $\alpha = 0.6$ 时，第 13 年销量的预测值为 13.86 万件。

四、趋势外推预测法

在市场活动中，某些客观事物的发展变化相对于时间的推移，常表现出一定的规律性，如某产品的销售利润随着时间的推移呈现上升或下降的趋势。当有理由相信这种趋势可能会延伸到未来时，对未来时间点对应的某个经济变量就可以通过这种变化趋势来推测。这就是趋势外推预测法的基本思想。趋势外推预测法根据市场发展的连续资料，寻求市场发展和时间之间的长期趋势的变动规律，用恰当的方法找出长期趋势变动规律的函数表达式，据此预测市场未来发展的可能水平。

趋势外推预测法常应用于长期趋势预测。应用趋势外推预测法有两个假设条件：一是预测对象的发展过程呈渐进式变化，而不是跳跃式变化；二是决定过去预测对象

发展的客观条件基本保持不变，过去出现的规律会延伸到未来。在满足这两个假设条件后掌握时间序列长期趋势发展的变化规律，建立对应的函数模型，并据此进行延伸预测。

趋势外推预测法包括直线趋势外推法和曲线趋势外推法，本书只介绍直线趋势外推法。在直线趋势外推法下，当时间序列观察值的长期变动表现为近似直线的上升或下降时，长期趋势可用直线趋势来描述，并通过直线趋势的延伸来确定预测值。

直线趋势外推法常用图解法，图解法又称散点图法，是将时间序列的相关数据体现在一个坐标图上，以横坐标表示时间，以纵坐标表示预测变量，以坐标图上的一个点表示一个数据。如果这些点的分布近似一条直线，就可以判断该时间序列数据符合直线变动的趋势。这种方法直观方便，不需要建立数学模型，在市场预测中被广泛采用。

【例 8-6】某企业 A 产品近 8 年的需求量如表 8-8 所示，用图解法判断其是否符合直线变动趋势。

表 8-8　某企业 A 产品近 8 年的需求量
单位：万件

年份	第 1 年	第 2 年	第 3 年	第 4 年	第 5 年	第 6 年	第 7 年	第 8 年
需求量	20	30	35	40	50	63	70	75

解：以 x 轴表示时间，以 y 轴表示需求量，将表中的数据在坐标图上标出，如图 8-2 所示。从图 8-2 中可以看出，8 个点的分布近似一条直线，可以认为该时间序列符合直线变动的趋势。反映该直线变动趋势的方程为：

$$\hat{y}_t = a + bt$$

式中，$\hat{y}_t$ 为第 t 期的预测值，t 为时间，a、b 为直线趋势模型参数。

找到该直线后，若要对以后的时间点进行需求量的预测，只需要找到该时间点对应的纵坐标即可。

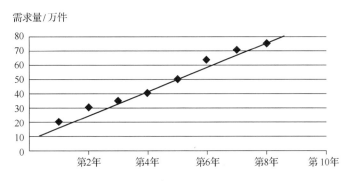

图 8-2　某企业 A 产品近 8 年的需求量变动趋势

五、季节指数预测法

季节变动通常每年重复出现，其表现为逐年同月或同季有相同的变化方向和大致相同的变化幅度，如节日礼品需求、农产品的供应就表现出季节性的变化趋势。在研究市场现象的季节变动时，一般以月或季度为单位，只有收集 3 年或 3 年以上的时间序列数据，才能观察到市场现象季节变动的规律。只要掌握季节变动的规律，就可以据此进行市场预测。

季节指数预测法是根据预测对象各年按月或按季度编制的时间序列资料，以统计方法测定反映季节变动规律的季节指数，并据此进行预测的一种方法。季节指数是以相对数形式表现的季节变动指标，一般用百分比或系数表示。

下面介绍简单季节指数预测法。

简单季节指数预测法是通过同期（月或季度）数值直接平均的方法度量季节水平，求解各期的季节指数，进而预测时间序列未来水平的预测方法，又称同期平均法、按月（季）平均法。

这种方法不考虑长期趋势的影响，直接对原始的时间序列数据采用直接平均的方法消除不规则变动的影响，计算出各期的季节指数，对预测对象的平均趋势水平进行季节性调整或预测。其重点是对周期内各个不同时间的水平进行预测。

简单季节指数预测法的操作步骤如下。

（1）收集历年各月（季度）的资料，一般要求收集 3 年或 3 年以上的时间序列数据。

（2）计算各年同月（季度）的平均数（相同季度的平均数，以 A 表示）。

（3）计算总的月（季度）平均数（以 B 表示）。

（4）计算各月（季度）的季节指数：

月的季节指数=各年同月的平均数/总的月平均数×100%

季度的季节指数=各年同季度的平均数/总的季度平均数×100%

（5）对未来进行预测，预测值为：

$$月（季度）预测值=\frac{某月（季度）的实际值}{该月（季度）的季节指数}×未来月（季度）的季节指数$$

【例 8-7】某企业 X 产品近 4 年的分季度销售额如表 8-9 所示，要求：

（1）计算各季度的季节指数；

（2）已知第五年第一季度 X 产品的销售额为 115 万元，求 X 产品第五年其他三个季度的销售额。

表 8-9　X 产品近 4 年的分季度销售额　　　　单位：万元

时间	第一季度	第二季度	第三季度	第四季度
第一年	111	105	75	106
第二年	110	108	77	104
第三年	113	109	76	101
第四年	110	111	78	103

解：（1）计算各季度的季节指数：首先计算同季平均数（A），同季平均数（A）=$\dfrac{近4年多季度销售额之和}{4}$，数值如表 8-10 所示；随后计算季节指数，季节指数=

$\dfrac{\text{各季度销售额平均数}}{\text{总的季度销售额平均数}}$，数值如表 8-10 所示，显然，第三季度是该产品的淡季。

（2）X 产品第五年其他三个季度的销售额：

因为计算得到的季节指数总和为 400%，平均之后是 100%，所以不需要对这个指数进行修正。

第五年第二季度销售额预测值 $= \dfrac{115}{111.208\,5\%} \times 108.453\,4\% \approx 112.151\,0$（万元）

第五年第三季度销售额预测值 $= \dfrac{115}{111.208\,5\%} \times 76.643\,7\% \approx 79.256\,8$（万元）

第五年第四季度销售额预测值 $= \dfrac{115}{111.208\,5\%} \times 103.694\,4\% \approx 107.229\,7$（万元）

表 8-10　X 产品季节变动的相关计算结果

时间	第一季度	第二季度	第三季度	第四季度	合计
第一年	111	105	75	106	397
第二年	110	108	77	104	399
第三年	113	109	76	101	399
第四年	110	111	78	103	402
合计	444	433	306	414	1 597
同季平均数（A）	444/4=111	433/4=108.25	306/4=76.5	414/4=103.5	1 597/16=99.812 5（B）
季节指数（%）	111.208 5	108.453 4	76.643 7	103.694 4	400

第二节　回归分析预测法

在现实世界中，任何事物或现象都不是孤立存在的，总是与其他事物或现象之间存在一定的联系。市场现象之间的因果关系分为两类：函数关系和相关关系。函数关系是指变量之间具有确定的数量依存关系，当自变量发生变化时，因变量必然会发生相应程度的变化。但现象之间的关系并不一定是函数关系，例如，某种商品的销量与广告投入有关，广告投入越多，销量越大，但广告投入与销量之间并无确定的数值对应关系。这种既有关联，但又不存在数值恒等对应的相互关系，称为相关关系或非确定性关系。

一、相关关系

（一）相关关系的含义

相关关系是指两个变量或多个变量之间可以以某种规律进行推算，它们之间可以互为因果关系，也可以仅仅是伴随出现。它们之间的规律可以以某种模型近似表达，但不像函数关系那样存在着对应的确定关系。

相关关系

相关关系的特点体现在：现象之间确实存在数量上的依存关系；现象间的数量依存

关系是不确定的；相关关系包含因果关系。

函数关系可以用函数表达式来描述；而相关关系则要用相关分析或回归方程来研究。

（二）相关系数

进行相关分析，要对相关系数进行分析，以确定现象之间的相关程度。两个现象用两个变量 x、y 表示，x、y 之间的关系可以用图 8-3 所示的四种散点图表示。

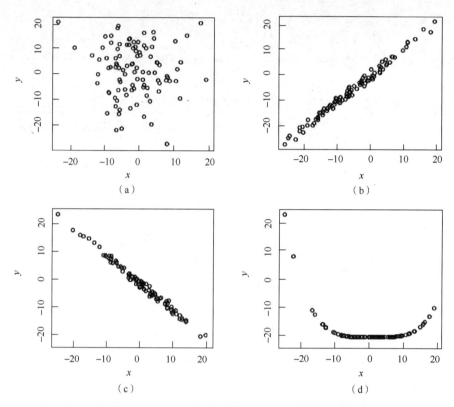

图 8-3 散点图

图 8-3（a）中的点几乎无规律可言，表示 x、y 这两个变量不相关。图 8-3（b）和图 8-3（c）中的观测点密集分布在一条直线周围，表现出较强的线性关系，但相关方向不同。图 8-3（b）中的两个变量为正相关关系，图 8-3（c）中的两个变量为负相关关系。图 8-3（d）中的观测点呈现出曲线模式，表示两个变量非线性相关。

相关系数 r 的计算公式为：

$$r=\frac{\sum_{i=1}^{n}(x_i-\overline{x})(y_i-\overline{y})}{\sqrt{\sum_{i=1}^{n}(x_i-\overline{x})^2\sum_{i=1}^{n}(y_i-\overline{y})^2}}$$

式中，x 为自变量的值，y 为因变量的值。

相关系数 r 的取值范围为 $-1\leqslant r\leqslant 1$。$r=1$ 时，x 和 y 之间完全正相关，$r=-1$ 时，

x 和 y 之间完全负相关；$r=0$ 时，x 和 y 之间没有相关关系。当 $r>0$ 时，x 和 y 之间正相关，即 x 增加，y 也会随之增加；当 $r<0$ 时，x 和 y 之间负相关，即 x 增加，y 会减小。r 的绝对值越接近 1，x 与 y 之间越接近线性相关；当 r 的绝对值接近 0 时，可认为 x 与 y 之间没有相关关系。

根据经验可将相关程度分为：当 $|r|\geq 0.8$ 时，x 和 y 可视为高度相关；当 $0.5\leq|r|<0.8$ 时，x 和 y 可视为中度相关；当 $0.3\leq|r|<0.5$ 时，x 和 y 可视为低度相关；当 $|r|<0.3$ 时，说明两个变量之间的相关程度极弱，可视为无线性相关关系。

（三）相关分析与回归分析

相关分析只研究现象之间是否相关、相关方向和密切程度，一般不区分自变量和因变量。如果要分析现象之间相关的具体形式，确定其因果关系，并用数学模型来表现其具体关系，就需要进行回归分析。回归分析以相关分析为基础，回归分析是相关分析的深入研究，能够进一步说明变量之间的数量关系。

回归分析预测法是市场预测中常用的一种方法，与时间序列预测法不同。时间序列预测法从时间上来考虑预测对象的变化和发展。时间序列预测法只用预测变量的历史数据，不进行因果分析，并假定现在的趋势会延续到未来。回归分析预测法是以遵循市场预测的因果性原理为前提，从分析事物变化的因果关系入手，通过统计分析建立回归预测模型来揭示预测对象与其他有关经济变量之间的数量关系，据此进行预测的方法。如果预测变量的影响因素是一个，这样的回归称为一元回归；如果影响因素有多个，则称为多元回归。根据预测变量与影响变量的关系，回归可分为线性回归和非线性回归。线性回归分析预测法分为一元线性回归预测法和多元线性回归预测法，本书介绍一元线性回归预测法和二元线性回归预测法。非线性回归问题可以借助数学手段转化为线性回归问题进行处理。

二、一元线性回归预测法

一元线性回归是描述两个变量之间线性相关关系的最简单的回归模型。一元线性回归预测法是根据自变量 x 和因变量 y 的相关关系，建立 x 与 y 的线性回归方程进行预测的方法。市场现象一般会受到多

拓展阅读：回归的由来

个因素的影响，在应用一元线性回归预测法时，要对影响市场现象的诸多因素进行全面分析，只有在这些因素中确实存在一个对因变量的影响明显大于其他因素的因素时，才能将它作为自变量进行市场预测。

例如，产品的需求量和价格之间的关系非常密切。一般情况下，价格越低，需求量越大，价格越高，需求量越小。但是产品的需求量除了受价格这一因素影响外，还受消费者偏好、居民收入、相关产品价格等因素影响。因此，产品的需求量和价格之间存在不确定的相关关系。要想明确产品的需求量和价格之间的相关关系，就需要建立模型来进行分析。

以 y 为因变量，以 x 为自变量，以 (x_i, y_i)（$i=1, 2, 3, \cdots, n$）为一组样本观察值，根据观察值找到直线方程 $\hat{y}=a+bx$，这个方程就是一元线性回归方程，其中，a、

b 为回归参数，$\hat{y}$ 为 y 的估计值。根据最小二乘法，利用因变量的观察值 y_i 与估计值 $\hat{y}$，根据离差平方和最小值确定参数 a 和 b，得到回归方程：

$$\hat{y} = a + bx$$

式中，$a = \bar{y} - b\bar{x}$

$$b = \frac{n\Sigma x_i y_i - \Sigma x_i \Sigma y_i}{n\Sigma x_i^2 - (\Sigma x_i)^2}$$

【例 8-8】某商品 12 期的需求量 y 与消费者偏好 x 的数据如表 8-11 所示。已知第 13 期的消费者偏好为 0.24，试用回归分析预测法预测第 13 期商品的需求量。

表 8-11　调查数据

期数	1	2	3	4	5	6	7	8	9	10	11	12
x	0.10	0.11	0.12	0.13	0.14	0.15	0.16	0.17	0.18	0.20	0.21	0.23
y/万件	42	43	45	46	45	48	49	53	50	55	55	60

解：第一步，明确预测目标，确定因变量和自变量。

本例预测第 13 期商品的需求量，因此商品需求量是因变量。消费者偏好是影响需求量的关键性因素，商品需求量与消费者偏好有相关关系，因此消费者偏好作为自变量。

第二步，进行相关分析，确定相关方向和相关程度。

根据商品的需求量与消费者偏好的数值绘制散点图，如图 8-4 所示。从图 8-4 可以看出，商品的需求量与消费者偏好之间存在线性相关关系，可以利用一元线性回归预测法进行预测。

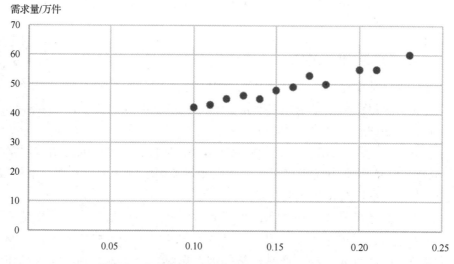

图 8-4　反映商品需求量与消费者偏好关系的散点图

第三步，建立回归预测模型。

依据自变量和因变量的相关关系，设一元线性回归方程为：

$$\hat{y} = a + bx$$

根据最小二乘法，计算参数 a、b 的值。利用 Excel 计算 xy、x^2、y^2 等数据的值，结果见表 8-12。

表 8-12　一元线性回归分析计算表

期数	消费者偏好（x）	商品需求量（y/万件）	xy	x^2	y^2
1	0.10	42	4.20	0.010 0	1 764
2	0.11	43	4.73	0.012 1	1 849
3	0.12	45	5.40	0.014 4	2 025
4	0.13	46	5.98	0.016 9	2 116
5	0.14	45	6.30	0.019 6	2 025
6	0.15	48	7.20	0.022 5	2 304
7	0.16	49	7.84	0.025 6	2 401
8	0.17	53	9.01	0.028 9	2 809
9	0.18	50	9.00	0.032 4	2 500
10	0.20	55	11.00	0.040 0	3 025
11	0.21	55	11.55	0.044 1	3 025
12	0.23	60	13.80	0.052 9	3 600
合计	1.9	591	96.01	0.319 4	29 443

因 a 的计算需要知道 b，所以先计算 b。

$$b = \frac{n\Sigma x_i y_i - \Sigma x_i \Sigma y_i}{n\Sigma x_i^2 - (\Sigma x_i)^2} \approx 131.15$$

$$a = \overline{y} - b\overline{x} \approx 28.48$$

一元线性回归方程为：$\hat{y} = a + bx = 28.48 + 131.15x$

第四步，回归方程的检验。

采用相关系数检验，检验该预测模型参数的拟合优度。计算 x、y 的相关系数如下。

$$r = \frac{\sum_{i=1}^{n}(x_i - \overline{x})(y_i - \overline{y})}{\sqrt{\sum_{i=1}^{n}(x_i - \overline{x})^2 \sum_{i=1}^{n}(y_i - \overline{y})^2}} \approx 0.975$$

0.975 趋于 1，说明商品的需求量与消费者偏好高度线性相关，方程的拟合优度较高。

第五步，确定预测值。

根据检验，预测模型 $\hat{y} = 28.48 + 131.15x$ 有很高的精确度，可以用来预测。已知第 13 期的消费者偏好为 0.24，代入回归方程，求得第 13 期商品的需求量为：

$$\hat{y} = 28.48 + 131.15 \times 0.24 = 59.956（万件）$$

三、二元线性回归预测法

在市场活动中，市场现象可能不止受到一个因素的影响，可能同时受到两个或两个以上因素的影响，这时，一元线性回归预测法就不能用于分析这种情况。二元线性回归预测法是指对两个自变量和一个因变量的相关关系进行分析，并建立预测模型进行预测的方法。

（一）二元线性回归预测模型

二元线性回归方程为：$\hat{y} = a + b_1 x_1 + b_2 x_2$，式中，$\hat{y}$ 是 y 的估计值，x_1 和 x_2 是两个不同的自变量，a、b_1、b_2 是线性回归方程的回归参数。用最小二乘法建立求参数的方程组：

$$\sum y = na + b_1 \sum x_1 + b_2 \sum x_2$$
$$\sum x_1 y = a \sum x_1 + b_1 \sum x_1^2 + b_2 \sum x_1 x_2$$
$$\sum x_2 y = a \sum x_2 + b_1 \sum x_1 x_2 + b_2 \sum x_2^2$$

在计算中，只需要将两个自变量和对应因变量的历史数据代入方程组，联立求解方程组，就可以求得回归参数 a、b_1、b_2。将回归参数再代入回归方程，就可以得到预测模型。

（二）相关系数 r

与一元线性回归预测模型一样，二元线性回归预测模型中也有检验变量之间线性关系密切程度的指标，即相关系数 r。计算公式为：

$$r = \sqrt{1 - \frac{\Sigma(y - \hat{y})^2}{\Sigma(y - \overline{y})^2}}$$

r 的取值范围依然是 $-1 \leqslant r \leqslant 1$。$|r|$ 的值越大，回归方程对数据点的拟合优度就越高，自变量和因变量之间的关系就越密切。

由于二元线性回归预测法的基本原理和步骤同一元线性回归预测法基本是一样的，所以对二元线性回归预测模型的检验也和一元线性回归预测模型的检验大体相同。只有一点不同：在一元线性回归预测模型中，回归参数的显著性检验（t 检验）与回归方程的显著性检验（F 检验）是等价的；但是在二元线性回归预测模型中，这个等式不成立。t 检验是分别检验回归预测模型中各个回归参数是否具有显著性，以便使模型只保留那些对因变量有显著影响的因素。

t 检验的步骤为：①计算统计量 t；②根据给定的显著水平 α、自由度 $n-m-1$，查 t 的分布表，找到临界值 t_α。若 $|t| \geqslant t_{\alpha/2}$，则认为回归参数与因变量有显著差异；若 $|t| < t_{\alpha/2}$，则认为回归参数与因变量没有显著差异。

对于任意给定的参数 b_i，提出假设（H_0：$b_i = 0$；H_1：$b_i \neq 0$）。统计量 t 的计算公式为：

$$t_i = \frac{\dfrac{b_i}{S_i}}{\sqrt{\sum x_i^2 - \dfrac{1}{n}(\sum x_i)^2}}$$

式中，$S_i = \sqrt{\dfrac{\sum(y - \hat{y})^2}{n - m - 1}}$ 为估计标准差。对于给定的显著水平 α，若 $|t| \geqslant t_{\alpha/2}$，则拒

绝 H_0，接受 H_1，表明自变量 x_i 对 y 有显著影响，可以将其放入二元线性回归预测模型中；若 $|t|<t_{\alpha/2}$，则影响不显著，应该从模型中剔除该自变量。

【例 8-9】某果汁销售商对 8 个社区的果汁销量、人口数与居民人均收入等情况进行了调查，调查数据如表 8-13 所示。若另有一社区，人口数为 1 980 人，居民人均收入估计为 53 200 元，试建立二元线性回归方程对该社区果汁销量进行预测。

表 8-13　8 个社区的果汁销量、人口数与居民人均收入数据

序号	果汁销量/千克	人口数/人	居民人均收入/元
1	324	4 480	28 500
2	560	6 000	34 000
3	672	6 400	38 600
4	745	6 800	40 000
5	930	7 800	42 500
6	994	8 240	46 000
7	1 028	8 360	50 200
8	1 146	8 600	54 800

解： 利用 Excel 对二元线性回归方程参数的估计值及其相关信息进行计算，计算结果如图 8-5 所示。从图中看，回归参数的估计值分别为：$a=-570.146\,866\,8$，$b_1=0.137\,888\,658$，$b_2=0.009\,398\,224$。因此，该二元线性回归方程为：

$$\hat{y}=-570.146\,866\,8+0.137\,888\,658x_1+0.009\,398\,224x_2$$

将回归参数代入相关系数的计算公式，得到：

$$\sum\left(y-\hat{y}\right)^2=1\,948.93,$$
$$\sum\left(y-\bar{y}\right)^2=529\,820.9$$

由此计算相关系数 $r=0.998\,159\,071$，说明自变量 x_1 和 x_2 与 y 之间有高度相关关系。

回归统计					
Multiple R	0.998159071				
R Square	0.996321531				
Adjusted R Square	0.994850143				
标准误差	19.7429983				
观测值	8				
方差分析					
	df	SS	MS	F	Significance F
回归分析	2	527871.9	263936	677.1305	8.20669E-07
残差	5	1948.93	389.786		
总计	7	529820.9			
	Coefficients	标准误差	t Stat	P-value	Lower 95%
Intercept	-570.1468668	37.88859	-15.048	2.35E-05	-667.5425766
X Variable 1	0.137888658	0.017987	7.66591	0.000602	0.091650955
X Variable 2	0.009398224	0.003013	3.119134	0.026278	0.001652836

图 8-5　二元线性回归输出结果

从图 8-5 的输出结果看，$F=677.130\,5$，对应的 "Significance F"（显著性水平）为 8.20669E-07，表明整个回归方程是非常显著的。回归方程各个参数的 t 检验结果，"P-value"（P 值）一栏下的三个数值都小于 0.05，表明自变量人口数 x_1 和居民人均收入 x_2 对果汁销量 y 有显著影响，该回归方程和参数估计值可靠性较高。

从图 8-5 的 "回归统计" 部分可知，"Multiple R"（复关系数）、"R Square"（判定系数 R^2）和 "Adjusted R Square"（修正的判定系数 R^2）的数值都很高，表明人口数 x_1 和居民人均收入 x_2 对果汁销量 y 的变化具有较强的解释能力，说明回归方程具有较好的拟合效果。

根据二元线性回归方程对果汁销量进行预测，已知社区人口数为 1 980 人，居民人均收入为 53 200 元，则该社区果汁销量为：

$$\hat{y} = -570.146\,866\,8 + 0.137\,888\,658 \times 1\,980 + 0.009\,398\,224 \times 53\,200 \approx 203\ （千克）$$

本章小结

定量预测法需要运用统计方法和数学模型对数据进行分析和处理，只有在掌握比较多的统计数据资料的基础上才能应用，主要包括时间序列预测法和回归分析预测法这两种方法。

时间序列预测法是通过对时间序列数据的分析，找出预测对象发展的方向和趋势，将时间序列外推或延伸，以预测经济现象未来发展趋势的一种预测方法。时间序列的变动受到长期趋势、季节变动、循环变动和不规则变动四类因素的影响。时间序列预测法有平均预测法、指数平滑预测法、趋势外推预测法和季节指数预测法。每种方法都分别适用于不同的变化趋势。

回归分析预测法是市场预测中常用的一种方法，它从分析事物变化的因果关系入手，通过统计分析建立回归预测模型来揭示预测对象与其他有关经济变量之间的数量关系，据此进行预测。回归分析预测法分为一元线性回归预测法和二元线性回归预测法。一元线性回归预测模型适用于对某一市场变量受一个因素影响时的相关关系分析。二元线性回归预测法是指对两个自变量和一个因变量的相关关系进行分析，并建立预测模型进行预测的方法。

复习思考题

一、单项选择题

1. （　　）是受某些偶然因素影响所引起的变动。

    A. 长期趋势   B. 季节变动

    C. 循环变动   D. 不规则变动

2. 当预测对象依时间变化呈现某种趋势且无明显季节波动时可采用（　　）。

    A. 回归分析预测法   B. 因素分解法

    C. 趋势外推预测法   D. 定性分析法

3. （　　）适用于时间序列无明显增加和减少的长期趋势的预测。

  A. 移动平均法　　　　　　　　　B. 一次指数平滑法

  C. 直线趋势外推法　　　　　　　D. 季节指数预测法

4. 两个变量的相关系数为 0.33，则这两个变量间可视为（　　）。

  A. 非线性相关　　　　　　　　　B. 低度线性相关

  C. 中度线性相关　　　　　　　　D. 高度线性相关

5. （　　）不属于平均预测法。

  A. 移动平均法　　　　　　　　　B. 简单算术平均法

  C. 加权平均法　　　　　　　　　D. 简单季节指数预测法

二、简答题

1. 影响时间序列变化的因素有哪四个？试分别说明。

2. 一次指数平滑法中平滑系数和初始值怎样选取？

3. 简述简单季节指数预测法的操作步骤。

4. 回归分析预测法的步骤有哪些？

5. 简述二元线性回归预测法 t 检验的步骤。

三、计算题

1. Z 商店某年度下半年 A 商品的销量分别为 190 件、180 件、190 件、210 件、200 件、220 件，依次给定权数 0.5、1.0、1.5、2.0、2.5、3.0，试用加权平均法预测 Z 商店下一年度 1 月 A 商品的销量。

2. 某公司近 7 年收入统计如表 8-14 所示，求：（1）若 $n=3$，试用移动平均法预测第 8 年该公司的收入；（2）采用一次指数平滑法，分别取平滑系数 $\alpha=0.3$ 和 $\alpha=0.5$，预测该公司第 8 年的收入，并比较哪个平滑系数更合适。

表 8-14　某公司近 7 年收入统计

年度	第 1 年	第 2 年	第 3 年	第 4 年	第 5 年	第 6 年	第 7 年
收入/万元	200	220	310	411	460	520	610

3. 某地区近 10 年的居民收入总额与商品销售总额如表 8-15 所示，已知第 11 年居民收入总额为 21 000 万元，试用回归分析预测法预测第 11 年的商品销售总额。

表 8-15　某地区近 10 年的居民收入总额与商品销售总额　　　　　单位：万元

年度	第 1 年	第 2 年	第 3 年	第 4 年	第 5 年	第 6 年	第 7 年	第 8 年	第 9 年	第 10 年
居民收入总额（ x ）	8 000	8 800	9 500	10 000	11 500	12 300	13 000	14 500	15 500	16 800
商品销售总额（ y ）	5 500	6 000	7 000	7 300	8 500	9 000	9 800	11 000	12 000	13 000

四、案例分析题

我国消费需求发展分析

改革开放以来，随着中国社会经济的快速发展，城乡居民和社会集团的消费水平不断提高，加之社会主义市场经济体制的建立，国内消费需求对经济增长所发挥的作用更趋明显。为了深入分析近年来中国城乡居民和社会集团消费需求的发展态势，预测未来中国城乡居民和社会集团消费需求的基本走势，需要对中国国内消费需求的发展变化做具体的定量分析。在各类与消费有关的统计数据中，社会消费品零售总额是表现国内消费需求最直接的数据。社会消费品零售总额是国民经济各行业直接出售给城乡居民和社会集团的生活消费品总额，是研究国内零售市场变动情况、反映经济景气程度的重要指标。

2019年全年社会消费品零售总额为41.2万亿元，年均增长8%。2019年社会消费品零售总额每月的增长速度如图8-6所示。

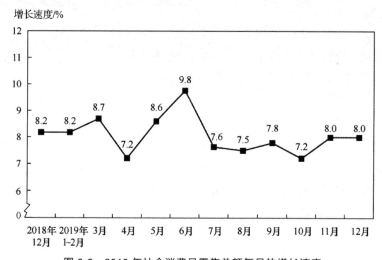

图8-6 2019年社会消费品零售总额每月的增长速度

2010—2019年社会消费品零售总额如表8-16所示。

表8-16 2010—2019年社会消费品零售总额
单位：亿元

年份	2010年	2011年	2012年	2013年	2014年	2015年	2016年	2017年	2018年	2019年
社会消费品零售总额	156 998.4	183 918.6	210 307.0	242 842.8	271 896.1	300 931.0	332 316.0	366 262.0	380 987.0	412 000.0

思考题：

1. 选用合适的定量预测方法分析我国社会消费品零售总额发展变化的趋势。
2. 预测2020年我国社会消费品零售总额。

实训思考题

【实训任务】

运用不同的定量预测方法对本专业的就业情况进行预测，并比较预测结果。

【实训目的】

培养学生对不同定量预测方法的运用分析能力。

【实训组织】

（1）4～5 人为一组，以小组为单位进行实训；

（2）制订数据收集的计划，按任务进行分工，收集数据；

（3）组内进行分工，采用不同的预测方法进行预测，并比较不同方法的预测结果。

【实训考核】

（1）考核学生在收集数据时的计划组织能力；

（2）考核学生的计算分析能力。

第9章
市场调查报告

知识目标
- 了解市场调查报告的特点与作用。
- 掌握市场调查报告的结构。
- 理解市场调查报告的撰写要求与技巧。

技能目标
- 能撰写结构完整的市场调查报告。
- 能口头汇报市场调查内容。

　　市场调查报告是以市场调查与预测为基础，以资料的科学整理和分析为前提，对特定市场的全面或某一方面的问题研究之后，通过书面形式展示市场调查研究结果的报告。一份好的市场调查报告能够使市场主体更加深入而系统地了解市场，分析市场的有关问题，能给企业的市场经营活动提供有效的导向作用，为企业决策提供客观依据。

第一节　市场调查报告概述

　　市场调查报告是市场调查研究成果的集中体现，市场调查报告的撰写质量体现整个市场调查研究工作的质量。撰写市场调查报告需要了解市场调查报告的作用、类型与特点。

一、市场调查报告的作用

　　市场调查报告是市场调查活动的最终成果，能总结调查结果，分析调查内容，提出合理建议用于决策。

（一）总结调查结果

　　市场调查报告对通过市场调查所获得的信息、数据等进行整理和总结。市场调查报告可以向决策者或用户展现调查活动背景和调查原因，介绍市场调查的主要项目、调查方法和数据分析方法等。

（二）分析调查内容

市场调查报告不是对调查结果的简单堆砌，要对调查内容和数据进行深入的研究分析，提炼有意义、有价值的发现。

（三）提出合理建议用于决策

在总结调查结果，分析调查内容后，市场调查报告撰写者从调查目的出发，提出有针对性的建议，供决策者参考。除为决策者提供决策导向外，市场调查报告还有助于各部门管理者了解市场情况、分析问题、编制计划等。因此，一份好的市场调查报告对决策者和用户有有效的导向作用。

二、市场调查报告的类型

市场调查报告主要有书面调查报告和口头调查报告两种形式，有时这两种形式要结合使用。不同形式的报告在表达方式上有相应差别，只有根据各种报告的特点，掌握相关撰写技术和要求，才能获得理想的效果。

（一）书面调查报告

书面调查报告是指以书面的形式展示调查方案、调查结果、研究结论和建议等的报告，是最常用的报告形式。撰写书面调查报告时，要概念清楚，结论明确。书面调查报告可分为综合报告、专题报告、研究性报告和技术报告等类型。

1. 综合报告

综合报告是提供给用户的最基本的报告，目的在于反映整个调查活动的全貌，给出调查的基本结果和建议。综合报告包括调查概况、样本结构、基本结果、对调查对象的分析、相关性分析、主要结论等内容。

2. 专题报告

专题报告是针对某个问题或其侧面撰写的，一般只分析某一个特定的问题，字数一般在 3 000 字左右。例如，科技型小微企业融资渠道调查报告、国有企业科研工作者流动状况调查报告。

3. 研究性报告

研究性报告可以看成某种类型的专题报告，但学术性更强，需要对数据、文献进行更深入的研究分析，从中提炼出观点、结论或某种理论。

4. 技术报告

技术报告也称说明性报告，是对调查中的技术性问题，如分析模型、复杂的抽样方案等进行说明的报告。这些模型与方案的技术性较强且与调查结果的解释关系不大，只是一种技术支持。技术报告主要通过说明调查方法的科学性来肯定调查结果的客观性与可靠性。

（二）口头调查报告

口头调查报告是指市场调查的主持人或报告撰写者通过展示图表等，以口头陈述的方式将调查方案、调查结果、研究结论和建议等内容展现出来的报告形式。

三、市场调查报告的特点

市场调查报告是针对市场状况进行调查、分析与研究的报告，与其他报告相比，具有不同的特点。其特点主要体现为客观性、针对性、新颖性、时效性与科学性。

市场调查报告的
特点

（一）客观性

客观事实是市场调查报告的前提和基础，客观真实是市场调查报告的重要特点。市场调查报告以大量、充分、确凿的事实作为依据，要求数据、材料都要真实无误。保持市场调查报告的真实可信对决策者或用户至关重要。调查者树立科学严谨和实事求是的工作作风至关重要。

（二）针对性

市场调查报告是决策的重要依据之一，调查报告在选题上必须强调针对性，做到目的明确、有的放矢，围绕调查主题有针对性地分析问题症结所在，提出具体可行的建议和对策。市场调查报告必须明确阅读对象。不同的阅读对象，他们的要求和所关心问题的侧重点不同，市场调查报告的内容要根据阅读对象的不同有所侧重。针对性是市场调查报告的核心，市场调查报告必须明确要解决什么问题、阅读对象是谁等内容。

（三）新颖性

新颖性是指市场调查报告应从新的视角去发现问题，用新的观点去看待问题。市场调查报告要紧紧抓住市场活动的新动向。这里的"新"，强调的是提出一些新的建议，即以前没有的见解，这样的市场调查报告才有使用价值。如果市场调查报告中的观点是很浅显的规律或他人已经研究得出的结论，这样的报告就没有实际意义。

（四）时效性

市场信息千变万化，企业面临的机遇稍纵即逝。市场调查报告要解决当前面临的问题，以供决策者抓住机会，在竞争中取胜。市场调查报告要及时、迅速、准确地反映、回答现实市场中出现的新情况、新问题，突出"快""新"二字。市场调查报告还要做到及时反馈，市场调查报告只有及时到达决策者手中，使决策者抓住市场形势的变化，其才能发挥作用。

（五）科学性

市场调查报告不是单纯报告市场客观情况，还要通过对事实做分析研究，寻找市场发展变化的规律。这就需要市场调查报告的撰写者掌握科学的分析方法，找出反映市场变化的内在规律，以得出科学、准确、可靠的结论，解决问题的方法、意见等。

第二节　市场调查报告的结构

从严格意义上说，市场调查报告没有固定统一的格式。市场调查报告的格式，主要依据调查的目的、内容、结果以及主要用途来决定。但一般来说，市场调查报告是由标题、目录、摘要、正文、结论与建议、附录等部分组成的。报告的结构不是固定不变的，不同的调查项目、不同的调查者或调查公司、不同的用户，以及调查项目性质不同的调查报告，都可能会有不同的结构和风格。

一、标题

市场调查报告的标题即市场调查的题目，用简明扼要的文字表达调查对象和调查的主题。标题要简单明了、高度概括、与正文相符，具有较强的吸引力，如"××市居民住宅消费需求调查报告""××连锁超市顾客忠诚度的调查报告"等。

标题可以由一个正标题组成，也可以是双标题，就是既有正标题又有副标题。只有一个正标题，如"关于××地区农村市场家用电器消费状况的调查报告"。双标题一般用正标题概括调查报告的主题或要回答的问题，用副标题标明调查对象及其内容。例如，"农村市场家用电器需求到底有多大——××地区农村家用电器市场调查报告"。

市场调查报告的标题一般印制在封面的显著位置，标题的下方注明报告人或报告单位及报告日期。此外，报告的呈交对象也要注明。

标题一般有以下三种形式。

（1）直叙式标题。直叙式标题是反映调查意向或指出调查地点、调查项目的标题。例如，"××市中高档商品房需求的调查报告"等。这种标题简明、客观，一般市场调查报告的标题多采用直叙式。

（2）表明观点式标题。表明观点式标题是直接阐明作者的观点、看法或对事物做出判断、评价的标题。例如，"共享单车"价格战"不可取"等。这种标题表达了观点，揭示了主题，具有很强的吸引力。

（3）提出问题式标题。提出问题式标题以设问、反问等形式，突出问题的焦点和尖锐性，吸引读者阅读、思考，如"共享汽车到底有多大发展空间"等。

二、目录

如果市场调查报告的内容、页数较多，为了便于阅读，应当用目录或索引的形式列出主要章节和附录，并注明章节名、附录名与页码。报告的目录一般在标题之后另页列出，目录的篇幅不宜超过一页。目录可以使读者对市场调查报告的整体框架有具体的了解。

目录内容可包括章节标题和副标题，以及页码、表格目录、图形目录、附录等部分。

三、摘要

摘要又称概述，是调查的简明介绍，是调查报告的内容提要，是整个调查报告的精华。因此，必须认真撰写报告摘要。摘要一般不超过 3 页，每段要有一个小标题或关键词，每段内容要简练，不超过 4 句话。报告摘要主要包括以下内容：

（1）本次调查的调查对象和调查目标；

（2）本次调查的描述内容，包括调查范围、调查单位、调查时间、调查地点和调查的主要内容；

（3）本次调查采用的调查方法、调查组织形式及其对调查结果的影响；

（4）调查中的主要发现；

（5）分析结论和建议。

摘要从一定意义上讲，是报告最重要的部分，有些人在阅读报告时，可能只看摘要部分。摘要应该是对报告正文的高度概括和浓缩，摘要要通俗、精练，能引起读者的兴趣和好奇心并进一步阅读报告内容，在摘要中尽量避免使用生僻字或一些专业性、技术性过强的术语。摘要内容应集中在对调查的发现和由此进行的预测和决策建议上，对调查结论的论证细节应避免涉及。

四、正文

市场调查报告的正文是指完整详细的市场调查报告内容，正文应按照调查内容充分展开。市场调查报告的正文主要由以下部分组成。

（一）引言

引言是背景资料介绍，主要就调查问题的背景、调查问题的必要性进行简要的说明；并对指导本次调查研究的理论基础、基本调查方法、前提假设及影响因素等做必要的解释，以引起读者的关注。引言一般有以下几种形式。

（1）开门见山，揭示主题。介绍调查的目的或动机，揭示主题。例如，"我公司受××公司的委托，对消费者进行一项有关××产品市场需求状况的调查，预测未来消费者对××产品的需求量和需求的种类，使××公司能根据市场需求及时调整其产品产量及种类，确定今后的发展方向。"

（2）结论先行，逐步论证。先将调查的结论写出来，然后逐步论证。许多大型的市场调查报告均采用这种形式。其特点是观点明确，一目了然。例如，"我们通过对××产品在华中市场的消费情况和购买意向的调查，认为它在华中市场不具有市场竞争力，原因主要有以下几个方面：……"

（3）交代情况，逐步分析。先交代背景情况、调查数据，然后逐步分析。例如，"本次关于××产品消费情况的调查主要集中在湖北、湖南、江西、河南四个省，调查对象集中于中青年……"

（4）提出问题，引入正题。提出人们关注的问题，引导读者进入正题。中央电视台的很多调查报告都采用这种形式。

（二）基本情况说明

基本情况说明是对调查中运用的调查方案的详细描述，包括调查采用的调查技术、组织形式、需要收集的二手资料和原始资料、调查表的设计或调查问卷的设计、抽样技术设计、调查资料质量控制措施、资料的整理方法等。本部分旨在说明调查所用的调查方案是科学有效的。这一部分需要说明的内容如下。

（1）调查问卷设计，即调查问卷设计的思路、基本假设、问卷的结构等。

（2）样本情况，即说明样本是在什么样的对象中，用什么样的抽样方法选取出来的，以及说明采取这种方法的原因。

（3）访问完成情况，即说明调查开始时拟定的样本量为多少，实际获得的有效样本有多少，同时还要说明，对于数据有误或缺失的问卷，采取的补救措施。

（4）数据采集，说明用什么方法来收集数据，是电话访问还是现场调查，是观察法还是实验法。

（5）数据处理方法，主要介绍用什么方法、工具对数据进行处理和统计分析，旨在说明所采用的数据分析方案是正确的。市场调查报告常用饼状图、柱形图和折线图来展示数据。

（三）调查分析与说明

调查分析与说明是市场调查报告中篇幅最长的，主要围绕调查主题对所获取的资料进行统计分析说明，对主要指标进行描述、解释和预测。

所获取的资料不仅包括调查问卷，还包括整个市场调查过程中积累的信息资料。通过报告展示的信息，读者可以针对这部分内容进行思考和分析。

五、结论与建议

结论与建议部分对正文主要内容进行总结，并针对决策者的决策问题提出建议。提出结论与建议是撰写市场调查报告的主要目的。结论与建议一定要与正文的论述对应，不能提出没有论据的结论。特别注意结论要与报告的引言部分相呼应：前面提出了什么问题，进行了怎样的研究程序，研究者是否回答了前面的问题，是如何回答的。

在提出建议时，撰写者应有明确的态度，选择实事求是的观点，以调查结果为基础，不能被感情或预感所支配，应尽可能简洁、准确地说明建议。为便于决策者理解，应避免使用第一人称。

提出结论与建议的步骤如下。

（1）概括全文。经过层层剖析后，综合说明调查报告的主要观点，深化报告的主题。

（2）形成结论。在对真实资料进行深入科学分析的基础上，得出报告的结论。

（3）提出建议。通过分析，形成对事物的看法，在此基础上，提出建议和可行性方案。

（4）展望未来。通过调查分析展望未来前景。

市场调查报告的结尾要富有启发性，文字要简洁。结尾是经过充分的研究、分析得出的结论性意见，结尾应该水到渠成，切忌拖泥带水、画蛇添足。

六、附录

附录也称附件，是指市场调查报告正文包含不了或没有提及，但与正文有关必须附加说明的部分。市场调查报告的真实可靠性，要依据调查方法的科学性，以及数据资料的可靠性来判断。附录是对正文的补充或更详尽的说明。为了提高报告的真实可靠性，需要在报告中提供尽量多的研究细节和原始资料。附录通常包括数据汇总表、原始资料、背景材料、空白的调查问卷、二手资料来源的目录、统计分析计算的细节、技术细节说明、参考文献等。

第三节　市场调查报告的撰写要求与技巧

撰写一份高质量的市场调查报告是充满挑战性的，市场调查报告是撰写者知识水平、专业素养、洞察力、文字功底等的集中体现。撰写市场调查报告时，撰写者要把握市场调查报告的基本要求、撰写市场调查报告要注意的问题与市场调查报告的撰写技巧。

一、市场调查报告的基本要求

市场调查报告对内容、目的与形式等都有要求，具体体现在以下四个方面。

（一）报告内容要客观、准确

市场调查报告应当客观地反映市场调查和分析的结果，准确地表达市场调查中整理和分析的方法与结论，不能有任何应付用户或决策者的倾向。报告中引用的资料要准确，调查分析的结果和语言表述应准确无误。切忌先入为主，为已有的主观想法找依据，同时也要避免个人偏见。凡是与事实不符的观点，都应当坚决放弃；对暂时拿不定主意的，应如实在报告中写明，或在附录中加以讨论。

（二）报告内容要全面、简洁

市场调查报告的内容要全面，结构要清晰有条理，说明和论述要符合逻辑，语言表达应清楚易懂。市场调查报告要回答或说明调查为何进行，采用什么方法进行调查，得到什么结论，有什么建议等。市场调查报告的主体部分应避免讨论和介绍有关技术细节（相关内容可以作为附件展示），资料要翔实，但尽量少用专业术语，可以使用表格、图形和照片等简洁明了、新颖直观的表达方式增强表述效果。

全面性并不意味着市场调查报告要包括调查项目的每一个细节，它只意味着报告应该包括所有重要的部分。一个部分是否重要，看它与调查目的的关系。好的市场调查报告必须语言简练、言之有物、重点突出。

（三）要明确报告的目的和阅读对象

首先，市场调查的针对性很强，是为了研究和解决特定的市场问题而展开的。撰写市场调查报告时必须目的明确、有的放矢，围绕调查主题展开论述。其次，市场调查报告是为特定的读者撰写的，他们一般是管理部门的决策者。撰写市场调查报告必须考虑报告的阅读对象的技术水平、阅读环境和阅读习惯，以便提高市场调查报告的使用效果。因此，如果有必要，可以对同一调查研究内容撰写几个组成部分不同的市场调查报告，满足不同读者的需要，或者针对不同的读者分别撰写不同的市场调查报告。例如，公司总经理可能主要关心调查结论和建议；市场研究人员可能更关心调查所采用的方式、方法、数据来源等。

（四）报告外观要干净整洁、体现专业水准

报告的外观应与其内容具有同等重要的地位。一份干净整洁、体现专业水准的市场调查报告比那些外观不像样的市场调查报告更具吸引力，更能引起读者的兴趣。因此，最后呈交的报告应当用质地良好的纸张打印并装订，在印刷格式、字体选择、空

白位置应用等方面都应给予充分的重视。市场调查报告有不像样的外观或一点小失误和遗漏都会严重影响阅读者的信任感。

二、撰写市场调查报告要注意的问题

撰写一份好的市场调查报告不是件易事，市场调查报告本身不仅反映调查质量，也反映撰写者本身的知识水平。在撰写市场调查报告时，主要注意以下几个方面的问题。

撰写市场调查报告
要注意的问题

（一）市场调查报告的撰写应满足用户的需要

市场调查报告以满足用户的需要为宗旨，为用户服务。报告应当是为特定的读者撰写的，既可能是领导、管理部门的决策者，也可能是一般的用户。如果用户需要的层次不同，就可以撰写多种版本的报告。例如，一个包括详细技术数据的报告主要是为了满足专业技术人员的需要，而一个技术方面的讨论较少、把重点集中在调查结果的运用上的报告是为了满足调查者在商业上应用调查结果的需要。

（二）撰写市场调查报告应遵循必要的撰写步骤

撰写市场调查报告，首先应围绕市场调查的主题及其分解的主题，编写详细的报告提纲；然后按照提纲扩展成一个个分列主题的报告；再对这些分列主题的报告进行组合、扩充，加上必要的内容后成为市场调查报告的主体；再根据主题内容的需要，编写附录；最后根据主题内容，写出市场调查报告的摘要及目录。

写出市场调查报告的初稿后，广泛征求各方意见并认真进行修改后方能定稿。

（三）注意定量分析与定性分析相结合

在市场调查报告中，数据资料具有重要的作用。用准确的数据证明结果往往比长篇大论更具说服力。然而，市场调查报告不是流水账或数据的简单堆积，过多地堆砌数据会令人眼花缭乱，应避免过度使用定量技术。因此，市场调查报告应以明确的观点统领数据资料，把定量分析与定性分析结合起来，只有这样才能透过数据本身的表面现象，把握市场现象的本质属性和发展变化规律。

（四）若市场调查报告中引用他人的资料，应加以详细注释

这一点是大多数人常忽视的问题之一。以注释指出资料的来源，可供读者查证，同时也是对他人研究成果的尊重。注释应详细准确，如被引用资料的作者姓名、书刊名称、所属页码、出版单位和时间等都应予以列明。这样也显得更严谨、可信。

（五）篇幅不代表质量

市场调查报告中常见的一个认知错误是："报告越长，质量越高。"通常经过几个月甚至更长时间的辛苦调查后，调查者试图展示所有的调查内容，因此，所有的过程、证明、结论都被纳入报告当中，导致信息超载。事实上，如果报告组织得不好，有关方甚至连看都不会看。总之，调查的价值不是用篇幅来衡量的，而是以内容的质量、

形式的简洁与有效的数据来度量的。市场调查报告应该是精练的，任何不必要的东西都应省略。不过，也不能为了简洁而牺牲报告的完整性。

（六）提出的建议应该是积极、正面的

市场调查报告的结论和建议部分说明调查获得了哪些重要结论，根据调查的结论应该采取什么措施。建议是针对调查获得的结论提出的可以采取的措施、方案或具体行动步骤。例如，媒体策略如何改变，广告主题应如何设计，与竞争者抗衡的具体方法，价格、包装、促销策略，等等。需要指出的是：建议应当是积极的，要说明采取哪些具体的措施或者要处理哪些已经存在的问题。尽量用积极、肯定的建议，尽量不用否定的建议。例如，"加大研发投入""改进产品外观"等建议为肯定建议。否定建议如"应立即停止某一产品的销售"，否定建议只告诉大家不应做什么，并没有告诉大家应做什么，所以应尽量避免使用。

三、市场调查报告的撰写技巧

市场调查报告的撰写技巧主要涉及表达技巧、表格的表现和图形的表现等方面。

（一）表达技巧

表达技巧主要包括叙述、说明、议论、语言运用四个方面的技巧。

1. 叙述技巧

市场调查报告可在开头叙述事情的来龙去脉，表明调查的目的和根据，以及过程和结果，在主体部分叙述调查情况。常用的叙述技巧有：概括叙述、按时间顺序叙述、叙述主体的省略。

（1）概括叙述。叙述有概括叙述和详细叙述之分。市场调查报告将调查过程和情况做概括陈述即可，不要详细展开。叙述时文字简洁，一笔带过，给人以整体、全面的认识，以满足市场调查报告及时反映市场变化的需要。

（2）按时间顺序叙述。人们介绍调查目的、对象与经过时，往往按时间顺序叙述，前后连贯。例如，开头部分叙述事情的前因后果，主体部分叙述事情的历史及现状。

（3）叙述主体的省略。市场调查报告的叙述主体通常是撰写报告的单位。为行文简便，叙述主体一般在开头部分出现，在后面的各部分即可省略，人们并不会因此而误解。

2. 说明技巧

市场调查报告常用的说明技巧有数字说明、分类说明、对比说明、举例说明等。

（1）数字说明。市场调查离不开数字，反映市场发展变化状况的市场调查报告要运用大量数据，以增强精确性和可信度。

（2）分类说明。在市场调查中所获材料杂乱无章，根据表达主旨的需要，人们可将材料按一定标准分类，分别说明。例如，将调查的基本情况按问题性质归纳分类，或按不同层次分类，在每类前冠以小标题。

（3）对比说明。市场调查报告中有关情况、数字的说明，往往采用对比形式展示，以便全面深入地反映市场变化情况。对比要注意可比性，在同标准的前提下，做切合

实际的比较。

（4）举例说明。在市场调查中会遇到大量事例，应从中选取有代表性的例子。为说明市场发展变化情况，举出具体、典型的事例也是常用的方法。

3．议论技巧

市场调查报告常用的议论技巧有：归纳论证和局部论证。

（1）归纳论证。市场调查是在获取大量材料之后，做分析研究，得出结论，从而形成论证的过程。在这一过程中，人们主要运用议论方式，所得结论是从调查数据和事实中归纳出来的。

（2）局部论证。市场调查报告不同于议论文，不可能形成全篇论证，只是在情况分析、对未来的预测中做局部论证。例如，对市场情况从几个方面进行分析，对每一方面以数据、访谈资料等为论据证明其结论，形成局部论证。

4．语言运用技巧

语言运用技巧包括用词方面和句式方面的技巧。

（1）用词方面的技巧。市场调查报告中数量词用得较多，因为市场调查离不开数字，很多问题要用数字说明。数量词在市场调查报告中以其特有的优势，显示出重要作用。市场调查报告中介词用得也很多，主要用于交代调查目的、对象、根据等，如用"为、对、根据、从、在"等介词。此外，还多用经济、市场、管理类专业词，以反映市场发展变化，如"商品流通""经营机制""市场竞争"等词语。

（2）句式方面的技巧。市场调查报告多用陈述句，陈述调查过程、调查到的市场情况，表示肯定或否定判断。祈使句多用在提议部分，表示某种期望，提议也可用陈述句。

（二）表格的表现

表格作为描述性统计方法，广泛应用于市场调查报告中，起到清楚、形象、直观地展示内容和吸引人的作用。表格是市场调查报告中很生动的一部分，应当受到特别重视。

制作表格时，一般要注意：表格的标题要简明扼要，每张表格都要有表号和标题；注明各种数据单位，如果表格只有一种单位，则可在标题中统一注明；如果表格中的数据是二手数据，一般应注明来源。

（三）图形的表现

图形广泛应用于市场调查报告中，形象、直观、富有美感，能够吸引人。一般来说，应尽量用图形来表达报告的内容。常用的图形有直方图、条形图、饼状图、散点图、折线图等。

第四节　口头调查报告

除了书面调查报告以外，有些特定的群体希望能听到调查报告的口头汇报。口头调查报告对有关人员迅速掌握和理解报告内容有重要的作用，汇报者汇报时可以及时解答相关问题，灵活性比较强。

一、口头调查报告的特点

口头调查报告在某些情况下更能发挥作用。有效的口头调查报告应以听众为核心展开，即汇报者要充分考虑听众的职位、态度、偏好，汇报时间等，有针对性地将书面调查报告的内容呈现出来。口头调查报告有其自身的特点和形式。口头调查报告可以将多个相关人士召集起来，通过提问、解答，相互启发，帮助相关人士迅速掌握和理解报告内容，甚至得到一些意外发现。

口头调查报告包括四个方面的内容：引言（调查背景、目标、方法）；调查结果（调查得到的主要数据）；结论（调查中发现的问题、根据数据得出的结论）；建议（提出的相关方案和解决措施）。

口头调查报告的特点如下。

（1）简洁性。口头调查报告能用较短的时间说明所需调查的问题，效率较高。

（2）生动性。如果汇报者掌握了一定的汇报经验，则口头调查报告会生动、具有感染力，容易给汇报对象留下深刻的印象。

（3）直接性。汇报者能与汇报对象直接交流，便于增强双方的沟通，可以避免汇报对象对信息的误解。

（4）灵活性。口头调查报告一般可根据具体情况对报告内容、时间做出调整。

二、口头调查报告的准备工作

口头调查报告不是简单地将书面调查报告进行口述，而是在书面调查报告的基础上结合听众特点和要求，用听众熟悉的语言和表达方式陈述调查报告内容。

（一）提供报告提要

在进行汇报前，为了便于听众理解和接受调查报告，汇报者应给每位听众一份关于调查报告的提要。报告提要包括报告的主要内容、结论和建议。报告提要应力求语言简练，不展示复杂的统计资料和图表。

（二）准备视觉辅助工具

为了便于听众理解和接受调查报告，汇报者需要准备一些视觉辅助工具配合表述。视觉辅助工具包括黑板、白板、投影仪、计算机、录像机等工具。黑板或白板可供汇报者进行演算，对回答技术性问题很有用。摘要、结论和建议应制成可视化材料。

（三）提供执行性摘要

汇报者在做口头汇报前，将书面调查报告的执行性摘要提供给听众，以方便听众提前思考需要提出的问题，使报告会的讨论更有效果。

（四）准备书面调查报告

在口头汇报中，听众虽然可以直观高效地了解市场调查的内容，但容易遗忘和忽略很多细节。汇报者应为听众准备一份书面调查报告，以作为口头调查报告的补充，便于听众听取报告时对感兴趣的内容做进一步了解。

口头调查报告取得
成功的基本要素

三、口头调查报告取得成功的基本要素

口头调查报告的优点能否体现，取决于许多因素，可以概括为"3P"，即汇报者是否进行了充分的准备（Prepare）、是否进行了充分的练习（Practice）、是否进行了成功的演讲（Perform）。口头调查报告取得成功的基本要素具体如下。

（一）按照书面调查报告的格式准备好详细的提纲

口头调查报告同样需要一份经过精心准备的提纲，提纲包括报告的基本框架和内容。提纲的内容和风格要与听众的特点吻合。这就要求汇报者了解听众的状况：他们的专业技术水平怎样，他们想了解的核心问题是什么，他们的兴趣是什么，等等。

（二）汇报前进行充分的练习

在汇报时，汇报者会紧张，为减少紧张，其应先进行充分的练习。充分掌握汇报资料是减少紧张的有效途径。汇报开始时往往最为紧张，为减少心理压力，汇报者尤其要注意练习汇报的开头部分。充分的练习可让汇报者在汇报时更显自信，更能打动他人。

（三）尽量借助图表来增强效果

一张图表胜似千言万语，在做口头汇报时，汇报者要善于使用图表。使用图表需要注意的是：图表要具有权威性；图表要清晰易懂；对图表要有选择，不要有太多的图表，一张图表上不要有太多的内容；图表可借助黑板、PPT 等加以表现。

（四）把握汇报技巧

汇报时不要照屏宣科，否则难以激发听众的兴趣，会让汇报效果大打折扣。在汇报时，要充满自信和热情，通过目光接触了解听众对汇报的感受，及时调整汇报状态。由于听比讲时更难集中注意力，所以要运用语速、语调、眼神和手势等引起听众的注意。汇报时语言要简洁明了，通俗易懂，要有趣味性和说服力。如果有一个十分复杂的问题需要说明，可先做简要概括的介绍并运用声音、眼神和手势等的变化来加深听众的印象。口头汇报常有时间限制，在有限的时间内讲完报告是最基本的要求，超时会影响汇报的效果。

（五）把握回答问题的时机

在汇报过程中尽量不要回答问题，以免出现讲话思路被打断、听众游离于报告主题之外或汇报时间不够等现象。在汇报开始前，可告知听众汇报结束后回答问题或进行个别交流。

本章小结

市场调查报告是市场调查活动的最终成果。市场调查报告的作用体现在：总结调

查结果，分析调查内容，提出合理建议用于决策。市场调查报告主要有书面调查报告和口头调查报告两种形式。市场调查报告的特点主要体现为客观性、针对性、新颖性、时效性、科学性。

从严格意义上说，市场调查报告没有固定统一的格式。一般来说，市场调查报告是由标题、目录、摘要、正文、结论与建议、附录等部分组成的。

市场调查报告的基本要求是：报告内容要客观、准确；报告内容要全面、简洁；要明确报告的目的和阅读对象；报告外观要干净整洁、体现专业水准。撰写市场调查报告要注意：市场调查报告的撰写应满足用户的需要；撰写市场调查报告应遵循必要的撰写步骤；注意定量分析与定性分析相结合；若市场调查报告中引用他人的资料，则应加以详细注释；篇幅不代表质量；提出的建议应该是积极、正面的。

口头调查报告的特点为：简洁性、生动性、直接性、灵活性。口头调查报告的准备工作有：提供报告提要，准备视觉辅助工具，提供执行性摘要，准备书面调查报告。口头调查报告取得成功的基本要素是：按照书面调查报告的格式准备好详细的提纲，汇报前进行充分的练习，尽量借助图表来增强效果，把握汇报技巧，把握回答问题的时机。

复习思考题

一、单项选择题

1. 下列选项中不是市场调查报告的特点的是（　　　）。

    A. 客观性   B. 简洁性   C. 新颖性   D. 时效性

2. 《提高 A 公司市场占有率策略的调查报告》属于（　　　）。

    A. 综合报告   B. 专题报告   C. 研究性报告   D. 技术报告

3. 按照标题的叙述形式，"关于三线城市商品房销售状况的调查"这一标题属于（　　　）标题。

    A. 直叙式   B. 表明观点式   C. 提出问题式   D. 暗示性

4. 关于市场调查报告的撰写，叙述不正确的是（　　　）。

    A. 市场调查报告的撰写应满足用户的需要

    B. 撰写报告应遵循必要的撰写步骤

    C. 注意定量分析与定性分析相结合

    D. 篇幅代表质量

5. 下列是口头调查报告的汇报技巧的是（　　　）。

    A. 把准备内容有序讲完，讲述时间是次要的

    B. 为了听众能听清楚，要照屏宣科

    C. 通过目光接触了解听众对汇报的感受

    D. 听众都是行家，汇报要专业化

二、简答题

1. 市场调查报告的作用有哪些？

2. 市场调查报告由哪几部分组成？

3. 市场调查报告有哪些基本要求？

4. 撰写市场调查报告要注意的问题有哪些？

5. 口头调查报告要做哪些准备工作？

三、案例分析题

××大学商学院本科教与学状况调查报告

摘要：为进一步切实提高商学院教育教学质量，商学院组织调查了本科教与学状况，回收有效问卷 1 119 份。调查结果显示：学生喜欢传统的教学方式；商学院实践教学质量比理论教学质量低；学生课余学习时间不足；学生上课发言不积极。本报告针对调查结果提出了相关建议：以课堂教学改革为突破口，进一步全面提高商学院本科教育教学质量；开展以学生为中心的教学模式创新；培养计划中减少理论课程总学时、学分，大力开展"第二课堂"。

一、调查背景

（一）调查目的

在教育部大力要求各高校深化本科教育教学改革，全面提高人才培养质量的背景下，商学院组织了本次调查活动。通过调查，了解商学院教师真实的教学行为和学生的学习行为。为商学院修订培养计划、制定教学管理制度提供重要的依据，让老师动起来、学生忙起来，以切实提高商学院教育教学质量。调查内容包括教师教学行为和学生学习行为两大部分。

（二）调查对象

调查对象为我校商学院大一到大四本科生，回收有效问卷 1 119 份。

从年级分布来看，大一、大二、大三、大四学生的有效问卷分别是 301 份、319 份、285 份、214 份，各年级有效问卷均超过 200 份，数据有代表性。

从性别来看，被调查者中男生 274 人，女生 845 人，符合目前商学院男女生比例。

从专业来看，工商管理、会计学、电子商务、国际贸易、市场营销、物流管理、财务管理、经济与金融专业的被调查者分别为 152 人、237 人、116 人、124 人、63 人、107 人、144 人与 176 人。各专业被调查者和各专业自身人数基本成比例，数据有代表性。

（三）调查方法

运用网络调查法，由辅导员把通过问卷星设计的调查问卷发到商学院在校本科生班级 QQ 群或微信群。

二、调查问卷分析

（一）教师教学调查分析

1. 学生喜欢教师上课时理论联系实际、授课生动

学生喜欢的课堂教学形式依次是：融入生活实例讲授（81.25%）、案例分析（65.63%）、深入浅出讲授（62.14%）。要求学生成为教学主体，发挥学生主观能动性的课堂教学形式分别为讨论发言（24.55%）、随堂演讲（24.46%）、翻转课堂

（17.14%）。这说明更多的学生喜欢教师主讲的教学方式。学生喜欢的课堂教学形式
如图 9-1 所示。

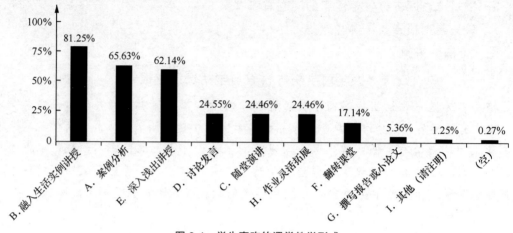

图 9-1　学生喜欢的课堂教学形式

2．学生喜欢教学内容丰富，教师负责、精神饱满的课程

学生对所喜欢课程予以的评价依次是：教学内容丰富（70.36%）；教师负责，精神
饱满（69.38%）；课堂气氛活跃、有趣（55.18%）；授课形式多样（50.80%）；教师备课
充分（40.71%）。学生评价课堂的角度如图 9-2 所示。

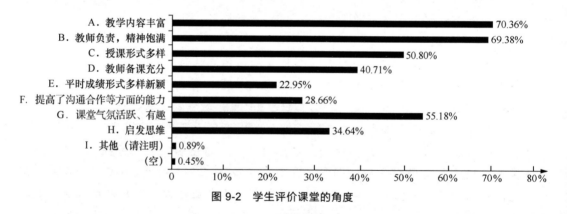

图 9-2　学生评价课堂的角度

3．照本（屏）宣科，教学方法单一是学生最不喜欢的课堂教学行为

学生不喜欢的教师上课时的课堂教学行为依次是：照本（屏）宣科，教学方法单
一（78.39%）；重难点不突出（59.73%）；教学缺乏热情（42.32%）；上课东拉西扯，浪
费时间（40.89%）。

其他比例较低的是：与学生交流互动很少（33.39%）；基本没有板书（26.07%）；
不布置、批改、讲解作业（16.25%）；着装不符合教师形象（11.34%）；不禁止学生上
课玩手机、讲话、睡觉等违纪行为（8.84%）；考前透题（2.14%）。从数据来看，学生
对教师考前透题，不禁止学生上课玩手机、讲话、睡觉等违纪行为并不是特别在意。
学生不喜欢的教师上课时的教学行为如图 9-3 所示。

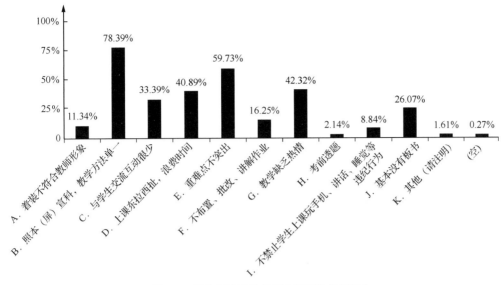

图 9-3　学生不喜欢的教师上课时的教学行为

4. 82.15% 的学生对商学院理论教学满意

学生对商学院理论教学（课堂教学）的总体评价：满意（64.38%）；很满意（17.77%）；不确定（14.11%）；不满意（2.77%）；很不满意（0.97%）。

5. 66.43% 的学生对商学院实践教学满意，比对理论教学满意的学生少

学生对商学院实践教学（实验、实习、课程设计等）的总体评价：满意（50.18%）；很满意（16.25%）；不确定（13.75%）；不满意（4.11%）；很不满意（15.71%）。

（二）学生学习调查分析

1. 教学内容和课堂气氛是学生评价课堂质量的主要因素

学生评价课堂质量的因素依次是：教学内容是否有深度和广度（72.14%）；课堂气氛是否活跃轻松（65.09%）；教师教学中是否能恰当选择实例讲解授课内容（64.91%）；教师是否有效调控教学过程和进行学习指导（62.95%）；教师是否创设学习情境，让学生主动思考（40.63%）。学生评价课堂质量的因素如图 9-4 所示。

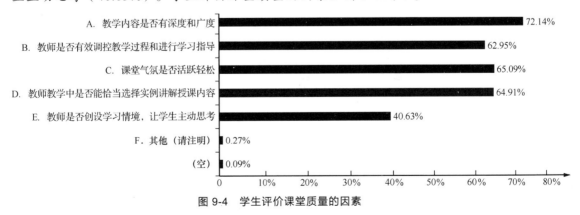

图 9-4　学生评价课堂质量的因素

2. 学校课程设置总体偏多偏难

学生对学校课程设置的评价依次是：课程量合适，难度适中（37.68%）；课程量太

多，难度很大（30.00%）；课程量合适，难度较大（29.91%）；课程量偏少，难度也小（2.41%）。

3. 66.08%的学生平均每天的课余学习时间不到 2 小时

学生一周（含周末）的课余学习时间大概是：1～7 小时（36.79%）；8～14 小时（29.29%）；15～21 小时（15.98%）；22 小时及以上（15.80%）。学生一周的课余学习时间如图 9-5 所示。

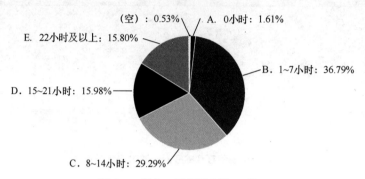

图 9-5　学生一周的课余学习时间

4. 66.26%的学生每天用手机玩游戏，看小说、视频等超过 1 小时

学生一周（含周末）用手机玩游戏，看小说、视频等非学习时间大概是：1～7 小时（33.74%）；8～14 小时（29.38%）；15～21 小时（19.02%）；22 小时及以上（17.86%）。

5. 不到两成的学生上课主动发言的频率较高

学生上课主动发言的频率：较低（一学期 1～4 次）（43.04%）；不太高（一学期 5～9 次）（33.04%）；较高（一学期大于等于 10 次）（14.46%）；从不主动发言（9.46%）。

在不同专业的学生中，会计学专业学生上课主动发言频率相对较低，市场营销专业学生上课主动发言频率相对较高。不同专业学生上课主动发言的频率如图 9-6 所示。

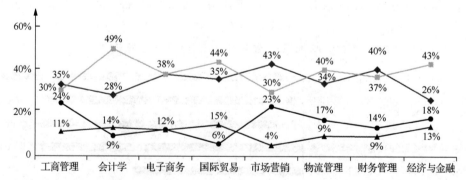

图 9-6　不同专业学生上课主动发言的频率

6. 不知道答案是学生上课不太愿意互动的主要原因

学生上课不太愿意互动的原因：时间太紧，没有想好（44.37%）；不知道怎么回答（43.94%）；上课太疲劳（31.60%）；激励措施太少（28.84%）；互动主题没意思（26.88%）；

没有听讲（17.95%）。

7. 学生认为学校监考较严格

学生对学校监考的评价是：严格，作弊基本都被发现了（68.84%）；不严格，作弊的很多，没有被发现（23.13%）；不严格，作弊被发现了也几乎没有处理（4.55%）；补考时很不严格，补考基本都通过（2.41%）。学生对学校监考的评价如图 9-7 所示。

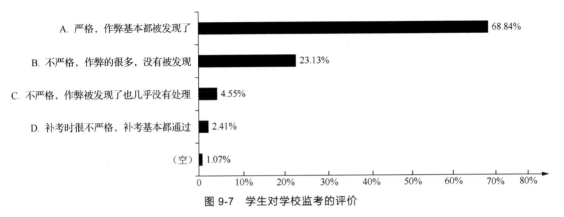

图 9-7　学生对学校监考的评价

8. 不到五成的学生对自己的学习状况满意

学生对自己学习状况的总体评价：满意（40.71%）；不确定（35.00%）；不满意（18.21%）；很满意（5.27%）；很不满意（可说明）（0.36%）。学生对自己学习状况的总体评价如图 9-8 所示。

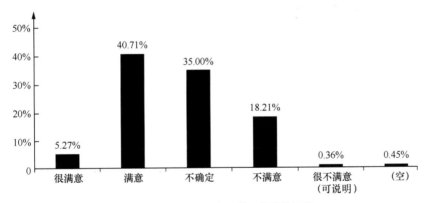

图 9-8　学生对自己学习状况的总体评价

从不同年级来看，大四学生对自己大学学习状况的满意度最高，不同年级学生对自己学习状况的总体评价如图 9-9 所示。

三、结论与建议

（一）结论

1. 学生喜欢传统的教学方式

学生上课时喜欢教师改进教学内容、教学方式。以学生为主导的讨论发言、随堂演讲、翻转课堂等教学方式，学生参与度不高。

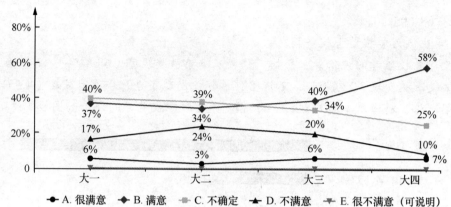

图9-9　不同年级学生对自己学习状况的总体评价

2．商学院实践教学质量比理论教学质量低

82.15%的学生对商学院理论教学满意，66.43%的学生对商学院实践教学满意。学生对实践教学的满意度比对理论教学的满意度低。

3．学生课余学习时间不足

虽然部分学生认为学校课程设置总体偏多偏难，但66.08%的学生平均每天课余学习时间不到2小时，66.26%的学生每天用手机玩游戏、看小说和视频等超过1小时，不到五成的学生对自己的学习状况满意。

4．学生上课发言不积极

不到两成的学生一学期上课主动发言的次数大于等于10次。一学期不发言或发言不超过4次的学生超过了50%。不知道答案是学生上课不太愿意互动的主要原因。

（二）建议

1．以课堂教学改革为突破口，进一步全面提高商学院本科教育教学质量

课程建设是提高整体教学水平和人才培养质量的重要举措。商学院以学生全面发展为宗旨，着力优化课程体系；以实现课程标准为目标，着力加强课程建设；以提高学生能力为导向，着力加强实践类课程群建设；以现代信息技术为抓手，着力丰富优质课程资源。在课程建设过程中，注重学习成果导向，围绕人才培养目标，积极推进课堂教学从知识课堂向能力课堂转变、从灌输课堂向对话课堂转变、从封闭课堂向开放课堂转变、从重学轻思向学思结合转变、从重知轻行向知行合一转变、从重教轻学向教主于学转变，着力打造一大批具有高阶性、创新性和挑战性的线下、线上、线上线下混合、虚拟仿真和社会实践"金课"。

2．开展以学生为中心的教学模式创新

在日常教学中，商学院教师要加快发展"互联网+教育"，实现用信息技术重塑教育教学形态，推广翻转课堂、混合式教学等新型教学模式。打造适应学生自主学习、自主管理、自主服务的智慧课堂、智慧实验室。推动大数据、人工智能、虚拟现实等现代技术在教学和管理中的应用，探索实施数字化、智能化、个性化的教育，切实提高课堂教育教学质量，增加学生获得感。

3．培养计划中减少理论课程总学时、学分，大力开展"第二课堂"

培养计划中优化公共课、专业基础课和专业课比例结构，加强课程体系整体设计，提高课程建设的规划性、系统性，避免随意化、碎片化。减少专业培养计划总学分（控制理论课程总学时），提高第二课堂学分。

第二课堂相对第一课堂更加重视学生参与各种课外活动对知识的灵活运用，能够拓展课堂教学的广度和深度，有效帮助学生在实践中获取课堂以外的知识，是全面提高学生综合素质的有效途径。每个专业至少要有一个符合本专业特点，适合本专业全体学生参加的学科专业赛事。保证每个学生在 4 年间能参加 1～2 次规范的科技或创意竞赛。完善学生年度考核办法，适当降低学习成绩在考核中的权重（非考试课程采用五级评分制）。提高第二课堂成绩的权重。

（注：本市场调查报告的市场调查问卷详见第 5 章复习思考题）

思考题：

1．该市场调查报告的优缺点有哪些？

2．根据调查数据，除了案例得出的结论，你还可以得出哪些结论？

3．如果你是你所在高校的决策者，你将采纳哪些建议，怎么实施？

实训思考题

【实训任务】

撰写关于消费者网上购物满意度调查的市场调查报告。

【实训目的】

学生能够运用所学知识，完成市场调查资料的整理与分析，以及市场调查报告的撰写。

【实训组织】

（1）4～6 人为一组，以小组为单位进行实训；

（2）小组成员分工撰写市场调查报告；

（3）以小组为单位进行成果汇报。

【实训考核】

（1）考核市场调查报告结构是否完整；

（2）考核市场调查报告结论和建议是否明确。

参考文献

[1] 林根祥. 市场调查与预测[M]. 4 版. 北京：人民邮电出版社，2014.

[2] 刘常宝. 市场调查与预测[M]. 北京：机械工业出版社，2017.

[3] 冯志强. 市场调查与预测[M]. 北京：中国轻工业出版社，2014.

[4] 庄贵军. 市场调查与预测[M]. 2 版. 北京：北京大学出版社，2014.

[5] 王秀娥，夏冬. 市场调查与预测[M]. 北京：清华大学出版社，2012.

[6] 冯花兰. 市场调研与预测[M]. 北京：中国铁道出版社，2013.

[7] 丁玲，李玉红. 市场调研与预测[M]. 北京：中国铁道出版社，2011.

[8] 李世杰，于飞. 市场调查与预测[M]. 2 版. 北京：清华大学出版社，2014.

[9] 马连福. 市场调查与预测[M]. 北京：机械工业出版社，2016.

[10] 叶伟. 市场调查与预测[M]. 2 版. 北京：北京理工大学出版社，2018.

[11] 丰晓芳，涂志军，郭学慧. 市场调查与预测[M]. 广州：华南理工大学出版社，2016.

[12] 郑红. 市场调查与预测[M]. 大连：大连理工大学出版社，2015.

[13] 闫秀荣. 市场调查与预测[M]. 3 版. 上海：上海财经大学出版社，2016.

[14] 罗洪群，王青华. 市场调查与预测[M]. 北京：清华大学出版社，2011.

[15] 雷江，黎芳霞. 市场调查与预测[M]. 北京：北京理工大学出版社，2017.

[16] 雷思友，王佩. 市场调查与预测[M]. 武汉：武汉理工大学出版社，2017.